Melahat Altan · Andreas Foitzik · Jutta Goltz

EINE FRAGE DER HALTUNG

Eltern(bildungs)arbeit in der Migrationsgesellschaft

Eine praxisorientierte Reflexionshilfe

ajs
AKTION JUGENDSCHUTZ
Landesarbeitsstelle
Baden-Württemberg

Autorinnen und Autor

Melahat Altan, Dipl.-Sozialpädagogin, Interkulturelle Trainerin, Sozialpädagogische Familienhelferin beim Sozialtherapeutischen Verein e.V. Holzgerlingen, Schwerpunkte: Empowerment und kultur- und migrationssensible Elternarbeit, Sindelfingen.
c/o: altan@stv-holzgerlingen.de

Andreas Foitzik, Diplompädagoge, Psychodramaleiter, Trainer und Berater, Autor von Handbüchern zur Interkulturellen Öffnung und Migrationspädagogik, Leiter des Jugendmigrationsdienstes der BruderhausDiakonie Reutlingen, Gomaringen.
c/o: anfoitzik@aol.com

Jutta Goltz, Diplompädagogin, Mediatorin (M.A.), Interkulturelle Trainerin und Beraterin. Freiberufliche Sozialwissenschaftlerin bei IRIS e.V. Tübingen und bei Planung und Beratung GbR, Aulendorf. Schwerpunkte: Projektberatung, Konzeptentwicklung, Moderation von Veränderungsprozessen.
c/o: jutta.goltz@web.de

Impressum

Herausgeberin	Aktion Jugendschutz Landesarbeitsstelle Baden-Württemberg Jahnstraße 12 I 70597 Stuttgart I www.ajs-bw.de
Redaktion	Elisabeth Gropper
Layout und Satz	Kreativ plus – Gesellschaft für Werbung und Kommunikation mbH
Druck	Offizin Scheufele GmbH + Co. KG, Stuttgart

Bibliographische Information der Deutschen Bibliothek
Die deutsche Bibliothek verzeichnet diese Publikation in der Deutschen Nationalbibliographie; detaillierte bibliographische Daten sind im Internet über http://dnb.ddb.de abrufbar.

ISBN 978-3-923970-39-1

2. Auflage 2011

INHALTSVERZEICHNIS

VORWORT VON MARION VON WARTENBERG

Wenn wir Kinder und Jugendliche mit Migrationshintergrund angemessen begleiten und unterstützen wollen, müssen wir ihre Eltern als Kooperationspartner gewinnen. Dies ist eine Herausforderung – spannend und lehrreich zugleich. Wir haben es dabei mit unterschiedlichen Erwartungen, unterschiedlichen biografischen Prägungen und nicht selten auch mit Verständigungsproblemen zu tun. So müssen wir uns auf Entdeckungsreise begeben. Manche Erziehungspraktiken und Einstellungen der Eltern scheinen uns zunächst fragwürdig, doch wenn wir in den Dialog treten, erschließen sich die Hintergründe. Wir lernen zu verstehen und erweitern damit unseren eigenen Horizont. Die Zusammenarbeit mit den Eltern kann also einen wichtigen Beitrag zur Auseinandersetzung mit unterschiedlichen biografischen und kulturellen Hintergründen leisten – und dies gilt nicht nur für Eltern mit Migrationshintergrund.

Wichtig ist es dabei, den Blick nicht auf vermeintliche Defizite zu richten, sondern die besonderen Potenziale und Ressourcen der Eltern in den Vordergrund zu stellen und daran anzuknüpfen. In verschiedener Hinsicht haben uns Migrantinnen und Migranten etwas voraus: Viele haben die Kompetenz der Zweisprachigkeit, finden sich souverän im Leben zwischen mehreren Kulturen zurecht und können dies Gewinn bringend nutzen. Diese Potenziale sind im besten Fall ein Zugewinn und können den Zusammenhalt in unserer von Vielfalt geprägten Gesellschaft stärken!

Die Fülle der Beispiele in dieser Arbeitshilfe vermittelt ein breites Spektrum der Lebenserfahrungen der Familien wie auch ihres Umgangs mit verschiedenen Situationen: Wie erlebe ich die Ankunft in einem fremden Land? Was mache ich für Erfahrungen mit der Mehrheitsgesellschaft? Wie gehe ich mit widersprüchlichen Erwartungen, mit Abwertungen und Diskriminierungserfahrungen um? Wie kann ich meine Kinder unterstützen?

Es gibt bereits viele nachahmenswerte Konzepte in der Zusammenarbeit zwischen Eltern, Schulen und Jugendhilfeeinrichtungen. Dabei können auch Spannungen und Missverständnisse auftreten. Hier ist konstruktive Konfliktbearbeitung gefragt – und das setzt voraus, dass sich beide Konfliktpartner auf gleicher Augenhöhe begegnen, denn dies ist ein wesentlicher Aspekt von Anerkennung! Um möglichst viele Eltern zu erreichen, müssen wir vielfältige und differenzierte Angebote machen, dabei aber immer offen dafür bleiben, wenn notwendig, auch einen neuen Weg einzuschlagen. So entsteht eine lebendige und vielfältige Gesamtkultur der Zusammenarbeit mit Eltern und Familien. Ein wichtiger Punkt ist dabei auch der Blick auf die strukturellen Lebensbedingungen und die soziale Lage der Familien.

„Eine Frage der Haltung", so der Titel der Arbeitshilfe: Unsere Haltung entscheidet darüber, ob es Eltern gelingen kann, Vertrauen zu uns aufzubauen und zu behalten. Dialog, Entdeckungsfreude und Neugier – und manchmal auch Humor und Entspanntheit – helfen dabei!

Ich bedanke mich, auch im Namen des Präsidiums der Aktion Jugendschutz, bei allen Projektbeteiligten für Ihr Engagement und wünsche den Leserinnen und Lesern eine spannende und weiterführende Lektüre!

Marion von Wartenberg
Vorsitzende der Aktion Jugendschutz Baden-Württemberg

GRUSSWORT VON FRAU MINISTERIN DR. MONIKA STOLZ

Liebe Leserin, lieber Leser,

über jede und jeden, der zu dieser von der Aktion Jugendschutz Baden-Württemberg (ajs) vorgelegten Arbeitshilfe greift, freue ich mich. Sie gehören zu einem engagierten Personenkreis, der erkannt hat, welche wichtige und prägende Rolle die Familie für das Wohlbefinden und die Bildung unserer Kinder hat, welcher Einfluss von ihr auf deren Entwicklungs- und Entfaltungschancen ausgeht.

Ich unterstelle, dass Sie sich zum Wohle aller Ihnen anvertrauten Kinder um eine gemeinsame und partnerschaftliche Erziehung und Bildung mit den Eltern bemühen. Ich unterstelle auch, dass Sie neugierig und selbstkritisch sind, selber lebenslang lernen wollen, um bei der Kontaktaufnahme und beim Aufbau einer Vertrauensbeziehung mit anderen mögliche Störfaktoren zu vermeiden. Wie wir alle wissen, stellt die Vielfalt der Sprachen, der Sprachen im linguistischen, im kulturellen und im fachlichen Sinn, eine besondere Herausforderung dar, wenn Menschen sich auf gemeinsame Wege und Ziele einigen wollen. Deshalb ist es nicht nur sinnvoll, sondern sogar erforderlich, die Frage aufzuwerfen, wie man behutsam Gespräch und Kontakt mit zugewanderten Familien aufnimmt, wie sich Elternarbeit in der Einwanderungsgesellschaft gestalten lässt.

Ich freue mich nicht nur, dass Sie sich dieser Frage stellen wollen, sondern ganz besonders, dass Sie gerade diese Arbeitshilfe zur Hand nehmen. Sie enthält eine Fülle von beachtenswerten Reflexionen, praxiserprobten Anregungen und bevormundet nicht. Als Arbeits- und Sozialministerin und Kinderbeauftragte der Landesregierung von Baden-Württemberg weiß ich, wie wesentlich unser aller Zukunft davon geprägt sein wird, ob es gelingt, möglichst vielen Kindern und Jugendlichen den Weg in eine erfüllte Teilhabe am Sozial- und Arbeitsleben zu ebnen und die Chancen hierfür auch in besonderen Lebenssituationen zu verbessern. Der ajs als Herausgeberin, aber insbesondere dem Autorenteam und seinen Beratern aus der Praxis gilt daher mein ganz besonderer Dank. Die Arbeitshilfe ist ein wesentlicher Baustein für unser gemeinsames Vorhaben.

Liebe Leserinnen und Leser, Sie werden manchmal einen langen Atem brauchen, wenn Sie alle Eltern – solche mit und ohne Migrationshintergrund – auf die Mitarbeit an einer erfolgreichen Erziehung einstimmen wollen. Ich wünsche Ihnen bei Ihrer Arbeit und der Umsetzung der Vorschläge viel Erfolg.

Dr. Monika Stolz MdL
Ministerin für Arbeit und Sozialordnung, Familien und Senioren

LESEHINWEISE

Im Mittelpunkt unserer Arbeitshilfe steht ein zentraler Gedankengang, der sich durch alle Kapitel und Praxisbeschreibungen zieht: Eltern(bildungs)arbeit im Migrationskontext ist eher eine Frage der Haltung als eine Frage besonderer Methoden. Wir blicken auf die Bilder, die wir von migrantischen Familien haben, und fragen, wo wir Ressourcen und Fähigkeiten entdecken können, anstatt auf defizitäre Zuschreibungen zurückzugreifen. Wir diskutieren, aus welchen unterschiedlichen Perspektiven bestimmte Praxiskontexte und Verhaltensweisen von Migrantenfamilien verstehbar werden und das eigene fachliche Handeln begründbar wird. Wir untersuchen die alltägliche Praxis nach den Prozessen, an denen offensichtlich wird, wie die eigene Haltung das pädagogische Handeln so beeinflusst, dass beabsichtigte und unbeabsichtigte Wirkungen die beste Methode gelingen oder eben scheitern lassen.

Für das Entstehen dieser Arbeitshilfe war für uns deshalb die Reflexion mit Kollegen und Kolleginnen über ihre Arbeit von zentraler Bedeutung: Wir sind hingefahren, haben Projekte besucht, Interviews mit Pädagogen und Pädagoginnen sowie Eltern geführt und mehrere Reflexionsworkshops durchgeführt. Die Auswahl der Träger und Projekte orientierte sich an bestehenden informellen Kontakten und gemeinsamen Reflexionszusammenhängen. Es ging um *Good Practice*, aber nicht zwingend um *Best Practice*.

In diesen Praxisreflexionen haben wir Hinweise identifiziert, die hilfreich und übertragbar sind für die Gestaltung von Elternkontakten, Veranstaltungen und Angeboten. Ein zweiter Fokus liegt auf den für eine gelingende Praxis notwendigen (selbstreflexiven) Strukturen auf institutioneller Ebene.

Besonders bedanken möchten wir uns bei den Kollegen und Kolleginnen, die zum Teil in ihrer Arbeitszeit, viele aber auch in ihrer Freizeit an den Workshops teilgenommen und von denen einige auch an den Texten mitgearbeitet haben. Ohne ihre Bereitschaft, sich mit uns auf diesen Weg zu machen, gäbe es die Arbeitshilfe in dieser Form nicht. Wir danken dafür vor allem: Angela Blonski, Sybille Boerner, Theoklis Chimonidis, Gerlinde Fischer, Zita Forster, Veronika Graner, Silke Hänle, Frank Havlicek, Birgit Hasselbach, Arne Hornung, Karin Hub, Beatrix Kayser, Lusine Minasyan, Regina Müller, Sabine Pester, Anke Ricklefs, Hülya San, Viktor Schiwje, Patrizia Virzi-Aksoy, Peter Wahl.

Darüber hinaus bedanken wir uns bei dem Stuttgarter Integrationsbeauftragten Gari Pavkovic, der uns seine Einschätzung zu der Kooperation mit Fethullah Gülen nahestenden Organisationen zur Verfügung gestellt hat.

Bei Elisabeth Gropper, der langjährigen früheren Geschäftsführerin der Aktion Jugendschutz bedanken wir uns für die unterstützende Begleitung im Entstehungsprozess dieser Handreichung.

In die Handreichung eingeflossen sind ebenfalls die Ergebnisse des Projektes djela (Diakonische Jugendhilfe im Einwanderungsland) des Diakonischen Werkes Württemberg (2003–2007). Einige Texte der Handreichung sind erweiterte Überarbeitungen von Kapiteln des aus diesem Projekt hervorgegangenen Handbuchs „Vergiss..., vergiss nie,... – Jugendhilfe im Einwanderungsland" (Andreas Foitzik, 2008).[1] Wir danken dem Diakonischen Werk Württemberg für diese Zusammenarbeit.

Zum Aufbau dieser Arbeitshilfe

Die Arbeitshilfe ist so konzipiert, dass die jeweiligen Kapitel für sich stehen und auch jeweils einzeln gelesen werden können. Das heißt, die Leser/-innen können sich das herausgreifen, was sie aktuell am meisten interessiert und beschäftigt. Innerhalb der einzelnen Kapitel verweisen wir immer wieder auf die thematischen Stränge der anderen Kapitel, sodass dann dort wieder vertiefend weitergelesen werden kann. An manchen Stellen kann es so zu Doppelungen kommen – dies haben wir bewusst in Kauf genommen, da wir annehmen, dass nicht alle Leser/-innen die Arbeitshilfe von Anfang bis Ende systematisch durcharbeiten.

Einführend haben wir in dem kurzen Text **Ansätze einer selbstreflexiven Migrationspädagogik** unseren theoretischen Hintergrund skizziert. Dieser Text ist noch nicht unmittelbar auf das Thema Elternarbeit bezogen. In unseren **13 Grundsätzen zur Elternarbeit** beschreiben wir, ausgehend von der These, dass eine migrationssensible Elternarbeit mehr eine Frage der Haltung als eine Frage der Methode sein muss, Standards für die Weiterentwicklung der Elternarbeit. An diesen Grundsätzen muss sich – so unsere Position – jede gute Praxis messen lassen. Sie sind allerdings mehr als Reflexionshilfen denn als Rezepte für richtiges Handeln zu lesen.

Im zweiten Kapitel **Akteure der Elternarbeit** richten wir den Blick – neben den Fachkräften und den Kindern und Jugendlichen – insbesondere auf die Eltern, und zwar aus unterschiedlichen Perspektiven. Je nachdem, ob dabei die Migrationsgeschichte der Familie, ihre kulturelle Differenz, ihre Diskriminierungserfahrung oder ihr jeweiliger Umgang damit in den Blick genommen werden, werden andere Facetten sichtbar und kann ein anderes Verstehen möglich werden. Dies bedeutet auch die Reflexion unseres Handelns und unserer Position, unserer eigenen Annahmen, Bilder und Zuschreibungen.

---

[1] Ausführliche Beschreibung des djela-Handbuchs und Bezugsadresse im Anhang

Die **Planungshilfen für die Elternarbeit** geben einige wichtige Hinweise zur Vorbereitung von Projekten der Eltern(bildungs)arbeit. Eine Darstellung verschiedener Optionen mit ihren jeweiligen Ressourcen und Fallstricken gibt Hinweise für die eigene Praxis.

Im Kapitel **Hintergründe** greifen wir zuerst zwei Themen auf, die nach unserer Erfahrung in der Begleitung von Praxisprojekten für die Entwicklung der Elternarbeit in besonderer Weise brisant und relevant sind: zum einen die Rahmenbedingungen der gemeinsamen Verständigung und Kommunikation (Mehrsprachigkeit und Sprachmittlung), zum anderen die Kooperation mit Migrantenorganisationen auf Augenhöhe.

Im dritten und vierten Hintergrundtext thematisieren wir spezifische Konfliktkonstellationen, die vielleicht nicht für alle Praxisfelder relevant sind, aber dort, wo sie relevant sind, zu besonderer Verunsicherung führen: einmal die Frage der bei manchen Familien umstrittenen Teilnahme von Kindern an Klassenausflügen, Schwimm- und Biologieunterricht, außerdem die Frage der Kindeswohlgefährdung.

Unsere **Praxisreflexionen** sind in enger Auseinandersetzung mit Kollegen und Kolleginnen entstanden. Uns war es wichtig, anhand eines jeden Praxisberichtes zwei bis drei verallgemeinerbare Fragestellungen zu diskutieren, die auch in anderen Situationen relevant sind. Wir stellen hier Spannungsverhältnisse, Prozesse und mögliche Handlungsansätze vor, die im jeweiligen Praxiskontext zum Ausprobieren anregen können (und sollen).

Der **Anhang** enthält u. a. eine kommentierte Literaturliste und Links zu weiteren Praxisbeispielen der Elternarbeit.

EINFÜHRUNG – ANSÄTZE EINER SELBSTREFLEXIVEN MIGRATIONSPÄDAGOGIK[2]

Wenn wir im Rahmen von Handreichungen oder Fachtagungen und Fortbildungen über Menschen mit Migrationshintergrund sprechen, ist nahegelegt, sie als Menschen wahrzunehmen, die in besonderer Weise *Probleme haben* oder *Probleme machen*. Damit befinden wir uns in der Tradition einer Ausländerpädagogik, die darauf gerichtet ist, Defizite zu beheben, und damit einem abwertenden **„Entwicklungshilfe-Denken"** folgt. *Wir*, der zivilisiertere Teil der Welt, müssen dem Rest der Welt helfen, sich dorthin zu entwickeln, wo wir schon sind. Dies gilt auf politischer Ebene ebenso wie auf pädagogischer. Aber auch die „interkulturelle Pädagogik", die die Begegnung mit den anderen als Bereicherung in den Mittelpunkt stellt, bleibt der Fokussierung auf Kultur als handlungsleitendem Moment verhaftet.

Diese beiden Stränge der pädagogischen Auseinandersetzung mit dem Phänomen Migration haben in der Praxis der Institutionen der sozialen Arbeit Spuren hinterlassen. Wenn in den pädagogischen Institutionen das Thema Migration überhaupt wahrgenommen wird, dann oft mit dem Defizitblick und einer daraus folgenden kompensatorischen Praxis oder aber in einer **Idealisierung des Nebeneinanders der Kulturen**. Dies mag auf den ersten Blick „netter" scheinen, das Dilemma bleibt. Der *andere* wird dabei als Teil und Repräsentant einer national oder ethnisch gekennzeichneten kulturellen Gruppe wahrgenommen. Doch kann man überhaupt sinnvolle Aussagen über diese Kulturen machen? Wie ist die Stellung der Frau in einer deutschen Familie? Wie erziehen Deutsche ihre Kinder? Wir können davon ausgehen, dass andere Gesellschaften nicht weniger differenziert sind wie die deutsche. Aussagen über beispielsweise *die deutsche* oder *die türkische* Kultur bieten somit wenig Hilfe in der Interaktion mit einem anderen Menschen.

Sicherlich können kulturelle Prägungen einen wichtigen Einfluss auf das Denken, Fühlen, Handeln und die Interaktionen von Klienten und Klientinnen wie von Fachkräften spielen und auch zu Missverständnissen und erfolglosem Handeln führen. Mit dem Fokus auf die kulturelle Differenz wird aber nahegelegt, bei Störungen, Misserfolg und Unverständnis reflexartig auf das Erklärungsmuster von ethnisch definierter Kultur zurückzugreifen. Dabei ist der kulturell deutende Blick selbst ein Teil des Problems. Ich trage zu ihrer Ausgrenzung bei, indem ich Menschen auf ihre Herkunft reduziere. Ohne die gleichzeitige Thematisierung sozialer Ungleichheit und eine Kritik der herrschenden Verhältnisse besteht die Gefahr, damit einer Eth-

---

2 Diese kurze Einführung ist eine gekürzte Fassung der einführenden Kapitel des djela-Handbuches (Foitzik 2008) und der zwei Fachaufsätze Foitzik/Pohl (2009), Attia/Foitzik (2009).

nisierung sozialer Verhältnisse Vorschub zu leisten. Soziale Fragen werden als „Ausländerproblem" diskutiert.

Folgt man diesem Gedanken, verändert sich auch die Perspektive einer interkulturellen Praxisentwicklung grundlegend. Nicht mehr das Reden über die anderen, sondern die Dekonstruktion des Alltagsverständnisses einer fest gefügten, einheitlichen ethnischen Kultur wird zum Leitmotiv. Die Rede von der „interkulturellen Kompetenz" wird dann produktiv, wenn sie als „Differenz-Fertigkeit" verstanden wird, die sich im doppelten Sinne selbst beschränkt: Zum einen beinhaltet sie die Warnung vor der Überbetonung des Differenzaspektes, zum andern geht sie davon aus, dass auch den eigenen (auch professionellen) Konzepten kulturelle Deutungsmuster zugrunde liegen, also nicht nur die anderen „anders" sind, sondern auch wir selbst (Mecheril 2004, S. 110).

Werden Migranten und Migrantinnen als **deutende und handelnde Subjekte** wahrgenommen, stehen nicht Defizite, abweichendes Verhalten und Schwächen im Fokus des Blickes auf die Kinder, Jugendlichen und Eltern mit Migrationshintergrund, sondern ihr selbstbewusster Umgang mit ihrer Lebenssituation. Dies mag banal klingen, bedeutet jedoch einen Paradigmenwechsel in der Migrationspädagogik weg von dem in der pädagogischen Praxis dominanten Defizitansatz der Ausländerpädagogik hin zu einer **Perspektive der Anerkennung**.

Beide Denkweisen – der abwertende wie der kulturalisierende Blick – sind allerdings für die Angehörigen der Mehrheitsgesellschaft so selbstverständlich, dass sie damit auch für pädagogische Fachkräfte nahe liegend sind. Es bedarf daher der Irritation, um diese Denkweisen der Selbstreflexion zugänglich zu machen. [3]

„Für die Weiße, die wissen möchte, wie sie meine Freundin sein kann: Erstens: Vergiss, dass ich schwarz bin. Zweitens: Vergiss nie, dass ich schwarz bin." Die schwarze Dichterin Pat Parker beschreibt mit diesen Zeilen das **Grunddilemma jeder differenzsensiblen Perspektive** als Gratwanderung zwischen ihrer gleichzeitigen Unvermeidlichkeit und Unmöglichkeit.

Ziel ist weniger die Sicherheit im Umgang mit dem anderen, sondern vielmehr eine Sensibilisierung für mögliche Differenzen, die also ausgehalten werden müssen. Dies darf aber nicht zur Lähmung führen. Es geht darum, die (pädagogischen) Fachkräfte zu ermutigen, sich auf einen fehlerfreundlichen und kreativen Lernprozess einzulassen, der geprägt ist von einem gelassenen Mut zu handeln und Fehler zu machen, von der Bereitschaft, sich dabei immer

[3] Vgl. auch Hamburger 2009

wieder verunsichern zu lassen und das eigene Handeln zu reflektieren, und von der Offenheit, daraus für das nächste Mal zu lernen.

Iman Attia beschreibt **notwendige Kompetenzen in der Migrationsgesellschaft**: „Erst in einem Setting, in dem sich Klient/innen grundsätzlich angenommen fühlen, kann Pädagogik wirksam werden. Das gilt auch und insbesondere dann, wenn Klient/innen zusätzlich einer diskriminierten Gruppe angehören. Insofern zielen die notwendigen Qualifikationen primär auf die Haltung von Pädagog/innen. Sie ist entscheidend dafür, welche Fragen gestellt, welche Antworten gehört, welche Ressourcen aktiviert, welche Räume eröffnet und welche verwehrt werden. Die spezifische und allgemeine Auseinandersetzung mit Differenzen, Diskriminierungen und Macht strebt dann eine Haltung an, die anderen Menschen offen und respektvoll begegnet, vor allem solchen, die im pädagogischen Machtgefälle bereits abhängig oder unterworfen sind. Eine offene und respektvolle Haltung ermöglicht dem Gegenüber, jene Themen *in der Weise* zu thematisieren, die ihm wichtig sind. Sie ist deutlich von einer Haltung zu unterscheiden, die der eigenen Neugier folgt und Grenzen überschreitet bzw. herablassend toleriert. Sie kann jedoch auch von sich aus Themen anbieten bzw. Selbst-Zuschreibungen infrage stellen und zurückweisen. Das erfordert ein hohes Maß an Sensibilität, Reflexions- und Sachkompetenz. Sie ergänzen und spezifizieren allgemeine pädagogische Qualifikationen im Umgang mit Differenzen, Diskriminierung und Macht." [4]

Neben die Migration betreffenden geschichtlichen, soziologischen, psychologischen und rechtlichen Sachkompetenzen kommt **Reflexionskompetenzen** eine wichtige Bedeutung zu:

- „die Auseinandersetzung mit Konstruktionen über *uns* und die *anderen*, die im Alltag, in Pop-, Sub- und Hochkultur, in Medien, Politik und Wissenschaft etc. re-/produziert werden
- kritisches Erinnern an Konstruktionen, die im eigenen Kontext relevant sind bzw. waren
- das Herausarbeiten von Ambivalenzen, Widersprüchen, Überlappungen, die die Homogenität der Konstruktionen irritieren und die Abhängigkeit der Positionen voneinander offenlegen
- die Reflexion der Bedeutungen von ‚kultureller' Zugehörigkeit für Minderheiten und Mehrheit
- die Reflexion der ‚kulturellen' Selbstverständlichkeiten und Identitäten als Mehrheits- und Minderheitenangehörige
- die Auseinandersetzung mit konkreten Privilegierungen und Benachteiligungen entlang (zugewiesener) Zugehörigkeiten
- das Eingeständnis der Begrenztheit des Wissens und des Verstehens sowie Folgen und Umgangsweisen damit". [5]

---

4 Attia/Foitzik 2009, S. 14

5 Ebenda

Die von Paul Mecheril geforderte **„Gleichzeitigkeit von Verstehen und Nicht-Verstehen"** „kündigt die Beziehung zum anderen nicht auf, begegnet aber der für soziale Beziehungen notwendigen Möglichkeit des Verstehens skeptisch" (Mecheril, 2004, S. 128).

Interkulturelles Handeln in pädagogischen Zusammenhängen muss demnach auch dann auf die Ermöglichung, Förderung und Differenzierung der Handlungsfähigkeit anderer als Subjekte zielen, wenn ich mir nicht sicher bin, ob ich den anderen verstanden habe, und selbst die Erkennbarkeit des anderen als anderer unsicher bleibt.

Eine Grundhaltung kultur- und migrationssensiblen Arbeitens ist also nicht Verhaltenssicherheit durch Kenntnis des anderen, sondern eine Sensibilisierung für mögliche Differenzen, die in der Begegnung nicht aufgelöst werden können. Diese „Erkenntnis" bietet nicht mehr Sicherheit, sondern vermindert die Gewissheit, den anderen richtig verstanden zu haben. Diese Verhaltensverunsicherung ist eine wichtige Voraussetzung gelungener Kommunikation. Sie zuzulassen, ist aber vor allem eine Aufgabe der „kulturellen" Mehrheit, die es aus der mächtigen Position heraus im Gegensatz zur Minderheit nicht „nötig" hat, diese Sicherheit aufzugeben.

Indem wir darin zumindest ein Gefühl der Verstehbarkeit bekommen, weichen die Nervosität und das Gefühl irritierender Fremdheitserfahrung. An ihre Stelle kann wohltuende Gelassenheit treten, man könnte es auch professionelle Distanz nennen, eine für interkulturelle Situationen sehr produktive Haltung. Diese Haltung muss immer wieder in der Situation hergestellt werden. Paul Mecheril beschreibt diese Haltung als eine von „selbstironischer Fehlerfreundlichkeit" getragene „Er-Findungskunst, die auf das Gestalten von Kontaktgrenzen und Zwischenräumen abzielt" (Mecheril, 2004, S. 129).

Interkulturalität „ist eine Chiffre für die Undurchschaubarkeit und die Nicht-Vorhersehbarkeit von kommunikativen Situationen, für die Zerstörbarkeit der fraglosen Voraussetzungen des unbedachten wie des bedachten Handelns, für die Grenzen des Berechenbaren, Planbaren und Erwirkbaren"... Sie „fordert ein Subjekt, das in der Lage ist, sich als Schwaches zu verstehen, ohne sich dadurch aus der Verantwortung zum Handeln und aus der Verantwortung zur Auseinandersetzung mit dem und der Anderen zu verabschieden" (Mecheril, 2004, S. 131). Um dies immer wieder zu ermöglichen, brauchen die Handelnden einen Raum für Metakommunikation, die sich auf konkret formulierte Aufgaben beziehen muss, um für die Praxis wirksam werden zu können. Es geht im interkulturellen Lernen immer um ein Lernen im Nachhinein für das nächste Mal.

Bezogen auf die **Praxis des pädagogischen Handelns** in der Einwanderungsgesellschaft lassen sich einige Herausforderungen beschreiben[6]:

- Anerkennung der Mehrfachzugehörigkeiten: In den pädagogischen Räumen müssen wir diese hybriden Zugehörigkeiten als Tatsache wahrnehmen und die Jugendlichen und ihre Eltern darin unterstützen, dies auch offensiv zu formulieren.
- Repräsentanz: Sowohl auf der Ebene der Mitarbeiter/-innen (welche Frau würde sich in einer Frauenberatungsstelle gut aufgehoben fühlen, in der nur Männer arbeiten?) als auch in den pädagogischen Angeboten selbst sind die Fragen zu stellen: Wer spricht? Wer ist wie beteiligt? Wer wird wie öffentlich wahrgenommen?
- Empowerment: Wie können wir Kinder, Jugendliche und ihre Eltern unterstützen, ihre Erfahrungen in dieser Gesellschaft auszutauschen und – wenn sie das wünschen – öffentlich zu machen?
- Anerkennung von Rassismuserfahrung: In den pädagogischen Feldern gibt es weder für Jugendliche noch für ihre Eltern eine Kultur des Redens über ausgrenzende Erfahrungen. Wie können wir Räume öffnen, in denen dies möglich wird? Wie können wir selbst auf den Rassismusvorwurf in angemessener Weise reagieren?
- Und immer wieder Selbstreflexion: Welche gewollten und ungewollten Effekte hinterlässt meine Arbeit?

Was auf individueller Ebene formuliert ist, gilt ebenso auf institutioneller Ebene. Auch Institutionen müssen zu lernenden Organisationen werden. Eine **interkulturelle Öffnung**[7], die der Differenz- oder der Defizitperspektive verhaftet bleibt, läuft Gefahr, soziale Arbeit und das Bildungssystem dazu zu benutzen, die Verantwortung für Integration wieder verstärkt den Menschen mit Migrationshintergrund zuzuschieben. Insofern muss das Konzept der interkulturellen Öffnung „sperrig" gehalten werden als ein Instrument zur Aufrechterhaltung sozialpädagogischer Fachlichkeit, die darauf insistiert, die Rahmenbedingungen ihrer Leistungserbringung zu reflektieren. Zu den Rahmenbedingungen zählen auch Rassismus und Diskriminierung. Damit sich dieses rassismuskritische Konzept der interkulturellen Öffnung verankern kann, braucht es Agentinnen und Agenten mit einem Störauftrag. Die Akteurinnen und Akteure in den Institutionen stehen unter dem Druck, pragmatische Lösungen zu finden. Sie haben nicht immer aus sich heraus das Interesse und oft auch nicht das Know-how, selbstreflexive Fragen zu stellen. Dies ist die vornehmliche Aufgabe von externen Beraterinnen und Beratern in diesem Feld.

---

6 Vgl. ausführlicher auch Kalpaka, 2009
7 Vgl. ausführlicher Foitzik/Pohl, 2009

Institutionen, die Projekte interkultureller Öffnung auf den Weg bringen, suchen eher schnelle vorzeigbare Ergebnisse als selbstreflexive Lernprozesse. Ob diese Projekte bestehende Denkweisen nur reproduzieren oder auch rassismuskritische Ideen transportieren können, hängt aber letztlich vor allem davon ab, ob die Akteure in der sozialen Arbeit wirklich daran interessiert sind, die „Haare in der Suppe" zu suchen.

Quellen

Attia, Iman/Foitzik, Andreas (2009): Zum reflektierten Umgang mit „Kultur" in der Pädagogik. In: Aktion Jugendschutz Baden Württemberg, ajs informationen I/2009. Stuttgart.

Flothow, Johannes/Foitzik, Andreas (2003): Qualifizierung der Jugendhilfe in der Einwanderungsgesellschaft. In: Aktion Jugendschutz Baden Württemberg, ajs informationen II/2003. Stuttgart.

Foitzik, Andreas (2008): Vergiss ..., vergiss nie, ... – Jugendhilfe im Einwanderungsland. Ein Handbuch. Stuttgart: Diakonisches Werk Württemberg, Abteilung Kinder, Jugend und Familie. Bezug: Scholz.I@diakonie-wuerttemberg.de

Foitzik, Andreas/Pohl, Axel (2009): Das Lob der Haare in der Suppe – Selbstreflexivität Interkultureller Öffnung. In: Scharathow, Wiebke/Leiprecht, Rudolf (Hrsg.): Rassismuskritik. Band 2: Rassismuskritische Bildungsarbeit. Schwalbach.

Hamburger, Franz (2009): 50 Jahre Zuwanderung – und kein bisschen weise? In: Aktion Jugendschutz Baden Württemberg, ajs informationen I/2009. Stuttgart.

Kalpaka, Annita (2009): Institutionelle Diskriminierung im Blick – Von der Notwendigkeit, Ausblendungen und Verstrickungen in rassismuskritischer Bildungsarbeit zu thematisieren. In: Scharathow, Wiebke/Leiprecht, Rudolf (Hrsg.): Rassismuskritik. Band 2: Rassismuskritische Bildungsarbeit. Schwalbach.

Mecheril, Paul (2004): Einführung in die Migrationspädagogik. Weinheim und Basel.

1 GRUNDSÄTZE DER ELTERNARBEIT

Eine kultur- und migrationssensible Elternarbeit ist weniger eine Frage der Methode als eine Frage der Haltung.

Auch in der Eltern(bildungs)arbeit besteht die Gefahr, mit gut gemeinten „Sondermaßnahmen für Migranten" diese Gruppe als besonders hilfebedürftig zu deklarieren und sie damit auf ein vermeintliches Defizit festzulegen. Um dieser Gefahr zu entgehen, ist es unseres Erachtens unerlässlich, in einen permanenten Reflexionsprozess über das eigene Denken und Handeln zu treten. Uns ist klar, dass wir damit einen Anspruch formulieren, der möglicherweise auch lähmend für die Praxis wirken kann. Dies muss nicht so sein! Daher haben wir wichtige Grundsätze im Sinne von zentralen Standards formuliert, die aus unserer Sicht an jede Praxis angelegt werden können und sollen.

Viele der im Folgenden beschriebenen Haltungen und Standards sind nicht auf die Arbeit mit Migrantenfamilien beschränkt. Oft sind es eher soziale als kulturelle oder migrationsbedingte Hintergründe, die eine „besondere" Herangehensweise begründen.

Die folgenden Grundsätze sind also in diesem doppelten Sinn offen: Sie betreffen nicht alle Eltern mit Migrationshintergrund in gleicher Weise und betreffen gleichzeitig in zumindest ähnlicher Weise viele Familien ohne Migrationshintergrund. Gerade aufgrund der Heterogenität der Gruppe schließen sich die Formulierung von Standards und eine differenzsensible Herangehensweise prinzipiell aus. Unsere Standards sind daher mehr als Reflexionshilfen denn als Rezepte für richtiges Handeln zu lesen.

Wir haben jeweils einen Qualitätsstandard formuliert (eingerahmt), ihm eine skizzierte Beschreibung der Realität (kursiv) gegenübergestellt und ihn im Anschluss begründet und erläutert.

I.1 | REPRÄSENTATION DER VIELFALT ALS EINLADUNG ZUR PARTIZIPATION

Wir zeigen den Familien mit Migrationshintergrund und der Öffentlichkeit, dass in unserer Einrichtung Menschen mit unterschiedlicher familiärer Herkunft willkommen und anerkannt sind. Wir signalisieren, ihr seid hier keine Gäste, es ist *eure* Einrichtung. Eine solche Öffnung ist auf bewusste symbolische Zeichen angewiesen.[8]

Die türkeistämmigen Mütter einer Kindertageseinrichtung beschweren sich bei einer Projektmitarbeiterin, dass die Kinder beim Spiel im Garten nicht warm genug angezogen sind. Auf die Nachfrage, ob sie dies den Erzieherinnen gesagt haben, verneinen sie. Auch mit den „deutschen" Eltern haben sie nicht darüber gesprochen. „Die mögen nicht, wenn man ‚ihren' Kindergarten kritisiert."

Viele Institutionen der Jugendhilfe sind eher noch „deutsche Institutionen" als „Institutionen in Deutschland". So werden sie auch von den Beteiligten wahrgenommen, sowohl intern von den Fachkräften als auch von Jugendlichen und vor allem auch von deren Eltern. Die bestehende Vielfalt ist weder nach innen noch nach außen sichtbar. Der 6. Familienbericht der Bundesregierung formuliert eine eindeutige Botschaft: „Ist es eure Schule oder unsere Schule? Ist es eine deutsche Schule oder eine Schule in Deutschland?" Eltern mit Migrationshintergrund, die sich in den pädagogischen Einrichtungen nur als Gäste sehen, werden kaum den Impuls haben, diese Einrichtung mitzugestalten.

Projekte der interkulturellen Öffnung nutzen verschiedene Formen der symbolischen Repräsentation erfolgreich als Türöffner: mehrsprachige Türschilder, interkulturelle Symbole auf Flyern oder Plakaten. Die Grundbotschaft dabei ist einfach: „Gut, dass Sie da sind!"

So sinnvoll diese Ansätze sind, so müssen sie doch gleichzeitig auch vor dem Hintergrund der Frage reflektiert werden, welche gewollten und ungewollten Botschaften die Symbole selbst transportieren. So kann eine Landkarte mit den Nationalflaggen von den Eltern auch als weitere Zuschreibung auf ihr „Ausländersein" verstanden werden.

Und eine andere Frage: Hält die Einrichtung, was sie symbolisch reklamiert? Was wäre, wenn eine Einrichtung zwar in 20 Sprachen „Herzlich willkommen!" auf eine Postkarte schreibt, sich aber weigert, andere Familiensprachen in der Einrichtung anzuerkennen oder eine angemessene Sprachmittlung zu organisieren? Der Effekt könnte dann ein gegenteiliger als der

[8] → Planungshilfen 3.3; Praxisreflexionen 5.10

gewünschte sein: Die angesprochenen Eltern werden die Karte irgendwann im besten Fall als gelungenes Marketing empfinden, auf das sie „hereingefallen" sind. Die Symbolik muss daher mit einem tatsächlichen Zugehen auf die Eltern einhergehen.

I.2 FRÜHE KONTAKTAUFNAHME UND BEZIEHUNGSANGEBOTE

Wir nehmen den Kontakt zu Eltern auf, bevor es Konflikte gibt, und bemühen uns um einen kontinuierlichen „normalen" Kontakt. Bestehende Spannungen erschweren die Kontaktaufnahme. Es geht um eine Normalisierung der Kontakte. Über den Aufbau einer Beziehung ermöglichen wir eine gute Auseinandersetzung im Konfliktfall.[9]

— *Lehrer/-innen berichten immer wieder von dem Zeitdruck, unter dem sie stehen, und dass sie erst dann auf Migranteneltern zugehen, wenn das Fass schon fast überläuft und konkrete Konfliktanlässe vorliegen. Die Atmosphäre solcher Elterngespräche sei dann meist recht angespannt.* —

Für alle Eltern ist es unangenehm, zu einem Elterngespräch „einbestellt" zu werden. Vielen Eltern fällt es schwer, die Kritik an dem Verhalten des Kindes nicht als Kritik an sich selbst zu hören. Beides gilt umso mehr bei Eltern, die einer Einrichtung ohnehin skeptisch gegenüberstehen: sei es aus Unsicherheit, sei es aufgrund schlechter Erfahrungen mit vergleichbaren Einrichtungen oder auch nur aufgrund dessen, was man gehört hat.

Es ist wesentlich einfacher, einen guten Kontakt herzustellen, wenn das Erstgespräch nicht mit einem Konflikt oder der Klärung eines problematischen Verhaltens des Kindes einhergeht. *Kontakt* meint im wahren Wortsinn, in Kontakt zu gehen. Wer in Kontakt geht, riskiert, an Grenzen zu kommen, Grenzen zu überschreiten und zu verletzen. Wer dies mit Sicherheit vermeiden will, vermeidet auch den Kontakt selbst. Die Haltung, die es zu entwickeln gilt, muss also eine reflexive Haltung sein, die diese Reibungen und Verunsicherungen im Kontakt zulässt, aber eben auch wahrnimmt, um für weitere Kontakte daraus zu lernen.

Je früher ein solcher Kontakt zustande kommt, desto weniger Misstrauen sammelt sich an:

- *früh* in der jeweiligen Beziehung – also präventiv und durchgehend und damit eben nicht gleich problemorientiert,
- *früh* in der Bildungslaufbahn – gute Erfahrungen im Vorschulbereich vereinfachen die Elternarbeit in der Schule,

---

[9] → Grundsätze 1.10; Praxisreflexionen 5.1

- *früh* auch in der Migrationsgeschichte – denn ein zugehender Kontakt mit Neuzuwanderern verhindert den Aufbau falscher Bilder.

Für Familien mit Migrationshintergrund ist der Aufbau des Vertrauens zu einer Institution oft stark an einzelne Personen gebunden („guter Mann/gute Frau"). Es kann daher sinnvoll sein, bereits im Erstkontakt eine klare Bezugsperson zu benennen.

Für manche Familien ist es hilfreich, wenn diese Person auch als solche sichtbar ist und nicht nur in der beruflichen Rolle agiert. Klar ist, dass die berufliche Rolle maßgebend für das Handeln bleibt.

1.3 | DIE ELTERN SIND EXPERTEN IHRER SITUATION

Wir gehen davon aus, dass Eltern ihr Kind am besten kennen, grundsätzlich für das Kind das Beste wollen und auch daran interessiert sind, das Kind zu unterstützen. Diese wertschätzende Haltung ist die Grundlage der Zusammenarbeit. Unsere Aufgabe ist es, dafür zu sorgen, dass Eltern die Möglichkeiten und Grenzen dieser Gesellschaft kennen und sich in ihr orientieren können. Nur so können sie gute Entscheidungen treffen. Diese Entscheidungen akzeptieren wir.[10]

Nehmen wir als Beispiel das Gespräch einer Erzieherin einer Kindertageseinrichtung mit einer aus einem arabischen Land stammenden Mutter. Es geht in diesem Erstgespräch darum, ob das Kind die Einrichtung besuchen soll. Aus der allgemeinen Überzeugung, wie wichtig der Besuch des Kindergartens für die Integration des Kindes ist, entspringt leicht eine Haltung, die Mutter davon überzeugen zu wollen, dass es gut für das Kind und auch für sie wäre, das Kind in der Einrichtung anzumelden. Dies kann bei der Frau den Eindruck erwecken, dass man sie nicht für fähig hält, für die Erziehung der Kinder zu sorgen. Denkt die Erzieherin für die Mutter? Ist sie noch neugierig auf deren Sicht der Dinge?

„Wirbt" man für das eigene Angebot, gerät leicht die offene Frage aus dem Blick, ob das Angebot tatsächlich passend ist für die jeweilige Lebenssituation der Kinder und Jugendlichen. Es ist ein unausgesprochener Grundkonsens unserer Gesellschaft, besser zu wissen, was für die angeblich unterentwickelten Länder oder für die Menschen aus diesen Ländern gut ist, als diese selbst. Dieses „Entwicklungshilfedenken" prägt auch unsere Kontakte in der Elternarbeit. Die Eltern erfahren dies als eine sich ständig wiederholende Abwertung. Auf

10 → Praxisreflexionen 5.9; Planungshilfen 3.5

eine solche permanente Abwertung reagiert man eher trotzig oder mit der Übernahme der negativen Zuschreibungen. Dies macht es schwer, einen Kontakt auf Augenhöhe, eine gewisse Gelassenheit und Selbstdistanz zu entwickeln.

Ein zentrales Ziel der Elternarbeit muss dagegen sein, die Eltern zu befähigen, sich zurechtzufinden mit den Einrichtungen und Angeboten. Dafür braucht es Projekte der Elternbildung.

Aufgrund der tiefen Verankerung des „Entwicklungshilfedenkens" in der Pädagogik ist eine Selbstreflexion dringend notwendig. Dies umso mehr, als uns der Auftrag und das Selbstverständnis als Sozialarbeiter/-innen dieses Denken ohnehin nahelegen: Zu uns kommen Hilfe suchende Menschen, denen wir zeigen, „wo es langgeht". Die Selbstreflexion ist an diesem Punkt deswegen ein offener Prozess, weil es auch Lebenssituationen von Klienten und Klientinnen gibt, in denen diese von den vielfältigen Anforderungen so überfordert sind, dass sie keine Entscheidungen treffen können. Sie brauchen zeitweise jemand, der sie an die Hand nimmt und sie bei den nächsten Schritten begleitet. Dies ist aber in jedem Einzelfall zu entscheiden und ist nicht durch den Migrationshintergrund nahegelegt.

1.4 | DIE BOTSCHAFT IST „WIR BRAUCHEN EUCH!"

Zentrales Anliegen der Elternarbeit ist es, die Kompetenzen und Ressourcen der Eltern einzubeziehen. Dies erfordert einen Paradigmenwechsel in der Wahrnehmung der Eltern – weg vom Defizitblick hin zu der Fähigkeit, „auf die volle Hälfte des gefüllten Glases zu sehen". Mit einer ressourcenorientierten Elternarbeit unterstützen wir die Kompetenzen der Eltern, die eigenen Ziele zu vertreten, sie zu verfolgen und ihr Leben aktiv zu gestalten. Dabei erkennen wir formelle wie informelle Ressourcen und Selbsthilfepotenziale von anderen Personen, Gruppen und Netzwerken an.[11]

— *Sehen wir die Mutter, die dem Kind nicht bei den Hausaufgaben hilft, oder eine Frau, die es trotz Schichtarbeit und/oder einer ökonomisch prekären Lebenssituation schafft, ihre Familie am Leben zu halten?*
Erkennen wir die väterliche Sorge hinter unseren Bildern vom südländischen Machismo?
Sehen wir die ältere Frau, die nach mehreren Jahren in Deutschland noch kaum der deutschen Sprache „mächtig" ist, oder nehmen wir wahr, dass sie mehrere Dialekte und Sprachen fließend spricht?

11 → Praxisreflexionen 5.1

Sehen wir in den Netzwerken der Community das Selbsthilfepotenzial oder nehmen wir sie als integrationshemmende Parallelgesellschaft wahr?
Steht Migration in unserer Wahrnehmung für Belastungen und Probleme oder für Mut, Leistungen und Stärke?
Werten wir den unrealistischen Berufswunsch eines Jugendlichen als unwissende Naivität ab oder unterstützen wir das darin durchscheinende Selbstwertgefühl und den Bewältigungsoptimismus als Ressource?
Kann man auch Berufserfahrungen auf dem informellen „grauen" Arbeitsmarkt für die weitere Berufswegeplanung aufbauen oder sind das nur Umwege und Ausflüchte?
Sehen wir die Fähigkeit, mehrere Zukunftsperspektiven zu entwickeln und offenzuhalten, oder eher die Entscheidungsschwäche?
Sehen wir die mehr oder weniger gelungene Verbindung von Tradition und Moderne oder von verschiedenen kulturellen Einflüssen oder nur den belastenden Identitätskonflikt?

Es erfordert eine bewusste Auseinandersetzung, die eigenen Normalitätsvorstellungen zu reflektieren und die eigene Wahrnehmung zu erweitern. Es sind oft eher informelle Kompetenzen, die unserer Wahrnehmung entgehen.

Es geht nicht darum, eine rosarote Brille aufzusetzen und damit den Blick zu verstellen für belastende Herausforderungen in spezifischen Lebenssituationen. Vielmehr ermöglicht uns der Blick auf die Ressourcen erst einen Kontakt auf gleicher Augenhöhe, der dem Gegenüber den Weg ebnet, auch die Sorgen und Bedürfnisse offen zu formulieren. Auf dieser Basis können dann gezielte Hilfeangebote gemacht werden, die die vorhandenen Potenziale sinnvoll einbeziehen und zu einer Weiterentwicklung führen.

1.5 KEINE FRAGEN BEANTWORTEN, DIE NIEMAND GESTELLT HAT!

Wir unterstützen Eltern dabei, sich im deutschen Bildungssystem zurechtzufinden. Wir eröffnen Räume, in denen sie sich über Erziehungsfragen auseinandersetzen können.
Wir achten dabei aber darauf, dass sie selbst Subjekte der Auseinandersetzung bleiben und nicht zu Objekten von Erziehungsmaßnahmen werden. Ziel ist es, dass Themen und Inhalte der Elternbildung weitgehend von den Eltern selbst bestimmt werden.[12]

In einem eingeführten Materialband für die Elternbildung ist eine Einheit dem Verkehr gewidmet. Darin wird den Eltern unter anderem vermittelt, dass man in Deutschland nicht bei Rot über die Straße gehen soll. Eine Migrantin aus dem Kurs reagierte sehr ärgerlich: „Halten die mich für dumm?!"
In einem Elterngespräch in der Grundschule wird die Mutter von der Lehrerin gefragt: „Wann schicken Sie Ihre Kinder ins Bett?" Sie fühlte sich durch diese Frage beleidigt, als ob sie nicht wüsste, dass es für ihre Kinder gut ist, früh ins Bett zu gehen.

Der offene (oder auch heimliche) Lehrplan von Maßnahmen der Elternbildung sagt in der Regel viel darüber aus, was die Vertreter/-innen des Bildungssystems glauben, was Eltern wissen müssen. Sicherlich kann es bei Familien mit Migrationshintergrund wichtig sein, einen Überblick über das Angebot zu geben, weil man nicht weiß, ob das Angebot oder die Institution schon bekannt ist. Dies darf jedoch nicht dazu führen, dass man Selbstverständliches erklärt. Im Gespräch gilt es herauszuhören, was Eltern bereits wissen und verstehen. Besonders problematisch ist die Elternbildung mit (an und für sich hilfreichen) vorgefertigten Materialien. Die Zielgruppe ist so heterogen, dass das Material nie wirklich passt.

Der offene (oder auch heimliche) Lehrplan der Elternbildung sagt auch viel über die Vorstellung der Pädagogen und Pädagoginnen aus, was gute Eltern sind. Erwachsene Menschen haben aber einen Anspruch darauf, nicht mehr ungefragt *erzogen* zu werden. Erfahrungen zeigen, dass Eltern sehr wohl Fragen haben. Sie wissen, was sie wissen wollen, und sie wissen auch, wo sie Rat brauchen. Elternbildung braucht Settings, die den Eltern den Raum geben, diese Fragen zu entwickeln, sie an die entsprechenden selbst gewählten Fachleute zu stellen und dann auch deren Antworten kritisch zu hinterfragen.

12 ➔ Praxisreflexionen 5.1, 5.3, 5.4 und 5.7; Planungshilfen 3.5

1.6 ELTERN STÄRKEN

Gemäß dem Empowermentansatz versuchen wir, Nutzer/-innen unserer Einrichtungen, die zu Gruppen gehören, die in unserer Gesellschaft minorisiert und von Diskriminierung betroffen sind, darin zu unterstützen, ihre Bedürfnisse und Rechte zur Geltung zu bringen. Das Ziel besteht nicht darin, dass sie im bestehenden System möglichst reibungslos funktionieren, sondern darin, dass sie selbst die Verfügungsgewalt über sich und ihre Angelegenheiten wiedererlangen. Dies bedeutet auch den persönlichen und kollektiven Einfluss auf Personen und Institutionen, die ihr Leben bestimmen. Dafür braucht es geschlossene Räume, in denen diese Gruppen ihre eigenen Bildungsprozesse organisieren können. Migrantenorganisationen können hier wichtige Partner sein.[13]

— *Nach dem herrschenden Integrationsverständnis begegnen viele Einrichtungen dem Bedürfnis von Migranten und Migrantinnen, sich in herkunftshomogenen Gruppen zu treffen, mit Skepsis oder Ablehnung. Elternbildung findet unter der Kontrolle der Institution und auf Deutsch statt. In homogenen Gruppen bestünde zudem auch die Gefahr, dass die Eltern sich nur über schlechte Erfahrungen austauschen und in ihrer Ablehnung gegenüber den deutschen Einrichtungen „hochschaukeln". In von der Einrichtung durchgeführten Elternbildungsveranstaltungen könnten dagegen manche Erfahrungen, die als Diskriminierung erlebt werden, schnell als Missverständnis geklärt werden.* —

Unsere Erfahrung ist eine andere. Gerade wenn bei Elternbildungsveranstaltungen Experten und Expertinnen zu den Eltern sprechen, wird das Gespräch dann wesentlich wertvoller für alle Beteiligten, wenn die Eltern in einem Vortreffen den Raum hatten, ihre Erfahrungen auszutauschen und ihre Fragen zu entwickeln.

Die Rolle der Moderation solcher Treffen sollte wenn irgend möglich eine Migrantin oder ein Migrant einnehmen. Dabei geht die moderierende Person nicht zu schnell in die Vermittlerrolle, sondern dokumentiert die Beiträge der Eltern. Allein dieser Schritt der Anerkennung ihrer (auch Diskriminierungs-)Erfahrungen ermöglicht ihnen, den Experten mit einem anderen Selbstbewusstsein zu begegnen. Das Treffen wird dann auch für die Experten eine andere (Lern-)Erfahrung werden. Sie stoßen auf selbstbewusste Frauen und Männer, die ihr Interesse beispielsweise an Erziehungsfragen selbst – wenn nötig mit simultaner Übersetzung – artikulieren und sich an der Diskussion aktiv beteiligen können.

---

13 → Praxisreflexionen 5.3

Manche Migranten und Migrantinnen haben keine Erfahrung mit diesen Empowerment-Räumen und gehen selbst mit der Erwartung in ein Expertengespräch, dass diese alles wissen. Dies kann kulturell begründet sein in einem hohen Ansehen von bestimmten Berufsgruppen und einer hohen Machtdistanz. Es kann aber auch mehr mit der eigenen Hilflosigkeit und dem Wunsch nach schneller Orientierung zu tun haben. Das spricht nicht dagegen, diese Räume trotzdem anzubieten. Dafür entscheiden muss sich jede/r selbst.

In der Arbeit mit einzelnen Familien geht es ebenfalls darum, die Eltern gegenüber der Einrichtung zu stärken. So kann man Eltern, die aus irgendwelchen Gründen nicht den Mut haben, Schulveranstaltungen zu besuchen, durch Vortreffen darauf vorbereiten, sie dann abholen und begleiten, einfach nur dabei sein, sie stärken und ihnen Raum geben.

I.7 | SCHLÜSSELPERSONEN SIND WICHTIG!

Wir bemühen uns um die Kooperation mit Schlüsselpersonen – diese können andere Migranteneltern sein, aktive Nachbarn aus dem Gemeinwesen, Vertreter/-innen aus den Vereinen usw. Die Schlüsselpersonen werden aktiv in die Gestaltung der Kontaktaufnahme und/oder der Durchführung von Angeboten eingebunden. Dabei achten wir auf eine Kooperation auf Augenhöhe.[14]

— *Eine Kollegin berichtet vom Aufbau eines Elterncafés an einer Grund- und Hauptschule. Wichtig hierbei war für sie, eine türkischstämmige Mutter kennenzulernen, die Lust darauf hatte, diese Arbeit zu unterstützen. Diese Mutter kommuniziert alle wichtigen Termine und Informationen in ihre lokale Community und sorgt wesentlich für die Teilnahme von Eltern am Elterncafé.*
Eine Hauptschule möchte den Einschulungstag für die neuen Fünftklässler/-innen anders gestalten, um Migranteneltern frühzeitig ansprechen und positiv auf die Schule einstimmen zu können. Es wird überlegt, welche Eltern älterer Schülerjahrgänge an diesem Einschulungstag an kleinen (verschiedenen muttersprachlichen) Infotischen für Fragen und Erklärungen zur Verfügung stehen. —

Beispiele wie diese finden sich nahezu in allen Praxisbeschreibungen: ein glücklicher Zufall, das Kennenlernen geeigneter Multiplikatoren, ein loser Kontakt, der weiter ausgebaut werden kann … Aus diesen informellen Kontakten erwachsen wesentliche Ressourcen und Zugangsmöglichkeiten, die vor allem Mehrheitsangehörigen so nicht zur Verfügung stehen.

---

14 ➔ Hintergründe 4.1; Praxisreflexionen 5.4, 5.6 und 5.9

(Muttersprachliche) Schlüsselpersonen können für die Eltern ganz andere Themen erschließen und sie darin unterstützen, ihre Fragen und Anliegen zu formulieren. Insofern ist es in der Elternarbeit sinnvoll, andere Eltern als Schlüsselpersonen aufzubauen und einzusetzen.

Dabei kann auf bestehende Organisationen wie Vereine oder muttersprachliche Lehrer/-innen an Schulen zurückgegriffen werden. Aber auch einzelne Eltern lassen sich gezielt für eine solche Arbeit gewinnen und motivieren. Viele fühlen sich in ihren Kompetenzen ernst genommen und wertgeschätzt und freuen sich, andere Eltern unterstützen zu können.

Damit dies wirklich im Sinne eines Empowermentansatzes realisiert werden kann, ist es notwendig, dass

- Schlüsselpersonen nicht funktionalisiert werden (z. B. für Konfliktlösungen),
- Schlüsselpersonen reale Gestaltungs- und Partizipationsmöglichkeiten haben,
- Schlüsselpersonen qualifiziert und begleitet werden,
- Schlüsselpersonen nach Möglichkeit finanziell entschädigt werden.

I.8 | VERSTÄNDIGUNG ORGANISIEREN

Nicht die mangelnden Deutschkenntnisse der Eltern sind das Problem, für das wir eine Lösung brauchen, sondern die Tatsache, dass die Mitarbeiter/-innen der Einrichtung und die Eltern nicht auf die gleiche Sprache zurückgreifen können. Nicht einer ist oder macht ein Problem, sondern beide haben ein Problem. Diese aufgeschlossene Haltung bewirkt bei unserem Gegenüber, dass es sich für die mangelnden Sprachkenntnisse nicht schämt und die eigenen Interessen, wichtige Fragen etc. dennoch zur Sprache bringt.
Ausgehend von dieser Prämisse brauchen wir klare Standards für die Sprachmittlung und tragfähige Konzepte für die Umsetzung. Wir definieren, wer was übersetzen darf und soll, und welche Situationen unabdingbar einer professionellen Sprachmittlung bedürfen.[15]

Die gängige Praxis ist oft eher beliebig und handgestrickt. Mal übersetzen die Kinder selbst, mal Verwandte, mal die Putzfrau. Das ist in mehrfacher Hinsicht unbefriedigend und unprofessionell. Wenn Kinder selbst ein Elterngespräch dolmetschen, verstärkt dies den ohnehin vorhandenen Rollenkonflikt. Kinder schämen sich unter Umständen für ihre Eltern. Davon abgesehen kann nicht in jedem Fall sichergestellt werden, dass wirklich das ankommt, was mitgeteilt werden soll – in beiden Richtungen.

---

15 → Hintergründe 4.1

Aber auch der Einsatz von Familienangehörigen, Freunden, Nachbarn als Übersetzer ist oft problematisch. Laien übersetzen fast immer sinngemäß und zusammenfassend, dadurch besteht die Gefahr der Verquickung mit deren eigenen Interessen und Sichtweisen. Es kommt in der Folge oft zu Missverständnissen und falschen Annahmen.

Für die Sprachmittlung sollte grundsätzlich gelten, dass Betroffene nicht gleichzeitig als Dolmetschende agieren, das heißt, die Jugendlichen übersetzen nicht selbst. Nur in definierten Ausnahmen wie z. B. bei kurzen Absprachen oder bei der Bekanntgabe eines Termins können auch Betroffene oder verfügbare Laien herangezogen werden.

In allen pädagogisch relevanten Gesprächen braucht es eine dritte Person als Sprachmittler/-in, um die Kommunikation herzustellen. Auch bei scheinbar ausreichenden Deutschkenntnissen des Gegenübers sollte stets abgewogen werden, ob der Einsatz von Sprachmittlern nicht doch sinnvoll und notwendig ist, da die Klienten sich im Alltag zwar oft passabel verständigen können, jedoch bei komplizierten Sachverhalten Verständigungsschwierigkeiten bestehen.

Es ist sicherlich nicht möglich, für jede Kommunikationssituation bezahlte qualifizierte Sprachmittler/-innen hinzuziehen. Eine Ressource, die hier genutzt werden kann, sind zweisprachige Mitarbeiter/-innen in der Einrichtung. Besonders kleine Einrichtungen werden dabei jedoch schnell an die Grenzen stoßen.

Die Organisation und Qualifizierung von Dolmetscherpools ist eine kommunale Aufgabe. Aufgabe der Einrichtungen ist es, hier einen Bedarf anzumelden.

I.9 FAMILIENSPRACHEN ANERKENNEN

Wir sehen die muttersprachlichen Kompetenzen der Eltern als Ressource und nicht als Störung. Wir konfrontieren die Eltern nicht ständig mit der Erwartung, sie sollten zuallererst Deutsch lernen. Das Lernen der Sprache des Aufnahmelandes ist in vielen Fällen eher Ergebnis und nicht Bedingung von Integration.
Wir wissen, dass die Kommunikation in der Zweitsprache für viele Eltern mit einer Verunsicherung verbunden ist. Wenn möglich, versuchen wir, in der Arbeit mit Eltern muttersprachliche Kommunikationsmöglichkeiten zu schaffen – sowohl über sprachhomogene Gruppen als auch über Dolmetscherangebote bei gemischten Veranstaltungen.[16]

In einer schwäbischen Mittelstadt durfte eine türkeistämmige Mitarbeiterin des Allgemeinen Sozialen Dienstes das Beratungsgespräch mit der ebenfalls türkeistämmigen Klientin explizit nicht in der von beiden beherrschten Sprache führen. Amtssprache sei Deutsch. Die Klientin musste eine Übersetzerin mitbringen.

Man muss hier gar nicht die Diskussion führen, ob die Einsprachigkeit unserer Gesellschaft auf Dauer so festgeschrieben sein muss. Die Beherrschung der Verkehrssprache Deutsch ist unter den gegebenen Bedingungen eine wichtige Grundlage für die Teilhabe an der Gesellschaft. Die Argumentationsfigur, dass nur deutschsprachige Angebote den Migranten und Migrantinnnen deutlich machen, dass es notwendig ist, Deutsch zu lernen, während muttersprachliche Angebote vermitteln, dass man auch ohne Deutsch gut über die Runden kommt, trägt nicht dazu bei, ihr selbst gestecktes Ziel zu erreichen. Im Gegenteil, sie birgt eher kontraproduktive Effekte, weil sie unmittelbar verknüpft ist mit einer Abwertung der Familiensprache.

Die Familiensprache wird als Integrationshindernis wahrgenommen, die vielschichtige Bedeutung, die sie für Menschen mit Migrationshintergrund haben kann, gerät dabei völlig aus dem Blick, geschweige denn, dass sie als Ressource erkannt und gefördert wird. Die darin erfahrene Abwertung kann zu einer zunehmenden Abwendung von der Gesellschaft und zu einem Rückzug in die eigene Gruppe führen. Die Erfahrung von muttersprachlichen Elterngruppen zeigt hingegen, dass sich viele Frauen im Anschluss selbst für Deutschkurse interessieren. Jetzt haben sie den Kopf frei, etwas Neues zu lernen.

Ein mögliches Dilemma bei einer bewussten Anerkennung von anderen Familiensprachen zeigt eine Anekdote: Zwei russische Honorarmitarbeiterinnen waren gebeten worden, den

16 ➔ Praxisreflexionen 5.2 und 5.3

Flyer für eine Veranstaltungsreihe der Elternbildung zu übersetzen. Beide lehnten dies kategorisch ab, weil sie nicht immer als *nicht deutschsprechende Russinnen* angesprochen werden wollen. Zwar hätte es trotzdem sinnvoll sein können, die Flyer zu übersetzen, es zeigt aber, dass auch hier wieder die Gefahr der Reduzierung einer Personengruppe auf ein Merkmal als ausgrenzend erlebt werden kann.

I.10 | DIE EIGENEN KONZEPTE SIND NICHT NORMAL!

Elternarbeit muss für die Jugendlichen transparent sein, unsere Arbeit mit den Jugendlichen aber auch für die Eltern. Wir müssen uns die Mühe machen, unsere pädagogischen Strukturen und Konzepte vor allem in potenziellen „kulturellen" Konfliktfeldern transparent zu machen, begründen und vermitteln zu können. Dies hilft uns selbst, einen Standpunkt zu entwickeln. Von da aus können wir bestimmen, welche Standards nicht verhandelbar sind und was im Dialog immer auch Gegenstand der Weiterentwicklung sein kann. Dies hilft vor allem aber auch den Eltern, die Einrichtung zu verstehen, sich mit ihr auseinandersetzen und sie nicht zuletzt auch in ihrem Umfeld erklären zu können.[17]

— *Ein Vater beschwert sich bitter, dass sein elfjähriger Sohn in der Schule in einen Raum gesperrt und von einem deutschen Jungen bewacht wurde. Er interpretiert das als eine bewusste Diskriminierung türkischer Kinder. Niemand hatte ihm das Konzept der Trainingsinsel erklärt.*
Die Mutter einer libanesischen Jugendlichen versteht nicht, warum ihr Kind in die Wohngruppe einer Behinderteneinrichtung (Berufsbildungswerk) kommen soll. Außerdem versteht sie nicht, warum Jungs und Mädchen auch noch nachts Kontakt haben können.

Vielen Fachkräften fällt es nicht leicht, die eigenen Standards zu begründen und so zu erklären, dass sie auch von Laien verstanden werden können. Schriftliches Material – so überhaupt vorhanden – ist in der Regel ebenso wenig hilfreich. Einrichtungen, die einen Flyer in andere Sprachen übersetzen wollen, merken erst dann, dass auch die deutschsprachige Fassung für die Eltern kaum verständlich war. —

Eltern bringen vor dem Hintergrund ihrer Sozialisation unterschiedliche Vorstellungen mit in den Kontakt mit den pädagogischen Fachkräften. Sie haben mehr oder weniger artikulierte pädagogische Konzepte. Diese sind zunächst nicht besser oder schlechter, sondern eben

---

17 ➔ Akteure 2.1; Hintergründe 4.3; Praxisreflexionen 5.8, 5.9 und 5.10

anders. Vieles, was dem einen normal erscheint (weil es immer so war, weil es eben so ist, wie es ist ...), hat für den anderen eine ganz andere Bedeutung. Eltern nehmen die Einrichtung mit ihrer eigenen kulturellen Brille wahr. Sie sehen das, was sie kennen, deuten die Dinge vor dem Hintergrund ihrer Bilder, die sie von der Einrichtung haben. Gerade das unausgesprochen Selbstverständliche birgt daher viel Raum für Missverständnisse, Abwehr und Fragen:

- Welche Aufgaben haben die Lehrer/-innen, welche die Eltern?
- Warum erfolgt der Übergang in die weiterführenden Schulen bereits so früh?
- Was bewertet die Deutschnote – die Sprachkompetenz oder die Deutschkenntnisse?
- Warum haben Mädchen und Jungen gemeinsam Sportunterricht?
- Warum ist es wichtig, dass Kinder im Schullandheim dabei sind?
- Warum gibt es eine Schule für Lernbehinderte?
- Was ist die Aufgabe des Jugendamtes?
- Warum dürfen in der Wohngruppe Jugendliche abends alleine in die Stadt gehen?

Dies sind nur einige der Fragen, die Mitarbeiter/-innen verständlich beantworten können sollten.

I.11 ELTERLICHE SORGEN ERNST NEHMEN

Wir anerkennen die fürsorglichen Motive der Eltern, auch wenn wir die daraus resultierenden restriktiven Haltungen und Einschränkungen nicht teilen. Auf dieser Basis bemühen wir uns um den Aufbau einer vertrauensvollen Beziehung. Dieses Bemühen kommt dann an die Grenzen, wenn wir in der Arbeit mit den Jugendlichen Dinge erfahren, die die Eltern nicht wissen sollten. Wir vermitteln daher den Eltern offen, wo sie sich sicher sein können, von uns informiert zu werden, wo es dabei aber auch Grenzen gibt. Auch den Jugendlichen sagen wir, was wir nicht verschweigen wollen/können. Wir vermeiden so auch, ausgespielt zu werden.[18]

Die Mutter eines Mädchens will nicht, dass ihre Tochter mit ins Schullandheim fährt. Sie hat große Sorge um ihre Tochter.
Ein Mädchen aus einer konservativen türkischen Familie hat in der Einrichtung einen Freund (oder raucht oder ...). Der Erzieher wird nun von den Eltern gefragt, was er wisse.
Ein Mann begleitet seine Frau zu ihrem ersten Besuch in einer türkischsprachigen Frauengruppe. Männer haben hier normalerweise keinen Zutritt. Die hauptamtliche Moderatorin entscheidet, dass er eine Weile dabei sein kann. Nach einer halben Stunde geht er.

18 → Grundsätze 1.13; Hintergründe 4.3; Praxisreflexionen 5.5

Nehmen wir das Beispiel der Sorge der Eltern um die Jungfräulichkeit ihrer Tochter in einer stationären Einrichtung. Es ist ein Unterschied in der Begegnung mit den Eltern, ob man ihnen von vornherein gegen ihre Tochter gerichtete Motive unterstellt, oder ob man davon ausgeht, dass sie aus ihrer Sicht mit dieser Haltung ihren elterlichen Sorgepflichten nachkommen. Wenn die Mitarbeiter/-innen hier vermitteln, an welchen Punkten die Einrichtung ebenfalls versucht, Sorge zu tragen, beispielsweise um eine ungewollte Schwangerschaft zu verhindern, wird es eher gelingen, differente pädagogische Grundsätze darzustellen, ohne dass sich die Eltern in ihrer Rolle angegriffen fühlen.

Im Bereich der Erziehungshilfe stehen Eltern mit Migrationshintergrund womöglich auch noch unter Legitimationsdruck gegenüber ihrem Umfeld. Dies ist kein besonderes Migrationsphänomen, es kann hier aber aus zwei Gründen besonders relevant sein. Einmal, weil es den Eltern unter Umständen ohnehin schwerer fällt, den Sinn der Maßnahme zu verstehen und damit auch im familiären Umfeld zu begründen. Zum andern kann dieser Legitimationsdruck in Kulturen größer sein, in denen der Familie eine große Bedeutung zukommt und die Inanspruchnahme von staatlichen Hilfen daher als Versagen gewertet wird. Hier ist es unsere Aufgabe, Argumentationshilfen anzubieten.

Manchmal kann es auch sehr hilfreich sein, den Eltern bewusst Einblick zu geben, um sie zu beruhigen. Selbst wenn das zunächst ungewöhnlich scheint, kann es für alle Beteiligten (!) entlastend sein, wenn die Eltern eine Zeit lang bei einem Angebot zusehen und teilnehmen können.

Mitarbeiter/-innen bekommen im Jugendhilfealltag Einblicke in das Privatleben der Jugendlichen, von denen sie den Eltern lieber nichts berichten würden. Hier brauchen Teams einen klaren Standpunkt und müssen diesen gegenüber Eltern und Jugendlichen kommunizieren.

I.12 | ELTERNARBEIT BRAUCHT ZEIT

Eine gelungene Elternarbeit ist gerade im Bereich der Arbeit mit Kindern und Jugendlichen mit Migrationshintergrund ein wesentlicher Faktor für den Erfolg des Bildungs- und Erziehungsauftrages. Die hier beschriebene Form von Elternarbeit mit den auch individuellen Zugängen ist zeitaufwendig. Erfolge stellen sich nicht unmittelbar ein, Vertrauensaufbau braucht Ausdauer und Geduld. Beides, sowohl die notwendige Arbeitszeit als auch ein langer Atem, muss nach den jeweiligen Möglichkeiten und Grenzen institutionell abgesichert werden.[19]

Viele Projekte werden eingestellt, weil sie nicht den nötigen Zulauf haben. Es bestehe offenbar kein Interesse. Andere Projekte wurden trotz großem Erfolg nicht fortgeführt, weil die Einrichtung nicht mehr bereit war, die notwendigen Personalressourcen zur Verfügung zu stellen. Gute Ideen scheitern oft am Widerstand der Lehrer/-innen und Mitarbeiter/-innen, die nicht bereit sind, diese zusätzliche Belastung zu tragen („Soll ich das auch noch machen?").

Die Frauen einer migrantischen Elterngruppe organisieren ein Fest an ihrer Schule. Die begleitende Sozialarbeiterin macht sich große Sorgen, ob die Lehrer/-innen kommen werden. Sie weiß, eine schlecht besuchte Veranstaltung würde die Arbeit zurückwerfen.

Der Aufbau der Elternarbeit ist tatsächlich oft sehr zeitaufwendig. Eine Kollegin bezeichnete diese Phase als „Haustürarbeit". Man braucht individuelle Zugänge. Eine andere Kollegin erzählt von einer sehr erfolgreichen Müttergruppe. Auf die Nachfrage, wie lange der Aufbau dieser Gruppe gedauert hat, berichtet sie von einem Jahr voller Zweifel, weil oft nur ein bis zwei Frauen zu den vereinbarten Treffen kamen. Es dauert, bis die Frauen Vertrauen aufgebaut haben, bis sie erkennen, dass der angebotene Raum ein geschützter Raum ist. Sie haben Interesse für solche Räume, aber auch große Ängste, etwas preiszugeben.

Bei einem anderen Elternbildungsprojekt stellt sich heraus, dass selbst noch nach einem Jahr der Mitarbeiter manche Mütter persönlich zu Hause abgeholt hat. Wieder andere berichten davon, dass besonders in der Aufbauphase viel Zeit eingeplant werden muss – so benötigte eine Kollegin in den ersten Monaten zur Vorbereitung dreistündiger Elterncafés nahezu zwei Tage (persönliche Gespräche, um Schlüsselpersonen zu entdecken und auch für die Arbeit zu gewinnen, viele Telefonate, Hausbesuche, um Einladungen zu übermitteln, etc.).

19 → Planungshilfen 3.4; Hintergründe 4.2

Der Einschätzung, ob ein bestimmter Aufwand geleistet werden kann oder nicht, steht oft die Idee im Wege, mit einem bestimmten Vorgehen Standards für alle zu formulieren – mit der Überlegung, damit effektiver und zeitsparender arbeiten zu können. Unserer Erfahrung nach lassen sich Vorgehensweisen jedoch nur unzulänglich verallgemeinern und standardisieren – für jedes neue Setting müssen individuelle Wege gegangen werden. Wenn als neuer Zugangsweg für Klassenlehrer/-innen Hausbesuche diskutiert werden, muss das keine Methode für alle sein. Gleichwertige Behandlung darf nicht mit Gleichbehandlung in eins gesetzt werden. Wie viel Zeit man für ein Erstgespräch in der Erziehungshilfe ansetzt, kann ebenfalls von Fall zu Fall variieren.

1.13 | ELTERNARBEIT ERFORDERT SELBSTREFLEXION

Jedes pädagogische oder sozialarbeiterische Tun braucht Räume der persönlichen und teaminternen Reflexion. Dies gilt besonders für die Arbeit mit Gruppen, die sich durch kulturelle Differenz und/oder eine prekäre gesellschaftliche Positionierung von der jeweils eigenen lebensweltlichen Erfahrung unterscheiden. Dafür erarbeiten wir Standards und stellen Ressourcen zur Verfügung.[20]

Eine Mitarbeiterin ist empört und wütend, weil ein Vater seine Tochter nicht am Schwimmunterricht teilnehmen lassen will. Sie steht eindeutig auf der Seite des Mädchens und kann sich eine offene Zusammenarbeit mit dem Vater kaum mehr vorstellen.
Ein Jugendhausmitarbeiter wird von einem Jugendlichen heftig angegriffen, weil er einen zu engen Kontakt mit seinen Eltern aufgebaut hat.
Der Initiator eines mit einem Migrantenverein gemeinsam durchgeführten Jugendhausprojektes bekommt als Dank eine Reise in die Türkei geschenkt und weiß nicht, ob er sie ausschlagen kann.
Eine Projektmitarbeiterin erhält sehr viel Dankbarkeit, weil sie eine Frau ausgewählt hat, an einer Mentorenschulung teilzunehmen. Andere Frauen hätten auch gerne teilgenommen, sagen aber nichts.

Bei einigen dieser Anlässe wird unmittelbar deutlich, dass eine Supervision oder kollegiale Teamberatung notwendig ist. Professionalität bedingt einen permanent reflektierten Umgang mit eigenen Emotionen und Haltungen. Viele andere Bereiche drängen nicht unmittelbar zur Reflexion. Trotzdem wäre es auch hier zur Entwicklung einer der heterogenen Zielgruppe angemessenen Arbeit wichtig, Reflexions- und Lernräume zu schaffen:

---

20 → Hintergründe 4.3 und 4.4; → Praxisreflexionen 5.4, 5.9, 5.10

- Wie wirkt sich die eigene Machtposition als Pädagoge/Pädagogin auf mein Handeln aus? Ist mir bewusst, dass ich beispielsweise bei der Auswahl von Mentoren und Mentorinnen die Ressource „Anerkennung" verteile und damit manchen Migranten und Migrantinnen Chancen für gesellschaftliche Teilhabe eröffne und anderen eben nicht?
- Welche ungewollten Effekte hat mein Handeln? Kann es sein, dass der Wunsch nach einem Beziehungsaufbau über einen Hausbesuch im konkreten Fall bei den Betroffenen ungute Gefühle auslöst, weil sie sich für ihre prekären Verhältnisse schämen?
- Welche Rolle spielen die Bilder, die ich mir von den Klienten und Klientinnen mache, beispielsweise bei einem Fall von Kindesmisshandlung? Greife ich eher zu spät ein, weil ich nicht erneut Ängste bei den Eltern provozieren will, oder greife ich eher zu früh ein, weil ich in bestimmten kulturellen Kontexten eher von gewalttätigen Familienverhältnissen ausgehe?

Zur Anregung der Reflexion dieser und ähnlicher Fragestellungen braucht es meist einen Anlass von außen. Eine kultur- und migrationssensible Elternarbeit benötigt daher auch externe Berater/-innen mit einem Störauftrag.

2 DIE AKTEURE

In diesem Kapitel wollen wir die drei Gruppen von Akteuren in den Blick nehmen, die im Kontext der Elternarbeit eine Rolle spielen. Zunächst die „Eltern mit Migrationshintergrund", dann aber auch – zumindest blitzlichtartig – deren Kinder und schließlich auch die Pädagoginnen und Pädagogen selbst.

Der Blick zumindest auf die Eltern und die Kinder mit Migrationshintergrund ist im doppelten Sinne problematisch. Zuerst müssen wir konstatieren, dass wir mit diesem „Reden über die anderen" selbst zum Erhalt der Illusion beitragen, dass es diese „anderen" überhaupt gibt, das heißt, dass sie als eine Gruppe von Akteuren beschreibbar sind, über die man in sinnvoller Weise allgemeine Aussagen machen kann. Uns geht es also zum einen um einen möglichst differenzierten wie auch differenzierenden Blick. Ein Blick, der eher irritiert und Fragen offenlässt, als zu schnell Antworten zu geben. Zum anderen müssen wir unseren Blick auf die „anderen" dabei immer wieder selbst thematisieren – als Reflexion unseres Handelns und unserer Position, unserer eigenen Annahmen, Bilder und Zuschreibungen.

Auch bei der Beschreibung der Pädagogen und Pädagoginnen besteht die Gefahr, zuzuspitzen, unzulässig zu verallgemeinern oder zu polarisieren. Auch hier haben wir uns um eine differenzierte Darstellung bemüht.

2.1 DIE ELTERN

Welche Gründe pädagogische Fachkräfte für das Fernbleiben der Eltern mit Migrationshintergrund vom Elternabend annehmen, hängt ganz wesentlich von der Problemwahrnehmung der Pädagogen selbst ab. Ein erster Schritt in Richtung einer selbstreflexiven Wahrnehmung kann darin bestehen, sich bewusst zu machen, mit welchen Brillen das gleiche Phänomen unterschiedlich wahrgenommen werden kann. Dies ist uns auch deswegen wichtig, weil zu schnelle Erklärungen und der Rückgriff auf gängige Bilder auf beiden Seiten eher zu einer Verfestigung von bestehenden Barrieren führen. Insofern problematisieren wir das Verhältnis der Akteure zueinander und nicht die Akteure selbst. Nicht die Eltern mit Migrationshintergrund, nicht die Fachkräfte sind das Problem, sondern die Barrieren, die sowohl faktisch als auch gefühlt zwischen den Gruppen stehen.

Das „Reden über die anderen" ist aber auch deswegen problematisch, weil wir im Kontext dieser Handreichung naheliegenderweise mehr über die Probleme im Verhältnis der Akteure zueinander sprechen als über Gelungenes. Das Fokussieren auf problematische Konstellationen kann dann schnell dazu führen, dies implizit doch wieder den Akteuren anzulasten – ein unerwünschter Effekt. Um deutlich zu machen, dass problematische oder konflikthafte Situationen nur ein Ausschnitt der Wirklichkeit sind, stellen wir ein Beispiel an den Anfang, das zeigt, dass Eltern mit Migrationshintergrund mit den entsprechenden Rahmenbedingungen selbst Akteure der Veränderung sind:

— *Mütter mit Migrationshintergrund, die in einer Grundschule regelmäßig an einem Elternkurs teilnehmen, entwickeln Ideen, wie sie den schlechten Ruf ihrer Schule verbessern können. Ihrer Wahrnehmung nach wird die Schule, die einen hohen Migrantenanteil hat, von deutschen Eltern gemieden. Die Eltern fürchten, dass dadurch an der Schule qualitativ schlechter gearbeitet wird. Das Wegbleiben der deutschen Schüler und Schülerinnen beeinflusst – so die Angst der Eltern – besonders die Sprachentwicklung ihrer Kinder negativ. Ihre Kinder bleiben in der Folge bereits in der Grundschule unter sich. Die gewünschte Annäherung mit den Deutschen wird daher nach dem Kindergartenbesuch nicht mehr fortgesetzt.*

Die Gruppe der Mütter will hier etwas entgegensetzen. Sie möchte erreichen, dass die Vielfältigkeit in dieser Schule wertschätzend von außen und innen wahrgenommen wird. Die Vielfalt der Schule ist nicht ihr Problem, sondern ihre Stärke. Um dies nach außen zu präsentieren, schlagen sie vor, im Eingangsbereich der Schule die Vielfalt durch Flaggen und Sprichwörter zum Thema Bildung aus verschiedenen Ländern sichtbar zu machen. Die teilnehmende deutschsprachige Elternvertreterin der Schule steht der Idee ablehnend gegenüber. Sie will die Schule als „deutsche Schule" belassen. Die Mütter finden durch Projektleiterinnen des

Elternkurses Unterstützung und arbeiten trotz des Widerspruchs der Elternvertreterin an ihrer Idee weiter. Für die Elternvertreterin wird die weitere Auseinandersetzung mit dem Thema eine Herausforderung. Sie erfordert von ihr einen Perspektivwechsel: Statt einer deutschen Schule sollte es eine Schule in Deutschland sein.

Was sehe ich mit welcher Brille?

Wir sind es gewohnt, als Erklärung für das „andere" Verhalten von Familien mit Migrationshintergrund zuerst die kulturellen Unterschiede als Erklärungsursache anzunehmen. Dies führt dazu, dass wir andere wesentliche Hintergründe nicht wahrnehmen können. Diese *Kulturbrille* verengt unseren Blick. Wichtige andere Dimensionen werden *übersehen*:

- die Tatsache der Migration selbst und ihre Auswirkungen auf die Familiengeschichte, auf das Verhältnis der Generationen und der Geschlechter
- die (oft schlechten) Erfahrungen mit der Mehrheitsgesellschaft
- die soziale Lebenssituation
- die ganz persönlichen und individuellen Bewältigungsstrategien und Ressourcen

Wäre also die Migrationsbrille, die Diskriminierungsbrille, die soziale Brille oder die Subjektbrille eine wichtige Ergänzung zur gerne benutzten Kulturbrille?

Sehen wir eine junge Frau mit einem Kopftuch mit der Kulturbrille, werden wir davon ausgehen, dass sie aus einer autoritären patriarchalen Familie kommt, unter Umständen gezwungen wird, das Kopftuch zu tragen, dass sie vielleicht auch selbst zum Ausdruck bringen will, dass sie sich den strengen, vielleicht fundamentalistischen muslimischen Glaubensvorschriften unterordnet. Mit der Migrationsbrille könnten wir andere Gründe in den Blick bekommen. Möglicherweise dient das Kopftuch als bewusstes Bindeglied zur Elterngeneration, deren Lebensleistung damit gewürdigt wird. Vielleicht sieht die junge Frau die Isoliertheit ihrer Familie in der Gesellschaft, erlebt die Angst der Eltern, ihre Kinder an eine unübersichtliche Konsumwelt zu verlieren. Vielleicht trägt sie das Kopftuch aus Loyalität mit den Eltern, als Symbol für die Zusammengehörigkeit. Mit der Diskriminierungsbrille könnten wir sehen, dass sie das Kopftuch als Zeichen der Auflehnung gegenüber der Anpassungserwartung der Gesellschaft trägt, als bewusste Reaktion auf die antiislamische Stimmung, eher ein Ausdruck des eigenen Selbstbewusstseins als ein inhaltliches Symbol oder Ausdruck antiwestlicher Werte. Und schließlich kann uns die Subjektbrille den Blick öffnen, dass es sehr individuelle Geschichten sind, die zu dieser oder jener Entscheidung führen. So berichten Mädchen, dass sie das Kopftuch tragen, um die eigenen Vorstellungen von Beruf, Bildung und Teilnahme am gesellschaftlichen Leben gegenüber ihren Eltern besser durchsetzen zu können.

Shiela ist eine Jugendliche aus einer akademischen Familie, ihr Vater ist pakistanischer Herkunft, ihre Mutter deutsch-griechischer. Ihr Vater erwartet, dass sie „pakistanische Kleidung" trägt und sich nur mit einem Kopftuch bedeckt in der Öffentlichkeit zeigt. Shiela trägt das Kopftuch, ihr Vater ist zufrieden mit ihr und vertraut ihr. Sie erhält daher in ihrer Freizeit mehr Bewegungsspielraum.

Was uns auf den ersten Blick als Restriktion – die Anpassung an vorgegebene Normen und Erwartungen – erscheint, erweist sich für die Jugendliche als Zuwachs an Handlungsspielräumen. Viele junge Frauen und Männer bedienen sich mehrheitlich ganz pragmatischer Deutungs- und Bewältigungsmuster innerhalb und zwischen den Optionen „Anpassung" und „Ausbruch".

In diesem Kapitel wollen wir aus verschiedenen Blickwinkeln – mit den genannten verschiedenen Brillen – Blitzlichter auf die Eltern werfen, die unsere Partner in der Elternarbeit sein sollen. Wir betrachten das Verhältnis der Akteure immer wieder aus neuen Perspektiven und erhalten so unterschiedlichste Deutungsmuster, die wir je nach Kontext entsprechend konzeptionell umsetzen können.

Die Migrationsbrille

Verunsicherungen durch Migration, Alltagserfahrungen in der Aufnahmegesellschaft, Brüche in den Lebensbiografien sowie Ausgrenzungserfahrungen werden von Familien und Individuen mit Migrationshintergrund je nach Lebenssituation und Persönlichkeit unterschiedlich verarbeitet. Viele können die Chancen der Situation nutzen, wieder anderen gelingt es, die unterschiedlichen Erwartungen auszubalancieren, andere reagieren mit Rückzug auf ihre Herkunftsgruppen. Welche Faktoren spielen hier eine Rolle?

Oft fehlen wichtige Informationen. Manche Migranten und Migrantinnen der ersten Generation haben nur wenig differenzierte Informationen über bestehende Angebote, Dienste und Einrichtungen der Bildungs- und Jugendhilfelandschaft. Oft sind auch entsprechende Angebote und Berufsrollen im Herkunftsland nicht vorhanden oder haben eine andere Bedeutung. Manche Konzepte des Hilfesystems sind auch deswegen schwer verständlich, weil es in der eigenen Sprache entsprechende „Konzepte" nicht gibt.

So ist das Wort „Lernbehinderung" in manche Sprachen kaum zu übersetzen. Behinderung wird mit körperlicher oder geistiger Behinderung gleichgesetzt. Für die Eltern, denen gesagt wird, dass ihr Kind in eine Förderschule und/oder eine Einrichtung für Lernbehinderte gehen soll, passt das nicht zu ihrer Wahrnehmung des Kindes. Sie vermuten unter Umständen eine diskriminierende Absicht in dieser pädagogischen Maßnahme und können den Fördergedanken darin gar nicht wahrnehmen.

So berichtete uns eine Schulleiterin einer Grund- und Hauptschule, dass eines ihrer zentralen Konfliktthemen mit Eltern eine potenzielle Überweisung der Kinder in die Förderschule ist: *„Da wehren sich die Eltern mit Händen und Füßen. Da kommt natürlich sofort die Kralle, ja alle Ausländer schickt ihr ja in die Sonderschule. Sie wollen mit aller Gewalt in eine Regelschule, egal wie oft das Kind sitzen bleibt. Ob das Kind jetzt mit 12 Jahren in der 2. Klasse sitzt, das ist diesen Eltern egal. Und da komme ich auch an manche Eltern überhaupt nicht ran. Hauptsache Regelschule."*

In manchen Ländern besuchen die Kinder sehr lange die gleiche Klasse, bevor es zu einer Auslese in Richtung Studium oder Berufsausbildung kommt. So kann es vorkommen, dass die Eltern eines Schülers in der 8. Klasse einer Hauptschule noch davon ausgehen, dass ihr Kind Medizin studieren kann.

Es können auch Aktionen oder Themen unbekannt sein, z. B. Ostereierverkauf, sodass nicht mitgeredet werden kann, was wiederum dazu führt, sich nicht zugehörig zu fühlen und das Interesse zu verlieren. Eltern fühlen sich in dem Gefühl bestätigt, dass es doch nicht „ihre Schule" sei.

Eine zentrale Barriere stellt immer noch die Sprache dar:

- *An meiner Sprache, an meinem Dialekt werde ich sofort als ein von außen Kommender, als „anderer" erkannt. Mit der Sprache, dem Dialekt werden Eigenschaften verbunden. Ich komme aus Wolfenbüttel. Hier in Süddeutschland wird mein Hochdeutsch als arrogant wahrgenommen. Dies ist für mich ein emotional hoch besetztes Thema.*
- *Wenn ich als Süddeutscher nach Norddeutschland komme, habe ich das Gefühl, nicht für voll genommen zu werden. Ich werde auch in meinen fachlichen Kompetenzen abgewertet.*
- *Emotionen kann ich nur in meinem Dialekt ausdrücken. Auch Witze sind oft nicht verständlich. Wenn sie mit mir reden, bemühen sich die Nachbarn noch, doch wenn sie untereinander reden, verstehe ich nichts mehr. So fühle ich mich in Alltagsgesprächen schnell ausgeschlossen. Die Beziehungsgestaltung wird schwierig.*
- *Es ist sehr verletzend, wenn man ausgelacht wird, weil man etwas Falsches sagt. Auch wenn man sprachlich verbessert wird, kann das Gefühl entstehen, dass man damit abgewertet wird. Das verunsichert.*
- *Das Sprechen in einer Fremdsprache ist anstrengend, auch daher sucht man sich schnell Leute mit der gleichen Sprache.*

- *Ganz ohne Sprache ist man nach dem Ankommen sehr einsam und vom kulturellen Leben ausgeschlossen.*

Diese Zitate stammen von Teilnehmern und Teilnehmerinnen interkultureller Fortbildungen, die eigene Umzugserfahrungen reflektieren. Sie zeigen die verschiedenen Dimensionen der Verunsicherung, die das Nichtbeherrschen der Verkehrssprache mit sich bringt. All dies erleben auch die Eltern im Kontakt mit den pädagogischen Institutionen.

- *Wenn sie eine Frage stellen, die übersetzt werden muss, kommt es vor, dass die deutschsprachigen Eltern ungeduldig werden. Dies kann Unsicherheit erzeugen.*
- *Auch die übersetzende Person selbst kann sich in der Gruppe unsicher fühlen.*

Welchen Umgang mit dieser Situation entwickeln Eltern mit Migrationshintergrund im Kontakt mit den pädagogischen Einrichtungen?

- Bei Elternabenden sind sie eher Zuhörende und versuchen, am Ende des Elternabends ein kurzes Einzelgespräch zu führen.
- Oder sie organisieren selbst eine private Person, die zum Elternabend mitkommt und übersetzt. Das sind Bekannte, Nachbarn oder Verwandte mit manchmal guten, aber leider oft auch ungenügenden Übersetzungskompetenzen. Diese Personen geben unverbindliche Zusagen, die sie häufig auch wieder kurzfristig absagen. Solche von den Eltern selbst organisierten Hilfen erfordern Zeit und gute soziale Kontakte.
- Oft ist diese Hilfeleistung auch nicht ganz umsonst zu haben. Im Gegenzug erfolgen Einladungen zum Essen oder es werden kleine Geschenke gemacht.

Viele „Einheimische" können nicht verstehen, warum Väter und vor allem Mütter aus der ersten Migrantengeneration oft nach mehreren Jahrzehnten kaum Deutsch sprechen. Ein differenzierter Blick auf die Migrationsgeschichte der Bundesrepublik Deutschland könnte hier vor vorschnellen Urteilen über die Integrationsbereitschaft bewahren. Dies ist der Blick auf die Rückkehrorientierung der ersten „Gastarbeitergeneration", ein Blick auf den Bildungshintergrund der angeworbenen Billigarbeitskräfte, ein Blick vor allem auch auf die fehlenden staatlichen Integrationsmaßnahmen, wie wir sie aus den klassischen Einwandererländern kennen. Es hat eben auch Jahrzehnte gedauert, bis Deutschland in der Lage war zu erkennen, dass es längst ein Einwanderungsland geworden ist.

Wir wissen, dass auch viele sogenannte bildungsferne Familien einen großen Ehrgeiz haben und viel für den Bildungserfolg unternehmen, das ist jedoch nach außen oft nicht sichtbar. Schon einzelne Kinder, die es schaffen, einen höheren Bildungsweg einzuschlagen, motivieren die ganze Familie und ihr Umfeld. Kinder sind für viele Migranteneltern Hoffnungsträger, sie erhoffen sich, dass ihre Kinder einen guten und angesehenen Beruf erlernen, damit sie ihre Familie aus der sozial oder finanziell schwachen und diskriminierten Situation herausholen können.

Die Migranten und Migrantinnen der ersten Generation waren und sind immer noch Pioniere. Es fehlen ihnen die Vorbilder für viele biografische Schlüsselprozesse und Übergänge. Die eigenen Eltern und deren Umfeld haben diese Aufgaben unter ganz anderen Umständen bewältigt. Vielen ist dies in beeindruckender Weise gelungen und doch liegt auch viel Scheitern, viel ertragener Schmerz in diesen Biografien verborgen.

Die Migration kann auch Rollenerwartungen und Generationengefüge verändern. Wenn die junge Generation schneller Deutsch lernt, erhält sie damit eine Rolle in der Familie, die sie im Herkunftsland nicht hätte. Wenn die Eltern mit den Anforderungen der Migration überfordert sind, können sie nicht mehr die Sicherheit und Orientierung bieten, wie sie das gewohnt waren. Kinder erleben dann die Hilflosigkeit der Eltern und entziehen sich unter Umständen ihrem Einfluss, schämen sich für sie oder verteidigen sie aus einer unangemessenen Loyalität heraus.

Die soziale Brille

Eine Studie[21] hat eindrucksvoll gezeigt, dass sich die verschiedenen ethnischen Migrantengruppen in Deutschland in den letzten Jahrzehnten stark ausdifferenziert haben. Die Studie beschreibt acht verschiedene Milieus (vom „traditionellen Gastarbeitermilieu" über das „entwurzelte Milieu" und das „intellektuell-kosmopolitische Milieu" bis zum „hedonistisch-subkulturellen Milieu"), die sich in ihren Verhaltensweisen deutlich unterscheiden. Diese Unterschiede sind – nach dieser Studie – weit größer als die Unterschiede zwischen den ethnischen Gruppen. Mit anderen Worten: Menschen des gleichen Milieus mit unterschiedlichem Migrationshintergrund verbindet mehr miteinander als mit dem Rest ihrer Landsleute aus anderen Milieus. Man kann also nicht von der Herkunftskultur auf das Milieu schließen. Und man kann auch nicht vom Milieu auf die Herkunftskultur schließen. Faktoren wie ethnische Zugehörigkeit, Religion und Zuwanderungsgeschichte beeinflussen die Alltagskultur, sind letzten Endes aber nicht milieuprägend und identitätsstiftend. Der Einfluss religiöser und kultureller Traditionen – so das Ergebnis der Studie – wird oft überschätzt.

Hauptschullehrer/-innen berichten immer wieder, dass für sie der Migrationshintergrund keine große Rolle spielen würde. Sie sehen vor allem die soziale Situation der Familien, die von prekären wirtschaftlichen und/oder sozialen Verhältnissen geprägt sind. Dies würde die Le-

21 SINUS-Studie zu Migrantenmilieus, vgl. www.sinus-sociovision.de

benssituation der Schüler/-innen mehr bestimmen als die Herkunft. Auch die Häufigkeit der Teilnahme der Eltern an Schulveranstaltungen wie Elternabende oder Elterngespräche unterscheide sich nicht wesentlich bei Familien mit und ohne Migrationshintergrund. Eine Schulleiterin beschreibt dies so: *„Es sind keine Welten zwischen den Familien. Was ich nett finde, wenn dann manchmal wirklich engagierte ausländische Familien kommen und sagen: Ich möchte mein Kind aber in einer Klasse haben, in der es viele Deutsche hat, damit es gut Deutsch lernt."*

Eine von uns befragte Mitarbeiterin einer Jugendhilfeeinrichtung nennt die katastrophalen Arbeitsbedingungen der Frauen als Hintergrund für ihr unregelmäßiges Erscheinen in einem Elternkurs. Gleichzeitig berichtet sie eindrucksvoll von den Fähigkeiten der Frauen, mit geringen Mitteln einen schwierigen Alltag zu organisieren: der Einkauf ohne Auto in einem Stadtteil ohne Laden, kein Platz für einen Kühlschrank in der Küche usw. Mit der sozialen Brille können wir also sowohl die Defizite wie auch die Ressourcen in den Blick nehmen.

Die Diskriminierungsbrille – fehlende Wertschätzung

Der Kontakt zu Institutionen und öffentlichen Stellen kann bei Migrantenfamilien auch von negativen Erfahrungen, Verständigungsschwierigkeiten und Diskriminierungen geprägt sein, sodass Hemmungen, Vorurteile und Unsicherheiten gegenüber den deutschen Institutionen entstanden sind.

— *Die Eltern eines neunjährigen Jungen sind mit der Schule unzufrieden, weil sie der Meinung sind, dass die Schule qualitativ anders arbeitet als andere Grundschulen: „Unsere Kinder werden weniger gefördert. In den Grundschulen, in denen wenig Migrantenkinder sind, wird viel besser gearbeitet. Wir haben versucht, unser Kind in eine der besseren Grundschulen zu schicken, obwohl die Schule weit entfernt ist. Wir hätten gerne unser Kind jeden Tag mit dem Auto in die Schule gebracht. Aber die Schule hat das Kind nicht aufgenommen. Sie wollten uns nicht. Es waren keine verständlichen Gründe da. Mit dieser Schule sind wir einfach nicht zufrieden. Wir sind sehr enttäuscht, aber wir haben aufgegeben. Es bringt nichts, Kritik zu üben. Sie wird nicht ernst genommen. Wir halten uns jetzt raus."* —

Ihre Haltung ist geprägt von bereits gemachten Erfahrungen, aber sicherlich auch von Erfahrungen, die Bekannte gemacht haben. Die Erfahrung kann im Einzelfall auch auf Missverständnissen beruhen. Allerdings ist die diskriminierende Wirkung unseres Bildungssystems in vielen Untersuchungen belegt worden. Am vielleicht eindrücklichsten ist die Tatsache, dass Kinder mit Migrationshintergrund, die in Deutschland ihre komplette

Schullaufbahn bestritten haben, den schlechteren Bildungserfolg aufweisen als Späteinsteiger.[22]

Die Gründe hierfür sind komplex. Zum einen sind einige außerschulische Aspekte zu nennen – so werden seltener vorschulische Einrichtungen besucht und es fehlen elementarpädagogische Konzepte. Zudem sind nicht selten die familiären Ressourcen begrenzt, häufig auch im Zusammenhang mit einer problematischen ökonomischen Situation. Unter diesen Voraussetzungen ist es schwierig, den schulischen Anforderungen zu entsprechen. Es sind jedoch auch Aspekte zu nennen, die im Verantwortungsbereich der Schule liegen, so z. B. die frühe Festschreibung und Festigung der Ungleichheit durch das dreigliedrige Schulsystem. Auf beiden Seiten besteht zunächst wenig Bereitschaft zur Veränderung.

Nach dem Ansatz von Radtke und Gomolla (hier zitiert nach Mecheril 2004, S. 155 f.) gibt es aber auch eine manifeste „institutionelle Diskriminierung" durch Ungleichbehandlung. Jedoch sind es wieder nicht zuerst die Absichten der einzelnen Handelnden, sondern institutionelle Abläufe wie die Einschulung, Übergang zur Sekundarstufe, Aufnahme des Sonderschulverfahrens usw. „Diese Entscheidungen verketten sich im Laufe der Schulbiografie folgenreich" (Mecheril 2004, S. 157).

— *Eine Mutter, die in der Türkei das Lyzeum abgeschlossen und auch zwei Semester studiert hat, trägt ein Kopftuch. Sie lebt seit sechs Jahren in Deutschland und hat drei Kinder. Sie nimmt wahr, dass sie von der Schule als ungebildete und unterdrückte Frau gesehen wird. Das kränkt sie sehr, sie kann sich aber nicht wehren, kann zu wenig Deutsch. In der Folge verliert sie an Selbstvertrauen, fängt an, an sich selbst zu zweifeln. Sie zweifelt so an ihrem Wissen und ihren Fähigkeiten, dass sie sich nicht mehr zutraut, ihre zehnjährige Tochter bei den Hausaufgaben zu unterstützen. Sie kann ihr „Handwerkszeug" nicht mehr einsetzen. In der Frauengruppe berichtet sie verzweifelt: „Ich bedecke meine Haare und nicht mein Hirn!"* —

Diese Liste von ausgrenzenden Alltagserfahrungen im Leben von Frauen und Männern mit muslimischem Hintergrund lässt sich fortsetzen. Der befremdliche Blick auf der Straße, das verunsicherte Anschauen im Bus oder in der Straßenbahn, das Ansprechen mit gebrochenem Deutsch, die öffentlich formulierte Ablehnung von muslimischen Glaubensinhalten, der öffentliche Aufruf zur Abschiebung von Muslimen mit bestimmten Rastermerkmalen, die rechtlich nicht begründete Durchsuchung von islamischen Gemeinden, die Überfälle auf kopftuchtragende Frauen sowie die Kündigung muslimischer Frauen in Betrieben und Arztpraxen. Die

---

22 Vgl. z. B. Franz Hamburger, Differenzierung der Migration. In: Migration und Soziale Arbeit 2/2008

Beziehung zwischen Muslimen als Minderheit und der Mehrheitsgesellschaft ist inzwischen hochgradig vergiftet (Badawia, 2005).

Eine ehrenamtlich sehr engagierte muslimische Frau mit Kopftuch besucht eine kommunale Veranstaltung. Am Buffet wird sie von einer deutschen Teilnehmerin mit gebrochenem Deutsch angesprochen, ob sie ihr bitte eine Serviette bringen könnte. Die muslimische Frau wird als Bedienung angesehen und nicht als eingeladener Gast. Für die Eltern ebenso verletzend wie die offensichtliche Diskriminierung ist die fehlende Wertschätzung für ihre Bemühungen. Weil gerade das auch im Alltag oft übersehen wird, wollen wir hierfür einige Beispiele geben:

Viele Lehrer/-innen behaupten, dass die Eltern ihre Kinder bei ihren Hausaufgaben nicht unterstützen. Was meist übersehen wird bzw. nicht gesehen werden kann, ist der Einsatz der Eltern. Wenn sie selbst ihre Kinder nicht unterstützen können, beauftragen sie andere Personen. Dabei werden die Kinder auch in entfernte Orte gebracht bzw. die Personen werden abgeholt und wieder nach Hause gefahren. Als Dank gibt es Geschenke bzw. Einladungen zum Essen. Dieser Aufwand kann von der Schule nicht gesehen und gewürdigt werden. Wenn Eltern die Aufgaben einigermaßen verstehen, versuchen sie häufig, diese mit viel Zeitaufwand zu lösen.

— *Eine polnische Mutter sorgt sich um ihre 13-jährige Tochter, die die Schule verweigert und kaum Hausaufgaben macht. Sie möchte den Schulausschluss der Tochter vermeiden. Da sie ihre Tochter in Mathematik einigermaßen gut unterstützen kann, sitzt sie manchmal bis tief in die Nacht und versucht, mit Wörterbüchern die Sachaufgaben ihrer Tochter zu lösen.* —

Wird diese Bemühung gesehen? Wie würde die Schule reagieren, wenn sie darüber Bescheid wüsste?

— *Ein Vorschulkind soll über das Wochenende als Hausaufgabe einen fliegenden Schmetterling malen. Das Kind bittet seine Eltern um Unterstützung. Die Eltern, die selbst eine Grundschulausbildung in ihrer Heimat abgeschlossen haben, sind mit der Zeichnung des Schmetterlings überfordert. Es werden Nachbarn, Bekannte, Verwandte eingeschaltet. Zu Hause gibt es keine Bücher, keinen Internetanschluss, wo nachgeschaut werden könnte. Ein Nachbar findet im Apothekenkalender ein entsprechendes Bild. Danach zeichnet das Kind sein Bild.* —

Wird diese Bemühung der Eltern gesehen, werden diese Anstrengungen gewürdigt? Welche Enttäuschung erlebt die Familie, wenn die Benotung schlecht ausfällt?

In einer Schule werden Migrantenmütter von der Elternvertretung gefragt, ob sie wieder eine Schulaktion mit kulinarischen Spezialitäten unterstützen wollen. Sie könnten sie dabei wieder frisch backen und verkaufen, dies schaffe eine gute Atmosphäre und bringe guten Gewinn für die Schule. Wie immer wird vorausgesetzt, dass für das Backen die speziellen Pfannen und schweren Geräte von Müttern selbst organisiert und mitgebracht werden. Die Frauen fordern diesmal aber, dass die Schule eine spezielle Pfanne mit dem Erlös des Verkaufs anschafft. Es ist für sie jedes Mal schwierig, die Geräte auszuleihen. Es wollen auch nicht alle die teuren Geräte hergeben.
Die Elternvertretung bespricht sich mit der Schulleitung und teilt beim nächsten Treffen mit, dass dieser Antrag abgelehnt sei. Solche Geräte würden nur ein- bis zweimal im Jahr eingesetzt. Außerdem habe die Schule keinen Ort, wo sie die Pfanne aufbewahren könne. Daher würde sich eine Anschaffung nicht lohnen. Die teilnehmenden Mütter halten dagegen. Welche deutsche Mutter wäre bereit, ihre teure Kaffeemaschine für das Schulfest einzusetzen? Außerdem könne in der Koch-AG, die an dieser Schule angeboten wird, die Pfanne vielfältig eingesetzt werden. In der heutigen Gesellschaft sei internationale Küche erwünscht.
Tatsächlich ist die Gruppe von dieser Entscheidung sehr getroffen. Ihre jahrelange Arbeit wird offenbar nicht wertgeschätzt.

Wie müssten zukünftig die Gespräche zwischen Eltern und Elternvertretung ablaufen, damit die Argumente der Gruppe vor dem Treffen mit der Schulleitung gesammelt werden und die Eltern sich tatsächlich von der Elternvertretung vertreten fühlen? Hätte es in diesem konkreten Fall an dieser Schule nicht einen muttersprachlichen Elternkurs gegeben, hätte diese Enttäuschung zu einem Rückzug führen können.

Die Kursleiterinnen vermittelten zwischen Elternvertretung, Schulleitung und Eltern und sorgten dabei für einen offenen Austausch. Alle Beteiligten konnten ihre Argumente äußern. Durch diesen Austausch fühlten sich die Teilnehmerinnen in ihren Meinungen ernst genommen und bestätigt. Ein Nebeneffekt war, dass die Eltern den Elternkurs noch mehr wertschätzten.

Ein anderes Beispiel zeigt, wie kleine Gesten von Wertschätzung oder eben auch vorenthaltener Wertschätzung oft große Auswirkungen haben.

Der türkischstämmige Vater schreibt an die Klassenlehrerin eine Entschuldigung, dass sein siebenjähriger Sohn am ersten Tag des Zuckerfestes nicht in die Schule kommen wird. Die Lehrerin schreibt unter die Entschuldigung lediglich „genehmigt". Was für die Lehrerin vermutlich eine Gedankenlosigkeit war, hat die Familie als Kränkung erlebt. Sie hätte zumin-

dest erwartet, dass die Lehrerin „ein frohes Fest" wünscht. „Nur so", sagt der Vater, „kann es zu einer Wertschätzung und somit auch zur Integration kommen." Er fühlte sich nicht wahr- und angenommen.

Er hatte es in der Schule, in der sein Sohn die Vorschule besuchte, auch schon anders erlebt. Dort hatte die Familie eine Woche vor dem religiösen Fest vom Rektor ein Schreiben zugeschickt bekommen, in dem die Schulleitung ein frohes Fest wünschte und den Kindern freistellte, den ersten Feiertag zu Hause zu bleiben. Darüber hatte sich die Familie sehr gefreut.

Die Kulturbrille

Dass der Blick mit der Kulturbrille oft den Blick auf die Vielschichtigkeit migrantischer Lebensrealitäten verstellt, haben wir bereits betont. Im Folgenden geben wir trotzdem einige (exemplarische) Hinweise auf bestimmte Verhaltensweisen, die eventuell auch in den jeweiligen kulturellen Prägungen begründet sein können. Sie dürfen nicht so gelesen werden, dass wir damit verallgemeinerbare Aussagen treffen, vielmehr benennen wir Möglichkeiten. Es ist im Einzelfall immer wieder zu prüfen, ob diese Perspektive hilfreich ist oder nicht. Würde man jedoch – aus der berechtigten Angst vor zu schnellen Pauschalisierungen – diese Perspektive ausblenden, würde das der Realität auch nicht gerecht werden. Man muss um mögliche kulturelle Differenzen wissen, um danach fragen zu können, ob dies in einer konkreten Situation eine Rolle spielt oder nicht. Wir haben aber meist darauf verzichtet, die beschriebenen kulturellen Differenzen bestimmten Ländern oder Ethnien zuzuschreiben. Wenn wir hier von „Kulturen" reden, denken wir ohnehin nicht an Gruppen von Menschen, die sich alle gleich verhalten. Bestimmte kulturelle Muster wird man in verschiedenen Ländern finden, dort aber auch nicht in allen Regionen und gesellschaftlichen Gruppen. Manches wird uns auch aus bestimmten einheimischen gesellschaftlichen Gruppen bekannt sein.

Gleichzeitig wollen wir hier einige Impulse geben, wie wir einen produktiven Umgang mit diesen kulturellen Differenzen finden können.

Wenn beispielsweise Frauen bestimmte Angebote nicht regelmäßig wahrnehmen, muss das nicht zwangsläufig bedeuten, dass sie kein Interesse daran haben. Es gibt Kulturen, in denen die Rollenerwartung an die Frau beinhaltet, dass sie sich erst dann um individuelle Dinge kümmern kann, wenn die Familie versorgt ist. Das unregelmäßige Erscheinen kann allerdings auch ganz andere Gründe haben: Schicht- oder Heimarbeit, eine fehlende Versorgung der Kinder, aber auch psychische Überlastungssyndrome. Die Nichtteilnahme kann also mit Kultur und Migration zu tun haben können, muss aber nicht.

Aus manchen herkömmlichen Angeboten sind die Frauen ausgeschlossen, weil sie nur unregelmäßig teilnehmen können. Für diese Frauen wäre es hilfreich, wenn die Angebote individueller und flexibler gestaltet würden.[23]

— *Eine Schülerin macht nie ihre Hausaufgaben. Im Gespräch mit ihr stellt sich heraus, dass die Familie oft Gäste hat und sie dann damit beschäftigt ist, die Gäste zu versorgen und zu bedienen. Deswegen habe sie keine Zeit für Hausaufgaben.* —

Wie könnte man das anstehende Elterngespräch führen? Wichtig wäre, den Wert der Gastfreundschaft in dieser Familie anzuerkennen und auf dieser Basis nach Kompromissen zu suchen. Die Eltern sind so besser erreichbar und haben oft auch selbst Ideen für eine Lösung.

— *Ein Beispiel aus einer Spracheilschule. Ein schwerhöriges Mädchen soll nach dem Willen ihrer Eltern ein Kopftuch tragen. Da das Tragen des Kopftuches die Wirksamkeit des Hörgerätes stark beeinträchtigt, sucht die Schulleitung das Gespräch mit den Eltern. Sie kann sie lediglich von einem Kompromiss überzeugen: Das Mädchen trägt zwar in der Schule kein Kopftuch mehr, allerdings weiterhin außerhalb der Schule.* —

Welche kulturell geprägten Vorstellungen könnten hinter dieser Haltung der Eltern stehen, die auf die Schulleitung so wirken muss, als wollten die Eltern ihrem Kind schaden? Es könnte sein, dass die Eltern die Schwerhörigkeit ihrer Tochter als eine Bestrafung Gottes sehen, vielleicht wegen einer begangenen Sünde. Dieses Fehlverhalten, für das sie vermeintlich bestraft werden, wollen sie wiedergutmachen. Daher orientieren sie sich stark religiös. Das Mädchen hat nun zwar einen „Makel" – doch wenn sie eine Gottesfürchtige wird, kann sie später doch noch eine Familie gründen.

In vielen Projekten der Elternarbeit zeigt sich, dass es eine lange Zeit braucht, um Vertrauen zu schaffen. Beim Aufbau einer muttersprachlichen türkischen Frauengruppe konnte die Pädagogin im ersten Jahr oft nur mit einer oder zwei Frauen arbeiten. Es dauerte lange, bis die Frauen Vertrauen aufbauten, bis sie erkannten, dass der angebotene Raum ein geschützter Raum ist. Was auf den ersten Blick als Desinteresse interpretiert werden kann, offenbart bei genauerem Hinsehen (und Nachfragen) ganz unterschiedliche mögliche Hintergründe. Der spätere Erfolg der Gruppe zeigt: Die Frauen haben Interesse an solchen Räumen des Austauschs und der Unterstützung, sie haben aber offenbar große Ängste, etwas preiszugeben.

---

23 → Praxisreflexionen 5.1

Hinter diesen Ängsten könnte eine Sozialisationserfahrung stehen, in der Hilfe und Unterstützung in schwierigen Lebenslagen nicht – wie das gerade (sozial-)pädagogischen Fachkräften selbstverständlich scheint – über institutionalisierte Hilfeangebote, sondern über informelle private Netzwerke realisiert werden. Es gibt somit nicht die individuelle oder auch kollektive Erfahrung, schnell das Vertrauen zu einer unbekannten professionellen Person aufzubauen. Vor der Hilfe steht deshalb sehr viel Beziehungsarbeit. Nicht die professionelle Ausbildung wird als Voraussetzung für eine gute Hilfe gesehen, sondern das Vertrauen in die Beziehung. Man könnte diese Haltung auf den Nenner bringen: Wer mich nicht (ganzheitlich) kennt, kann mir nicht helfen.

Personen,
- die der Familie vertraut sind,
- die als Vermittler für andere Fachpersonen eingesetzt werden,
- die Hilfesuchende persönlich zu Fachkräften und Einrichtungen begleiten,

können viel schneller akzeptiert werden.

Personen,
- die (professionell) distanziert wirken,
- die viele Fragen stellen,

können als kontrollierend definiert werden. Das kann dazu führen, dass diese Personen abgewertet und abgelehnt werden.

Diese auf Vertrauen beruhende Hilfe ist mit bestimmten Erwartungen an die Hilfe bietende Person verbunden. Sie sollte
- empathisch sein,
- ganzheitlich für die Familie zur Verfügung stehen,
- schnell und unkompliziert erreichbar sein,
- schnell Lösungen bieten und
- selbst die Initiative zur Problemlösung ergreifen.[24]

Dies kann zu Konflikten führen mit helfenden Personen, die sich einer Professionalität verpflichtet fühlen, wie sie sich tendenziell in westlichen Gesellschaften durchgesetzt hat.
- Wenn die Problemlösung als Eigenverantwortung an die hilfesuchende Person zurückgegeben wird, kann dies zu Unverständnis oder auch Unmut führen. Es wird dann eher versucht, die Verantwortung auf den Helfer oder die Helferin zu übertragen.
- Dies kann bei den Fachkräften dazu führen, dass die Ressourcen der Einzelnen stark beansprucht und ausgenutzt werden. Manche helfende Person ist stolz, als Fachperson ge-

24 → Praxisreflexionen 5.4

braucht zu sein, und nimmt diese aufgebürdete Verantwortung daher gerne an. Andere gehen auf Distanz, weil sie Angst haben, „aufgefressen" zu werden.

- Ein weiteres Konfliktpotenzial rührt her aus unserem vielgliedrigen Hilfesystem mit seinen ausdifferenzierten Spezialisierungen. Es ist für viele Helfer/-innen normal und gilt als professionell, andere Fachpersonen mit der Lösung eines Problems zu beauftragen. Dies entspricht nicht unbedingt der Erwartung der Familien und kann das aufgebaute Vertrauen stören. Wenn sich eine Familie mit Problemen an eine Person oder Institution wendet, erwartet sie meist, dass sie ganzheitlich unterstützt wird, dass diese Person aktiv wird und die Probleme ausräumt.

Die folgende Anekdote verdeutlicht die Erwartungshaltung der Hilfesuchenden: Eine Frau geht zum Arzt. Er fragt seine Patientin: „Welche Beschwerden haben Sie?" Daraufhin antwortet sie empört: „Sie sind doch der Arzt! Das müssen Sie schon selber wissen. Wenn Sie nicht wissen, was mir fehlt, warum haben Sie dann so lange studiert?"

Bei einem anderen Beispiel aus der Arbeit mit russlanddeutschen Frauen war der Eindruck der Sozialarbeiterin, dass es weniger Ängste waren, die einem Vertrauensaufbau im Weg standen, sondern eher die Haltung „Ich *will* nichts preisgeben". Ängste lassen sich abbauen über den Aufbau von Beziehung, die Haltung nicht so leicht! Diese kann geprägt sein durch eine Sozialisation in einem staatlichen System, das sehr stark kollektiv orientiert war und so auch den Familien sehr viel an Verantwortung abnahm. Menschen, die diesem System kritisch gegenüberstanden, entwickelten Techniken, sich vor den staatlichen Eingriffen zu schützen. Dies trifft besonders auf gesellschaftliche Gruppen zu, die als Minderheit von Diskriminierung betroffen und bedroht waren. Die Familie bekommt in solchen gesellschaftlichen Situationen als Schutz vor staatlichen Eingriffen meist eine größere Bedeutung. Familie gilt als ein wichtiger privater Lebensraum, als ein Ort der Geborgenheit und des Schutzes vor der Einmischung des Staates. Vor diesem Hintergrund wird verständlicher, wenn Eltern vorsichtig und misstrauisch gegenüber staatlichen Institutionen sind.

Die Familie hat daher für viele russlanddeutsche Eltern (und oft, aber nicht immer, für die Jugendlichen) eine weitaus größere Bedeutung als bei vergleichbaren Familien der Mehrheitsgesellschaft. Wesentliche Entscheidungen müssen von nahezu allen Verwandten gebilligt werden, die Reputation der Familie wird höher als die materielle Lage bewertet, die Weisungsbefugnis der Eltern ist für die Kinder „Naturgesetz".

Doch Vorsicht, auch für diese Bedeutung des Zusammenhalts bei Migrantenfamilien gibt es keine monokausalen Erklärungen.

- Ein weiterer sozialisationsbedingter Grund für die Bedeutung der Familie kann in der Mangelwirtschaft gesehen werden: Die Haushaltsversorgung ist mit schwerer Arbeit verbunden und erfordert weit reichende gegenseitige familiäre Hilfen (soziale Brille/Kulturbrille).

- Der Zusammenhalt der Familie kann aber auch als Reaktion auf eine Situation gesehen werden, in der man zusammenhalten muss, um sich vor den Zumutungen und Abwertungen der Aufnahmegesellschaft zu schützen (Diskriminierungsbrille).
- Nicht zuletzt kann es auch ein Versuch sein, dem ständigen Erkanntwerden als „anderer" zu entkommen. Dieses „Othering" muss nicht mit Ablehnung verbunden sein, aber Sätze wie „Woher kommst du?" oder „Sie sprechen aber gut deutsch", machen dem Empfänger klar, dass er nicht selbstverständlich dazugehört. Die Familie (oder auch die Clique oder die Community) ist dann auch der Ort des Urlaubs vom Anderssein (Migrationsbrille).

Die Familie kann in solchen Situationen eine enge emotionale Bindung bedeuten. Die Kontakte sind selbstverständlich und benötigen keine Absprachen und Verabredungen. Gelingt es den Institutionen der Aufnahmegesellschaft nicht, dieses Misstrauen der Familie zu durchbrechen, kann es auch schwierig werden, zu einzelnen Mitgliedern der Familie eine Beziehung aufzubauen.

Bei russlanddeutschen Familien kann das beschriebene „Othering" besonders bitter sein, waren sie doch im Herkunftsland als „Deutsche" ausgeschlossen und werden nun hier als „Russen" wahrgenommen. Die Probleme eines Elternbildungsprojektes, Aussiedler/-innen für die Mitarbeit in einem Elterncafé zu aktivieren, können auch vor diesem Hintergrund verstanden werden. Sie wollen nicht als Migranten angesprochen werden, sondern als „Deutsche". Sie „wollen lieber mit deutschen Eltern zusammen sein". Zu niederschwellige Angebote können daher abschreckend wirken. Manche Aussiedler/-innen befürchten einen Statusverlust, wenn sie mit anderen – aus ihrer Sicht weniger deutschen – Familien gemeinsame Sache machen. Die Tatsache, dass diese Eltern gleichzeitig bei konkreten Angeboten wie Sprach- und PC-Kursen sehr wohl aktivierbar waren, bestätigt diese These. Zugleich könnte das aber auch kulturell interpretiert werden: Zu nutzen, was mir hilft, ohne mich auf eine zu enge Kooperation einzulassen, dürfte eine typische Handlungsstrategie von Menschen aus gesellschaftlichen Minderheiten im Umgang mit staatlichen Angeboten sein.

Ein Mädchen mit türkischem Migrationshintergrund kommt heim zu den Eltern und berichtet unter Tränen, dass der Lehrer sie bloßgestellt habe. Er hatte ihren Aufsatz vor der ganzen Klasse vorgelesen, um ihre grammatikalischen Fehler zu demonstrieren.

Würden sich hier manche türkeistämmigen Eltern aus Akademikerkreisen beim Lehrer beschweren, könnte es sein, dass wieder andere türkeistämmigen Eltern nicht reagieren mit der Begründung, der Lehrer wisse schon, was für das Kind gut sei. Es solle eben viel mehr lernen. Der Lehrer wird als Autoritäts- und Respektperson wahrgenommen, die man nicht zu kritisieren hat, zumindest nicht in Fragen der Bildung. Es kann gut sein, dass die gleichen Eltern sofort reagieren und mit dem Lehrer reden, wenn die Tochter zu Hause berichtet, dass sie einen Liebesbrief von einem Schulkameraden bekommen hat. Das heißt, Eltern unterscheiden je nach Kontext und kultureller Einbettung, an welchem Punkt die Erziehungsverantwortung bei ihnen oder dem Lehrer liegt.

Viele Migranten und Migrantinnen kommen aus Gesellschaften, die zumindest bis vor kurzem deutlich weniger von Individualisierung und dem Gedanken der persönlichen Autonomie geprägt waren. Besonders die Bildungseinrichtungen sind bzw. waren dort stark kollektiv ausgerichtet. Dies gilt vor allem für mittel- und osteuropäische Staaten, in jeweils spezifischer Ausprägung aber auch für viele Gesellschaften aus Südosteuropa, Asien und Afrika.

In dortigen Schulen wird die Kontrolle der Klasse eher über die Gruppenverantwortung hergestellt. Sowohl Auszeichnungen als auch Bestrafungen treffen eher die Gruppe als den Einzelnen. Starke Schüler müssen schwachen helfen, es gibt kollektive Hilfs- und Arbeitseinsätze. Aus Russland berichten Eltern, dass das Elterngespräch über die Kinder im Rahmen der Elternsprechtage nicht im Einzelgespräch, sondern mit der ganzen Klasse durchgeführt wurde. Individuelle Fragen wurden öffentlich behandelt. Die Lehrkräfte genießen einen hohen Respekt, Schüler/-innen und Eltern sind den Lehrern und Lehrerinnen untergeordnet. Die Eltern schenken ihnen nicht nur ihr Vertrauen, sondern geben ihnen auch die Erziehungsvollmacht über ihre Kinder. Die Wahl der Erziehungsmittel bis hin zur körperlichen Gewalt obliegt den Lehrern.

Gerade aber die Länder Mittel- und Osteuropas befinden sich seit nunmehr fast zwei Jahrzehnten im Umbruch. Dies betrifft auch das Bildungssystem. Manche berichten von einer damit verbundenen Orientierungslosigkeit bei den Lehrkräften und einer materiellen Mangelsituation. Wie die konkreten Sozialisationserfahrungen der Menschen waren, die uns als Eltern oder Schüler/-innen begegnen, kann daher nur durch Nachfragen eruiert werden.

Besonders das letzte Beispiel macht deutlich: Was wir hier formuliert haben, sind mögliche Optionen, sind Denkmodelle, die uns Erklärungen für das Handeln von Eltern geben können. Was davon stimmt und wie sich die Situation für die Eltern konkret darstellt, kann nur im Einzelkontakt ergründet werden. Nachfragen und vor allem Zuhören sind dafür notwendige Voraussetzungen – und gerade an diesem Punkt setzen ja auch viele Elternbildungsprojekte sehr produktiv an.[25]

25 ➔ Praxisreflexionen 5.2

Die Subjektbrille

Unser Blick darf nicht bei den „Hinter-Gründen" hängen bleiben. Er muss nach Gründen und Begründungen fragen: nach dem kreativen Umgang der Einzelnen mit widersprüchlichen Rollenerwartungen und der damit einhergehenden Erweiterung ihrer Rollenvielfalt.

Eren, eine türkische Architektin, heiratet und zieht zu ihrem Ehemann nach Deutschland. Sie findet sich nun in einer abhängigeren Position wieder – ohne Unterstützung ihrer Familie, ihrer Sprache und mit Schwierigkeiten, Arbeit zu bekommen. Der Ehemann ist Bauarbeiter und möchte nicht, dass sie die deutsche Sprache lernt und einer Arbeit nachgeht. Beide haben völlig unterschiedliche Erziehungsvorstellungen. Dank der Integrationskurse, die sie besuchen muss, lernt Eren die deutsche Sprache, wird dadurch selbstbewusster und versucht mit viel Durchhaltevermögen, ihren Mann „umzuerziehen".

Eine türkische Mutter emanzipiert sich, als sie anfängt, ihr eigenes Geld zu verdienen. Rollenerwartungen des Vaters werden von der Mutter auf den Kopf gestellt. Frauenrolle und Männerrolle werden neu definiert. Werte verändern sich, z. B. auch in der Erziehung der Kinder. Der Vater emanzipiert sich ebenfalls, seine Rollenerwartungen und die Erwartungen an die Kinder verändern sich. Die Veränderungen brauchen jedoch Zeit und viel Diskussionen.[26]

Pädagoginnen und Pädagogen erleben in Frauengruppen Mütter, die sehr gut wissen, was für ihre Kinder gut ist. Allerdings haben sie nicht immer die Bedingungen, dies auch zu verwirklichen. So berichten Mütter, dass sie den Fernsehkonsum ihrer Kinder gerne einschränken wollten, aber die dominante Großmutter oder die älteren Geschwister das unterlaufen. Auch die räumlichen Bedingungen der Wohnung lassen wenig Kompromisse zu. Diese Mütter brauchen keine Belehrungen, sondern den Raum, um darüber zu reden. Sie brauchen die gegenseitige Stärkung und den Austausch über Strategien, um ihre eigenen Vorstellungen durchzusetzen.

Eine Mutter, die einem qualifizierten Beruf nachgeht, möchte ihre Zwillinge in der Kindertagesstätte anmelden. Direkt nach dem Mutter-Kind-Turnen geht sie zum vereinbarten Anmeldetermin. Die Kinder sind nach dem Turnen müde und reif für den Mittagschlaf. Sie sind deswegen besonders unruhig und lebhaft. Die Leiterin des Tagheims bemerkt, dass die türkischen Kinder immer so auffällig seien, und empfiehlt nach der kurzen Beobachtungsmöglichkeit, die Zwillinge zu trennen. Sie würden sonst einige Probleme in den Gruppen bereiten. Die Erklärungsversuche der Mutter, warum die Kinder unruhig seien, finden bei der Leiterin keine Beachtung.

---

26 Beispiele aus djela-Handbuch „Vergiss…, vergiss nie,… ." (2008)

Das Verhalten der Erzieherin ist ein anschauliches Beispiel dafür, wie Verhaltensweisen mit einer Kulturbrille erklärt werden – und sie zeigen in diesem Fall auch, dass hierüber Zuschreibungen stattfinden, die der Situation nicht angemessen sind. Hilfreicher wäre zunächst der Blick auf die jeweils individuelle Situation, also das Aufsetzen der Subjektbrille. In diesem konkreten Beispiel konnten die Missverständnisse dadurch aus dem Weg geräumt werden, dass die Mutter nochmals um einen Gesprächstermin bat, die Situation erklären und die Erzieherin ihrerseits einen Perspektivwechsel vollziehen konnte. Was aber, wenn die Mutter nicht in der Lage gewesen wäre, auf die Einrichtung zuzugehen? Mit welcher Stigmatisierung wären die Kinder behaftet gewesen? Wie hätten sich die negativen Gefühle auf beiden Seiten ausgewirkt?

Kinder und Eltern können nur dann spüren, dass sie willkommen sind, wenn Fachkräfte nicht in vorgefertigten Bildern nur das sehen, was sie sehen wollen.

Der Blick durch die Subjektbrille kann uns vor allem auch die Augen öffnen für die Vielfalt der jeweiligen Umgangsmöglichkeiten mit den Lebenserfahrungen. So kann der Blick auf die *kulturelle Differenz* fruchtbar sein, wenn wir damit nicht vorgefertigte Bilder über „andere" reproduzieren, sondern die Sozialisationsbedingungen einer konkreten Gruppe beschreiben. Was gilt dieser Gruppe als normal? Womit setzen sich alle Mitglieder gleichermaßen auseinander? Auf welche kollektiven Bilder und Ideen greifen sie zurück, wenn sie das eigene Handeln und die Welt um sich erklären? Die Perspektive auf die jeweiligen familiären und persönlichen Bewältigungsformen der *Migration* eröffnet den Blick auf erbrachte Leistungen und Ressourcen.

Ein wichtiges Korrektiv für den Blick mit der Kulturbrille ist die Berücksichtigung der *sozialen Lage* der Familie bzw. der Person. Viele Phänomene, die unter Umständen auch von den Migranten und Migrantinnen selbst kulturell gedeutet werden, erklären sich vielmehr aus mangelnder beruflicher und sozialer Teilhabe. Hier gilt es, strukturelle Diskriminierung als Hintergrund für das individuelle Handeln wahrzunehmen, ohne dabei die Migranten in einseitiger Weise auf die Rolle des Opfers gesellschaftlicher Verhältnisse festzulegen. Denn so verlockend eine in der Praxis der sozialen Arbeit oft zitierte Perspektive auf die Individualität jeder einzelnen Person ist, so greift diese doch dann zu kurz, wenn die strukturellen Lebensbedingungen sowie die angebotenen kulturellen Handlungsmuster aus dem Blickfeld geraten. Ein *subjektbezogener* Ansatz interessiert sich für die jeweiligen Begründungen für das Handeln, weiß aber um deren gesellschaftliche Einbindung.

2.2 | DIE KINDER UND JUGENDLICHEN

Kinder und Jugendliche sind in der Elternarbeit nur mittelbar Akteure, stehen aber doch im Zentrum des Interesses. Wir wollen in diesem Kapitel daher auch die spezifische Situation der Kinder und Jugendlichen beim Thema Elternarbeit blitzlichtartig beleuchten. In der Literatur wird die Situation von Kindern und Jugendlichen mit Migrationshintergrund oft als Leben in einem permanenten Kulturkonflikt beschrieben. Auch hier scheint uns für diesen Zusammenhang ein Blick durch die soziale, die Migrations- und Diskriminierungsbrille gewinnbringender.

Vorweg: In einem Großteil der Migrantenfamilien verlaufen Entwicklungen zwischen Eltern und Kindern analog zu den Familien der Mehrheitsgesellschaft. Das Bonmot „Auch Türken haben eine Pubertät" verweist zunächst darauf, dass wir auch hier die Subjektbrille nicht vergessen und nicht jedes Problem von Kindern und Jugendlichen mit Migrationshintergrund als Migrationsproblem interpretieren sollten. Vor allem in sozial prekären Lebenslagen kann die Pubertät aber auch durch die Migration eine schwierigere Entwicklungsaufgabe sein als unter „gewöhnlichen" Bedingungen. Wenn wir einen Blick auf die problematischen Verläufe richten, werden wir gleichzeitig mit der sozialen Brille sehen, dass viele Phänomene in ähnlicher Weise bei sozial ausgegrenzten Familien ohne Migrationsgeschichte ebenfalls zu finden sind.

Die Migration kann das Rollengefüge in der Familie stark verändern. Kinder und Jugendliche nehmen unabhängig von ihren Eltern am Bildungssystem und anderen gesellschaftlichen Prozessen teil. Sie lernen schneller Deutsch, besonders dann, wenn die Eltern keine oder nur prekäre Jobs mit wenig Kontakt zu mehrheitsdeutschen Kollegen haben. Die Eltern sind mit vielen alltäglichen und besonders mit schulischen Aufgaben überfordert und fühlen sich ohnmächtig. Die Kommunikation erfolgt zunehmend nicht mehr in einer einheitlichen Sprache. Kinder gehen mit diesem Rollenkonflikt sehr unterschiedlich um. Manche Kinder versuchen, diesen Konflikt so gut es geht zu ignorieren, um ihre Eltern nicht weiter zu schwächen. Sie verhalten sich unter Umständen übertrieben loyal, aus Angst, den Konflikt weiter zu verschärfen. Andere finden einen souveränen Umgang damit.

Die zehnjährige Tochter eines Akademikers findet es nicht peinlich, dass ihr Vater nicht so gut Deutsch spricht. Wenn sie von ihren Klassenkameraden darauf angesprochen wird, sagt sie, dass er aber ein sehr guter Ingenieur ist. Andere Kinder schämen sich für ihre Eltern, die durch ihre Sprachdefizite oder auch aufgrund ihres Äußeren in der Gesellschaft auffallen. Sie können ihre Eltern nicht mehr in ihrer eigentlichen Rolle wahrnehmen, sondern als Personen, die kaum etwas können und verstehen. Der Umgang damit kann sehr unterschiedlich sein:

- Manche fühlen sich hilflos, spüren, dass sie keine Rückenstärkung, auch keine Vorbilder haben.
- Sie nehmen die Eltern nicht immer als Bezugs- und Ansprechperson wahr.
- Dies kann dazu führen, dass sie den Kontakt zu ihren Eltern nach und nach verlieren.
- Manche Kinder gehen so weit, ihre Eltern als minderwertig zu betrachten.

— *Ein siebenjähriges Mädchen, das in seinen Deutschkenntnissen immer besser und sicherer wird, verbessert seine Mutter, die gebrochenes Deutsch spricht. Das Mädchen lacht ihre Mutter ständig aus und fordert, dass sie zum Deutschkurs gehen soll, um ihre Sprache zu verbessern. Sie solle wie die anderen Mütter sprechen lernen.* —

Verstärkt wird der Konflikt vor allem dadurch, dass die Kinder und Jugendlichen ja ständig mit den negativen Äußerungen der Öffentlichkeit – besonders auch durch die Medien – konfrontiert sind. Diese Abwertung kann beides verstärken: die bedingungslose, fast trotzige Solidarisierung oder den Versuch, sich abzugrenzen, um nicht selbst ins Visier der rassistischen Abwertung zu geraten.

Der unterschiedliche Umgang mit innerfamiliären Rollenverschiebungen hat wiederum unterschiedliche Effekte für unser Thema „Elternarbeit".

— *Eine Jugendliche versucht jeglichen Kontakt zwischen der Schule und ihren Eltern zu vermeiden. Als besonders peinlich empfindet sie es, wenn ihr Vater die Lehrer neben seinem ungenügenden Deutsch auch noch duzt. Das Mädchen findet ihren Vater primitiv und ungebildet. Sie lehnt ihn ab. Die Termine für den Elternabend teilt sie zu Hause nicht mit.*
Ein Jugendlicher lehnt es ab, dass seine Eltern alleine mit dem Lehrer sprechen. Seine Befürchtung ist, dass sie wieder manche Gesprächsinhalte missverstehen und er wieder bei seinem Lehrer nachfragen muss. Daher bittet er die Familienhelferin, bei allen Terminen dabei zu sein. —

Eltern, die der deutschen Sprache nicht mächtig sind und sich auch mit den Strukturen nicht auskennen und ihre Kinder als Unterstützer einsetzen wollen, können eine Erniedrigung durch die eigenen Kinder erfahren. Mit zunehmendem Alter können die Kinder sich stärker fühlen und ihre Überlegenheit ausspielen.

— *Ein 14-jähriger Jugendlicher, der in einer Hauptschule aufgrund seines auffälligen Verhaltens die schulintern eingerichtete Soziale Gruppenarbeit besuchen soll, verweigert nach kurzer Zeit die Teilnahme. Daraufhin vereinbaren die Mitarbeiterinnen der Sozialen Gruppen mit den Eltern einen Gesprächstermin. Das Gespräch findet in der Familie statt. Es sind die Eltern, der betroffene Jugendliche, sein ältester Bruder, die Familienhelferin und die Mitarbei-*

terinnen anwesend. Bei dem Gespräch äußern auch die Eltern, dass sie die weitere Teilnahme ihres Sohnes nicht wünschen. Die Mutter, die über schlechte Deutschkenntnisse verfügt, versucht in ihrer Muttersprache immer wieder ihre Meinung zu äußern, wird aber jedes Mal vom älteren Sohn abgewürgt. Ihr wird durch ihre beiden Söhne vermittelt, dass sie sich nicht einmischen dürfe. Auch werden ihre Äußerungen nicht übersetzt. —

— *Bei Gesprächen z. B. in der Schule übersetzt ein Junge die Fragen und Meinungen der Eltern nicht, weil diese Fragen von ihm selbst als peinlich empfunden werden. Ein Mädchen fordert während des Gesprächsverlaufs die Mutter auf, keine Meinung zu äußern. Ein anderer Junge übersetzt die Botschaften der Lehrerin nicht, weil er Angst hat, dass seine Eltern ihn für Inhalt, Gesprächsverlauf und letztlich sogar für das Ergebnis verantwortlich machen.* —

In vielen anderen Beispielen sehen wir aber auch, wie stolz Kinder sind, wenn ihre Eltern sich um sie kümmern und die Barrieren zur Schule überwunden werden konnten. Wenn es beispielsweise gelungen ist, Mutter und Vater zu einer Präsentation des Klassenprojektes einzuladen. Es kann für die Kinder sehr entlastend sein, wenn Eltern Vertrauen zur Schule aufbauen und selbstbewusster agieren.[27]

— *Ein Mädchen ist stolz darüber, dass ihre Mutter in der Projektwoche ihre Klassenkameraden über die Türkei informiert.*
Die neunjährige Tochter einer Akademikerin bricht in Tränen aus, als ihre Mutter ankündigt, ihre Stelle zu kündigen und in Zukunft zu Hause zu bleiben. Die Begründung der Tochter ist: „Ich möchte keine Hausfrau als Mutter haben wie meine anderen türkischen Freunde. Ich möchte eine Mutter, die arbeitet, damit wir besser leben können und nicht arm werden. Ich möchte nicht, dass du wie die anderen Mütter putzen gehst.“ —

Diese Ambivalenz zwischen Scham und Stolz, zwischen Wunsch nach Nähe und der Tendenz nach Abstand und Distanz wird besonders bei älteren Jugendlichen und hier vor allem in Einrichtungen der offenen Jugendarbeit deutlich.[28]

Für die Elternarbeit bedeutet dies, dass wir neben den Eltern immer auch die Kinder im Blick haben müssen. Sie sind ebenfalls wichtige Akteure in diesem Feld – in Migrantenfamilien unter Umständen noch mehr als ohnehin.

---

27 → Praxisreflexionen 5.7
28 → Praxisreflexionen 5.7

In erster Linie machen die hier dargestellten Beispiele deutlich, dass es für Eltern wie für Kinder eine unzumutbare Belastung darstellt, wenn Letztere als Sprachmittler im Elterngespräch fungieren, denn sie können die Qualität des Gesprächs nicht gewährleisten. Hier müssen andere Lösungen gefunden werden.[29]

Wir müssen Kindern ihre unterschiedlichen Umgangsweisen mit den verschiedenen Anforderungen, mit denen sie konfrontiert sind, zugestehen und dürfen sie nicht zu schnell kulturalistisch interpretieren. Die Kinder brauchen Räume, in denen sie ihre ambivalenten Gefühle aussprechen und bearbeiten können. Hierfür brauchen wir eine Kultur des Zuhörens,[30] wir brauchen vor allem aber auch Mitarbeiter/-innen mit Migrationshintergrund, die bei diesen Themen andere Zugänge zu den Kindern und Jugendlichen finden. Zwar müssen sich auch mehrheitsangehörige Mitarbeiter/-innen dieser Aufgabe stellen, das weitgehende Fehlen von Kolleginnen und Kollegen mit Migrationshintergrund vor allem an den Schulen erschwert es jedoch sehr, hier selbstverständliche Räume zu schaffen, in denen Kinder diese Sorgen mitteilen können.[31]

29 ➔ Hintergründe 4.1
30 siehe ausführlicher djela-Handbuch S. 39 ff
31 ➔ Praxisreflexionen 5.2

2.3 DIE PÄDAGOGINNEN UND PÄDAGOGEN

Über die Akteure aufseiten der Einrichtungen verallgemeinernde Aussagen zu machen, wäre genauso gefährlich wie Aussagen über „die Migranten". Auch hier wollen wir aber einige Impulse geben zu möglichen Handlungsgründen der pädagogischen Fachkräfte sowie typischen Haltungen und ihre Auswirkungen auf die Elternarbeit.

Mitarbeiter/-innen in pädagogischen Handlungsfeldern kennen manche Phänomene, die wir im Kapitel über die Eltern beschrieben haben, in ähnlicher Form:

- So haben sie auch – zum Teil schmerzhafte – Erfahrungen mit Bildern über die eigene Berufsgruppe: Lehrer/-innen „haben immer Urlaub" und „sind Fachidioten und pädagogisch nicht ausgebildet", Sozialpädagogen „arbeiten nicht wirklich und spielen nur Kicker", „wollen alles zerreden", „sind nicht professionell" und anderes.
- Auch machen beide Gruppen die Erfahrung gesellschaftlicher Abwertung. Sozialpädagogische Fachkräfte und Erzieher/-innen erleben die gesellschaftlich vorenthaltene Wertschätzung und eine zunehmende Abwertung sozialer Berufe auch in der geringen Entlohnung, Lehrer/-innen durch einen relativen Statusverlust und die Zumutungen in einem immer dichter werdenden Arbeitsalltag.
- Nur selten bekommen sie dafür eine angemessene Anerkennung der eigenen Leistung, nur selten hören sie beispielsweise: „Den Job möchte ich nicht machen müssen!".
- Auch die Reaktionsweisen auf diese abwertenden Bilder und die vorenthaltene Anerkennung sind durchaus vergleichbar: Man versucht, die Bestätigung der Zuschreibungen zu vermeiden (z. B. als Lehrerin nicht nachmittags einkaufen gehen ...), ärgert sich über andere aus der eigenen Gruppe, die den Bildern entsprechen (z. B. über Lehrer, die tatsächlich außerhalb der Schule wenig für die Schule tun ...), sucht auch privat Kontakt zu Menschen, vor denen man sich nicht rechtfertigen muss, also oft aus der gleichen Berufsgruppe, dies gilt auch für Partnerschaften.
- Dann gibt es die Reaktion „Trotz": Man setzt sich ganz bewusst über Bilder hinweg und bestätigt die Zuschreibungen.
- Schließlich gibt es auch die Möglichkeit, souveräner und weniger defensiv mit der Situation umzugehen: mit Humor, spielerisch, mit Kokettieren. Dies erfordert aber ein gutes Selbstvertrauen, positive Erfahrungen mit der Offenheit, offene Kontakte und interessiertes Nachfragen von anderen.[32]

---

32 Zusammengestellt aus einem Workshop mit sozialpädagogischen Fachkräften und Lehrer/-innen.

Wir erleben in vielen Projekten engagierte Pädagoginnen und Pädagogen,

- die mit einem bewundernswerten Durchhaltevermögen an einer Verbesserung ihrer Einrichtung arbeiten,
- die ihre Kinder lieben, an sie glauben, und sie herausfordern,
- denen es eine Herzensangelegenheit geworden ist, den Eltern, und hier gerade auch den Eltern mit Migrationshintergrund das Gefühl zu geben, in der Schule, in der Einrichtung willkommen zu sein.

Diese Kollegen und Kolleginnen haben oft auch mit Widerständen in den eigenen Reihen zu kämpfen. Andere haben vielleicht schon resigniert und sich im Bestehenden eingerichtet. Wieder andere wehren sich gegen die erneute Zumutung, neben all den anderen Zumutungen der letzten Jahre, in denen die Schulen von verschiedenen Strukturreformen und Qualitätsentwicklungen gefordert wurden – bei gleichzeitiger Arbeitsverdichtung im Unterricht. Das Engagement der anderen fordert sie heraus, es stört. Diese Kollegen können Projekte der Elternarbeit mit ihrer blockierenden Haltung auch komplett verhindern.

Die Ausländerpädagogik, die in den 70er-Jahren als Antwort auf den Beginn der neuen Einwanderungsgeschichte der Bundesrepublik Deutschland gelehrt wurde, ist in den Köpfen vieler Fachkräfte immer noch handlungsleitend – unabhängig davon, wann sie ausgebildet wurden. Diese Perspektive ist – zugespitzt ausgedrückt – bestimmt von einem Blick auf die Defizite. Sie nimmt Migranten und Migrantinnen als Menschen wahr, die in besonderer Weise *Probleme haben* oder *Probleme machen*, die es pädagogisch zu beheben gilt, um sie für das Leben in unserer Gesellschaft fit zu machen. Diese Haltung ist Ausdruck der Normalität des Rassismus[33] in der westlichen Welt, die sich über Jahrhunderte an den Gedanken gewöhnt hat, sich den „unterentwickelten" Gegenden dieser Welt als Vorbild anzubieten und dies notfalls mit Gewalt durchzusetzen. *Wir, der zivilisiertere Teil der Welt, müssen dem Rest der Welt helfen, sich dorthin zu entwickeln, wo wir schon sind.* Dies gilt auf politischer Ebene ebenso wie auf pädagogischer. Dieses „Entwicklungshilfe-Denken" äußert sich nicht unbedingt offensichtlich abwertend oder herabwürdigend, sondern kann auch aus der ehrlichen Absicht kommen, „den anderen" helfen zu wollen.

— *Folgende Themenliste erstellte die Schulleitung an einer Grundschule mit einem Migrantenanteil von ca. 80 Prozent für einen Elternabend zu Erziehungsfragen in türkischer Sprache (das wären „auf die Schnelle meine wichtigen Punkte in ungeordneter Reihenfolge"):*

33 Paul Mecheril: Die Normalität des Rassismus. In IDA_NRW, Tagungsdokumentation „Normalität und Alltäglichkeit des Rassismus". Bielefeld 2007. www.ida-nrw.de/html/Tagungsdoku_Alltagsrassismus.pdf

- *Konsequente Erziehung: Wie setze ich angedrohte Strafen um?*
- *Grenzen setzen, Vater und Mutter sind sich einig, haben dieselbe Erziehungsmethode und dieselben Erziehungsziele.*
- *Keine Gewalt, Schläge etc., alternative Strafen aufzeigen.*
- *Ruhige Gespräche, ohne zu schreien (auch bei normaler Unterhaltung schreien Kinder sich an, sie können sich in einer normalen Lautstärke nicht unterhalten).*
- *Kein Fernsehen, schon gar nicht in Türkisch, Kinder brauchen Anregung, z. B. durch Bücher, Natur, Spiele.*
- *Bestimmte Verhaltensweisen müssen für Schule Voraussetzung sein: pünktliches Erscheinen, alle Utensilien sind im Ranzen, Schüler sind ausgeschlafen, sie haben gefrühstückt, sie gehen zu Fuß zur Schule, damit sie sich schon mal bewegt haben … Gesprächsdisziplin, Schüler können ruhig sitzen, sich längere Zeit konzentrieren, das muss eingeübt sein.*
- *Sprache, wie sprechen wir miteinander? Zuhören, wenn einer spricht, nicht ins Wort fallen.*
- *Es sind nicht immer die anderen schuld, ich (Schüler) kann mich auch anders verhalten!*
- *Interesse für die Schule muss von Eltern vorgelebt werden, sie müssen wenigstens zu Elternabenden erscheinen. Sie sollten wissen, wie unser Schulsystem funktioniert. Auch Eltern halten Gesprächstermine ein und melden sich telefonisch, wenn sie verhindert sind.*
- *Lernschwache Kinder, die auch noch ohne Anregung aufwachsen, haben in der Regelschule keinen Platz, sind überfordert, werden aggressiv.*
- *Ältere Schülerinnen sollten nicht die Verantwortung für den jüngeren Familienclan übernehmen müssen, sie sind selbst Kind.*
- *Die Schulregeln (bekommt jedes Kind zum Schulanfang) müssen eingehalten werden, sonst funktioniert ein Zusammenleben nicht.*

In einer Kleingruppe bei einem Elternnachmittag sitzen an jedem Tisch einige Eltern mit Migrationshintergrund mit einer Lehrerin zusammen. Die Stimmung am Tisch ist gut, die Unterhaltung angeregt, bis die Lehrerin zum Thema Kindererziehung die Bemerkung macht: „Also mein Sohn ist immer um halb neun im Bett, das ist doch selbstverständlich." Die Stimmung kippt. Die Eltern sind verunsichert. Sie fühlen sich belehrt.

Eine Mutter, die über wenige Deutschkenntnisse verfügt (sie versteht alles, aber das Sprechen fällt ihr schwer), geht mit ihrer Familienhelferin zur Weihnachtsfeier ihrer siebenjährigen Tochter. Die Lehrerin unterhält sich mit der Mutter. Dabei redet sie sehr langsam und vergewissert sich häufig, ob auch alles, was sie sagt, verstanden wird. Nachdem sich die Lehrerin entfernt, sagt die Frau zu ihrer Familienhelferin, dass sie sich wie ein kleines Kind vorkommt und beim nächsten Treffen nicht mehr kommen möchte.

Die Ausländerpädagogik wurde in den 80er-Jahren abgelöst von der „interkulturellen Pädagogik", die die Begegnung mit den „anderen" als Bereicherung in den Mittelpunkt stellt, aber zu einer Idealisierung des Nebeneinanders der Kulturen neigt. Der andere bleibt der andere. In der Arbeit mit Eltern äußert sich diese Perspektive beispielsweise in der Erwartung vor allem an die Mütter der Migrantenjugendlichen, Schulfeste mit typischen Spezialitäten oder Volkstänzen zu bereichern. Die interkulturelle Pädagogik ist eine Haltung, wie sie in den pädagogischen Einrichtungen heute weitverbreitet ist. Sie ist weniger abwertend als Ausländerpädagogik, kann Brücken bauen und Zeichen der Vielfalt zum Ausdruck bringen. Sie bezahlt es mit dem Preis, der kulturellen Differenz eine unangemessen große Bedeutung zuzuschreiben.

Viele Pädagogen und Pädagoginnen sind in ihrem eigenen (Mittelschichts-)Alltag weit entfernt von den Lebensrealitäten ihrer Klienten. Schon allein hier besteht – noch unabhängig von ethnisch-kulturellen Differenzen – eine „kulturelle" Befremdung. Deutlich äußert sich dies in dem Schreiben einer Förderschullehrerin an die Eltern mit der Aufforderung: *„Bitte geben Sie Ihrem Kind nur biologische Produkte mit!"* Auch die einfach in den Raum gestellte Behauptung *„Fernsehen schadet Ihrem Kind"* führt nicht dazu, mit den Eltern in Kontakt zu kommen.

Bei einer Elternaktion haben die Schulsozialarbeiterin und eine Projektmitarbeiterin die Eltern zu einem Tag mit der gesamten Lehrerschaft eingeladen. Als es vorbei war, machten sich beide Vorwürfe, in welche Situation sie die Eltern hier unvorbereitet gebracht haben. Diese wurden bei der gemeinsamen großen Veranstaltung mit vielen abwertenden Äußerungen der Lehrer/-innen konfrontiert. Dienlich für die mit dem Tag angestrebte stärkere Integration der Eltern ins Schulgeschehen war dies sicherlich nicht. Beide Gruppen hätten auf diese Begegnung getrennt vorbereitet werden müssen.

Es gibt viele institutionelle Gründe, die die Entwicklung einer selbstreflexiven offenen Haltung erschweren:

- Die Arbeitsüberlastung im Tagesgeschäft lässt wenig Zeit für Reflexion.
- Über die ausgeprägte Komm-Struktur vieler Einrichtungen werden manche Migranten und Migrantinnen aufgrund der oben ausgeführten Hemmungen und Vorbehalte gegenüber öffentlichen Stellen und Institutionen kaum erreicht.
- Die meisten Einrichtungen haben wenig Kontakt zu Migranten und ihren Organisationen im Umfeld.
- Viele Mitarbeiter/-innen haben zu wenig Informationen über die sozialpolitischen und sozialgeschichtlichen Hintergründe und die Entwicklung der Migration sowie über die kulturelle, soziale und ethnische Heterogenität der Familien mit Migrationshintergrund.

- In der Regel sind sich weder die Einrichtungen noch die darin handelnden Personen ihrer eigenen monokulturellen Ausrichtung bewusst, weil sie als normal empfunden wird. Der Gedanke, dass genau diese Normalität eine Barriere für andere darstellt, liegt fern.

Wir haben in der Beschreibung der Eltern vorgeschlagen, die eigene Wahrnehmung durch den wechselnden Blick durch verschiedene Brillen zu differenzieren. Ähnliche Brillen müssen wir – gewissermaßen als entsprechende Spiegel – für die Selbstreflexion nutzen. In jeder Situation ist man selbst mit all den eigenen unterschiedlichen Hintergründen und Positionen beteiligt. Diese Spiegel würden die eigene soziale Position sichtbar machen, eigene Privilegien, eigene kulturelle und nationale Prägungen und Verstrickungen. Dies ist vor allem eine Aufgabe der „kulturellen" Mehrheit, die in ihrer strukturell „mächtigen" Position eigene Prägungen als *normal* voraussetzt. Es geht also um zwei gegenläufige Bewegungen: Wir Mehrheitsangehörigen müssen lernen, uns selbst nicht nur als einmaliges Individuum, sondern auch als Teil von Gruppen wahrzunehmen und die anderen mehr als handelnde Subjekte denn als Angehörige von Gruppen.

3 PLANUNGSHILFEN FÜR DIE ELTERNARBEIT

In diesem Kapitel werden wichtige Hinweise zur Planung, Vorbereitung und Weiterentwicklung von Projekten der Elternarbeit und Elternbildung vorgestellt. Es gibt einige, aber leider nur wenige Rezepte, die Erfolg versprechen. In der Regel werden wir hier nur verschiedene Optionen darstellen mit ihren jeweiligen Ressourcen und Fallstricken. Diese verschiedenen Optionen sollen das Spektrum verschiedener Möglichkeiten aufzeigen, die Kreativität für wieder andere Lösungen anregen, vor allem aber auch als Entscheidungshilfen in der Planung dienen.

Die Abschnitte können in der vorgestellten Reihenfolge auch als Planungsschritte in der Vorbereitung oder Weiterentwicklung der Elternarbeit genutzt werden.

1. Wen?	→	Zielgruppe
2. Wer?	→	Beteiligung der Eltern
3. Wodurch?	→	Symbolische Repräsentation der Vielfalt
4. Wodurch?	→	Wege und Werbung
5. Was?	→	Themen und Inhalte
6. Wann und wo?	→	Zeitpunkt und Ort
7. Wie?	→	Gestaltung von Elternabenden und Veranstaltungen
8. Wie?	→	Hausbesuche
9. Wer mit wem?	→	Rahmenbedingungen und Kooperationen

3.1 ZIELGRUPPE

Bei der Neukonzipierung oder Weiterentwicklung von Projekten, der Beantragung von Geldern oder der Planung von öffentlichen Veranstaltungen gibt es zwei grundlegende Entscheidungen, die wir im Vorfeld treffen müssen:
Wollen wir die Elternarbeit für alle Eltern der Schule oder der Einrichtung so entwickeln, dass sie möglichst allen gerecht wird, oder ist es sinnvoller, spezielle Angebote nur für Eltern mit Migrationshintergrund zu machen?
Wenn wir uns für ein Angebot nur für Migranten und Migrantinnen entscheiden, gilt es als Nächstes zu klären, ob wir dieses Angebot sinnvollerweise für eine homogene Sprachgruppe bzw. ethnische Gruppe (nur für türkeistämmige Eltern, für russischsprachige Eltern, für portugiesische Eltern etc.) entwickeln oder für alle Eltern mit Migrationshintergrund.

Alle Eltern oder nur Migranten und Migrantinnen?

Gute Gründe für Angebote, die sich an alle Eltern richten

- Viele Einrichtungen sehen zwischen sogenannten bildungsfernen Familien mit oder ohne Migrationshintergrund wenig Unterschiede. Sie haben dieselben Schwierigkeiten, mit ihnen in Kontakt zu kommen. Auch die Möglichkeiten, dies zu verändern, sind weitgehend ähnlich. Ebenso sind die Themen um die es geht, meistens für alle relevant.
- Eine besondere „Behandlung" der Migrantenfamilien soll durch ein Projekt nicht noch weiter verstärkt werden. Man will niemanden ausgrenzen. Ausdrückliche Angebote für Eltern mit Migrationshintergrund sprechen die Eltern wieder als die „anderen" an, als diejenigen, die nicht dazugehören, die möglicherweise Probleme oder Defizite haben.
- Die Elternarbeit wird als Chance gesehen, Begegnungen zu ermöglichen. Die Arbeit in gemischten Gruppen lässt die Eltern mit und ohne Migrationshintergrund neben Trennendem auch Gemeinsames erleben, was sie so vorher nicht vermutet hätten. So kann auch eher das Gefühl entstehen, gemeinsame Nutzer/-innen der gleichen Schule oder Einrichtung zu sein, sodass alle sagen können „meine Schule" und nicht mehr „eure Schule".
- Für Migranten gibt die gemischte Gruppe die Möglichkeit, Deutsch zu praktizieren, sie erweitern ihre Sprachkompetenz.
- Für manche zählen hier auch ganz pragmatische Begründungen: Die eingesetzten Ressourcen sollen möglichst vielen zugute kommen, oder es gibt zu wenige Eltern mit Migrationshintergrund, als dass sich ein spezielles Angebot für diese lohnen würde.

Gute Gründe für Angebote, die sich nur an Migranten und Migrantinnen richten

- Bei vielen Projekten der Elternarbeit und Elternbildung geht es ja gerade darum, Personen zu erreichen, die mit den herkömmlichen gemischten Angeboten nicht erreicht werden.

Gerade die Offenheit der Angebote wäre für manche Eltern eine hohe Schwelle. Spezielle Angebote sind für viele Eltern niederschwelliger.

- Will man Eltern erreichen, die sich selbst nicht (mehr) als Teil der Institution sehen, sondern sich als außerhalb stehend erleben, wird man sie erst wieder an die Einrichtung heranführen müssen. Die Erwartung, dies direkt über gemischte Angebote in der Einrichtung erreichen zu können, kann unrealistisch sein.
- Gerade die Sprachbarriere, die Angst, sich mit den eigenen eingeschränkten Ausdrucksmöglichkeiten in der Zweitsprache Deutsch zu blamieren, nicht alles zu verstehen, sich nicht trauen, Fragen zu stellen usw., führt dazu, dass Familien diesen Angeboten fernbleiben.
- Will man die autonomen Strukturen der Migranten jenseits institutioneller Zusammenhänge als Zugang nutzen, geht dies fast nur mit speziellen Angeboten. Auch hier geht es um niederschwellige Zugänge mit direkter Ansprache beispielsweise über die Vereine.
- Angebote für alle Eltern hingegen drohen die besonderen Lebenssituationen von Migranteneltern und mögliche Ausgrenzungen und Diskriminierungen zu negieren, zu nivellieren und zu bagatellisieren.
- In Angeboten, die sich an alle Eltern richten, kann Begegnung nicht nur als Chance erlebt werden, sondern auch als wiederholte Ausgrenzung, Stigmatisierung oder Anfeindung. Dies schafft für die beteiligten Migranten und Migrantinnen eher neue Barrieren gegenüber einer selbstverständlichen Partizipation.
- Gruppen, die nur aus Migranten bestehen, können eher die Selbsthilfepotenziale aktivieren im Sinne von Empowerment. Diese geschützten Räume (analog beispielsweise zu geschützten Frauenräumen) ermöglichen den Beteiligten, sich offen über die gemeinsamen Erfahrungen auszutauschen, gemeinsam Perspektiven und Handlungsoptionen zu entwickeln und sich mit den erlebten Diskriminierungen auseinanderzusetzen.

Heterogene oder homogene Migrantengruppen

Gute Gründe für Angebote, die sich an alle Eltern mit Migrationshintergrund richten

- Die kulturell gemischten Gruppen bieten spezifische Lernchancen: Eltern machen die Erfahrung, dass ihre Erlebnisse nicht unmittelbar auf ihren jeweiligen kulturellen Hintergrund zurückgeführt werden können bzw. möglicherweise gerade damit in Verbindung stehen. Dies bietet die Möglichkeit der Einordnung des eigenen Erlebens in größere gesellschaftliche Zusammenhänge.
- Die Heterogenität kann direkt zum Ausgangspunkt einer Auseinandersetzung über unterschiedliche Erziehungsstile, Werte und Normalitätsvorstellungen gemacht werden – und dies entlang der Heterogenität der Gruppe: unterschiedliche Kulturen und Nationen, religiös – nicht religiös, bildungsfern – bildungsorientiert etc.

- In heterogenen Gruppen erfolgt die gemeinsame Verständigung meist über die deutsche Sprache – auch dies wird von vielen Beteiligten als Zugewinn erlebt: Die Teilnehmenden haben Sprechgelegenheiten und können lernen, sich auszudrücken – jenseits von Bewertungen und Leistungsdruck in einer allgemein wertschätzenden Atmosphäre.
- In vielen Fällen stellt sich die Frage schon aus organisatorischen Gründen gar nicht. In manchen Einrichtungen oder Stadtteilen gibt es keine Gruppe, die quantitativ genügend repräsentiert ist, als dass ein homogenes Angebot realistisch wäre.
- Ein Angebot für nur eine Sprachgruppe könnte wieder zu einer besonderen Stigmatisierung („Die haben es besonders nötig!") beitragen.
- Ein homogenes Angebot würde zudem wieder andere ausschließen, die zu Gruppen gehören, die aufgrund ihrer Unterrepräsentation oder aufgrund beschränkter Ressourcen dann gar kein Angebot erhalten würden.

Gute Gründe für Angebote, die sich nur an Migranten und Migrantinnen einer Sprachgruppe richten

- Die Tatsache, dass die Teilnehmer/-innen sich in ihrer Muttersprache ausdrücken können, gibt Sicherheit und lässt sie auch über emotionale oder konflikthafte Situationen freier sprechen. Das Gefühl des Verstandenwerdens ist größer und trägt zum Selbstbewusstsein bei.
- Die Gruppensituation ist nicht von Anspannung und/oder Leistungsdruck geprägt („Mein Deutsch ist zu schlecht"), sodass der Blick stärker auf die Ressourcen und potenziellen Lösungsansätze gerichtet werden kann.
- Es ist eher möglich, einen geschützten, sicheren Rahmen zu bieten. Es muss sicher sein, dass das Gesprochene nur in der Gruppe bleibt. So können auch Erfahrungen von Ausgrenzung und Rassismus thematisiert werden – und zwar in einer Weise, die nicht ausschließlich die Opferperspektive in den Blick nimmt, sondern durchaus auch die eigenen aktiven Bewältigungsanteile in den Vordergrund stellt.
- Für manche Frauen aus Migrantenfamilien ist es wichtig, dass die Gruppe oder auch der Ort nicht gleichzeitig von Männern besucht wird, um eine Teilnahme zu ermöglichen. Auch das ist unter Umständen in homogenen Gruppen einfacher.
- Die Erfahrung mit gemischten Migrantengruppen zeigt, dass – vor allem dann, wenn eine Sprachgruppe quantitativ dominiert, die anderen wegbleiben und eine homogene Gruppe „übrig bleibt".

Reflexion

Die Abwägung ist bei beiden Varianten (homogene oder heterogene Gruppe) ähnlich. Sollen die Energie und die zur Verfügung stehenden Ressourcen vor allem dafür verwendet werden, die Familien zu erreichen, zu denen der Zugang am schwierigsten ist, müssen manche Nachteile in Kauf genommen werden. Am ehesten niederschwellig und barrierefrei sind sicherlich die homogenen Angebote.

Vieles spricht aus unserer Sicht dafür, spezielle Angebote im Sinne von Empowerment und Stärkung auch als notwendige Schritte zu sehen, damit die beteiligten Eltern im weiteren Verlauf der Zusammenarbeit als selbstbewusste Partner auch in anderen Zusammenhängen auftreten können. So berichteten uns Mütter im Interview, dass es für sie zunächst ganz wichtig war, unter sich sein zu können und sich mit Gleichgesinnten bzw. Müttern in ähnlichen Lebenssituationen auszutauschen, dass aber nach einer gewissen Zeit der Wunsch entsteht, auch mit Eltern der Mehrheitsgesellschaft in Kontakt zu treten – für die Mütter dann jedoch aus einer anderen Ausgangsbasis heraus. Es geht unter Umständen nicht um eine alternative Entscheidung, vielmehr können die hier benannten Optionen auch als verschiedene Etappen gesehen werden.

Praxisbeispiele, bei denen dieser Weg der Stärkung von Eltern mit Migrationshintergrund, der Aktivierung ihrer Potenziale erfolgreich beschritten wurde, gibt es viele: Mütterfrühstück und Elterncafés an Kindertagesstätten und Schulen, spezifische thematische Elternabende oder Elternnachmittage an Schulen und in Jugendhilfeeinrichtungen, Informationsveranstaltungen in Migrantenvereinen etc.[34]

Zwei „Missverständnisse", die diese Diskussion oft erschweren, sollten einer pragmatischen Entscheidung nicht im Weg stehen:
Oft wird der Begriff „Interkulturelle Öffnung" so verstanden, dass nur diejenigen Maßnahmen *interkulturell* sind, die gemischt sind und direkt zu Begegnung führen. Auf eine Kurzformel gebracht: „Interkulturell ist gemischt, ist gut!" Dies ist eine Verkürzung. Ein wichtiges Ziel interkultureller Öffnung ist es, Barrieren abzubauen und Zugänge zu ermöglichen. Dies wird nicht immer direkt oder zumindest nicht nur ausschließlich über den Weg der direkten Begegnung möglich sein. Es geht oft zuerst darum, Räume anzubieten.
Das Argument, dass nur über die Durchsetzung der Amtssprache „Deutsch" in öffentlichen Räumen die Motivation zum Deutschlernen gefördert wird, ist ebenfalls zu kurz gegriffen. So wichtig es ist, Möglichkeiten zu schaffen, Deutsch zu praktizieren, so wichtig auch die Kenntnisse der deutschen Sprache für eine Beteiligung sind, so dürfen auch hier Ziel und Weg nicht verwechselt werden. Die Erfahrung in rein deutschen Sprachräumen mag manche Eltern motivieren, einen Deutschkurs zu besuchen. Viele erleben es aber eher als Druck denn als Motivation. Das Gefühl, angenommen zu sein, ist oft erst die Voraussetzung für die Bereitschaft und auch für die Fähigkeit, die Sprache zu lernen.

---

34 → Praxisreflexionen 5.3

Ein Zitat einer türkeistämmigen Kursleiterin: „Bei uns ist es ja auch so, es wird nur Deutsch gesprochen. Wir wollen die Mütter darin fördern, die deutsche Sprache zu lernen, dass sie die Gelegenheit zum Sprechen bekommen. Überhaupt die Sprache ausüben zu können. Wenn sie nur daheim sind, nur unter sich sind, in ihrer eigenen Kultur, dann haben sie ja gar nicht die Gelegenheit, die deutsche Sprache auszuüben. Aber hier bei uns im Café wissen sie, egal wenn ich Fehler mache, versteht man mich schon und zur Not kann ich jedes Wort auf Türkisch oder Russisch erklären. Und auch Frauen, von denen ich es nie gedacht hätte, die reden Deutsch, auch wenn es gebrochen ist. Wir hatten auch am Anfang gleich die Regel, alles was im Café gesprochen wird, bleibt hier und wird nicht nach draußen getragen. Und dass sich niemand wegen irgendetwas schämen muss oder sonst was. Wir lachen miteinander, aber wir lachen niemand aus."

3.2 BETEILIGUNG DER ELTERN

Die notwendige Fragestellung nach der „richtigen" Zielgruppe hat an und für sich schon einen Haken: Die Handelnden sind die pädagogischen Fachkräfte und die Migranteneltern das „Objekt der Begierde". Dieses Setting schreibt die Vertreter/-innen der Mehrheitsgesellschaft als Problemlöser und die Vertreter/-innen der Minderheiten als problematische Zielgruppe fest und reproduziert so die bestehende Struktur. Wünschenswert wäre es, den Eltern die Möglichkeit zu eröffnen, aus der Rolle der Adressaten in eine aktive Beteiligungsposition zu wechseln. Vielleicht ist dies eher eine mittelfristige Zielperspektive. Sie sollte aber von vornherein mit gedacht werden.

Einige Praxisbeispiele zeigen die vielfältigen Möglichkeiten:

- Der Empowermentansatz eines Frühstückstreffs von türkeistämmigen Müttern an einer Grundschule hat dazu beigetragen, dass die Teilnehmerinnen Vorschläge zur Gestaltung der Schulräumlichkeiten entwickelten, die nun auch verwirklicht werden.[35] Ähnlich ist es in Ettlingen verlaufen: Die Stärkung durch das Gruppenangebot ermöglichte Müttern mit Migrationshintergrund, sich für die Einrichtung spezieller Schwimmzeiten im Hallenbad einsetzen.
- Eltern mit Migrationshintergrund werden aktiv in die Gestaltung von Projektwochen an Schulen eingebunden oder sind aktiv an der Planung und Durchführung von Elternnachmittagen beteiligt.[36]
- Eltern mit Migrationshintergrund übernehmen Funktionen in Vereinen. So ist beispielsweise ein Vater Vorstand im Denkendorfer Jugendhausverein, ein anderer Vater mit Migrationshintergrund ist Vorstand eines Schulfördervereins im Landkreis Calw.
- In Ravensburg wird versucht, Eltern mit Migrationshintergrund verstärkt für die Elternbeiratsarbeit an Schulen zu gewinnen und idealerweise mit dem Gesamtelternbeirat auf eine entsprechende Quotierung dieser Gremien hinzuwirken.
- In anderen Einrichtungen haben Eltern mit Migrationshintergrund die verwendeten Instrumente der Einrichtung (Anamnesebogen, Flyer) überarbeitet und weiterentwickelt.[37]
- Eltern beteiligen sich aktiv an der Gestaltung eines Schulfestes und bringen sich mit ihren handwerklichen Kompetenzen und Stärken ein, indem sie Kindern und anderen Eltern traditionelle Knüpftechniken aus ihrem Herkunftsland vorstellen.

---

35 → Praxisreflexionen 5.3
36 → Praxisreflexionen 5.7
37 → Praxisreflexionen 5.8 und 5.10

Reflexion

Das letzte Beispiel deutet bereits wieder eine Gratwanderung an. Natürlich ist es grundsätzlich begrüßenswert, wenn sich Eltern mit ihren Stärken und Kompetenzen präsentieren können – kritisch wird es, wenn sich damit kulturalisierende Zuschreibungen einschleichen, die dann die Eltern wieder in ihrem Status „der anderen" festschreiben und sie somit nicht zum selbstverständlichen Teil des Gesamten werden. So ist unter der Beteiligungsperspektive wenig erreicht, wenn es dabei bleibt, dass Migranteneltern alljährlich das Buffet des Abschlussfestes mit kulinarischen Leckereien bestücken, sie ansonsten aber unsichtbar bleiben.

3.3 | SYMBOLISCHE REPRÄSENTATION DER VIELFALT[38]

Faktisch ist die Vielfalt der Gesellschaft längst in den Schulen wie in den Einrichtungen der Jugendhilfe angekommen. Dies ist aber häufig weder nach innen noch nach außen sichtbar. Eine Öffnung der Einrichtung ist daher auf bewusste Zeichen angewiesen. Wie zeigt man den Kindern und Jugendlichen mit Migrationshintergrund, wie den Eltern, wie der Öffentlichkeit, dass in der Einrichtung Menschen mit unterschiedlicher familiärer Herkunft willkommen und anerkannt sind?[39]

Projekte der interkulturellen Öffnung nutzen verschiedene Formen der symbolischen Repräsentation erfolgreich als Türöffner – gerade auch im Bereich der Elternarbeit:

- ein mehrsprachiges Türschild
- Symbole auf dem Flyer
- mehrsprachige Begrüßungsworte bei Veranstaltungen
- eine Begrüßungspostkarte mit den wichtigsten in der Einrichtung vertretenen Herkunftsnationalitäten in Form der Nationalflaggen, jeweils ergänzt durch ein in die Landessprache übersetztes „Herzlich willkommen"
- ein Plakat mit einem „Herzlich willkommen" in *allen* vertretenen Sprachen[40]
- Landkarten mit den Herkunftsnationen der Kinder
- ein internationales Kochbuch mit Rezepten aus den Herkunftsländern der Familien

Diese Symbole signalisieren:

- Wir sind eine offene Einrichtung, in der sich Menschen aus den unterschiedlichsten Herkunftsländern willkommen fühlen sollen.
- Wir anerkennen mit dieser Willkommensgeste, dass Migranten und Migrantinnen eine Grunderfahrung des Nichtwillkommenseins in diesen Kontakt mitbringen.
- Wir zeigen, dass nicht nur eine Person, sondern die Institution sich bewusst mit dem Thema beschäftigt hat.

Diese Willkommensgesten dienen als Eisbrecher, als Türöffner und sind insofern sicherlich wichtige Elemente der Elternarbeit. Allerdings können diese Symbole neben den gewollten auch ungewollte Botschaften transportieren. Nutzt man beispielsweise die Flaggen der Nationalstaaten als Symbol der Vielfalt, gibt es verschiedene „Probleme":

---

38 Dieser Abschnitt basiert auf dem Kapitel B.1 des djela-Handbuches.

39 → Grundsätze 1.1

40 Ein grafisch schön gestaltetes und immer wieder aktualisiertes Plakat hat das Jugendamt der Stadt München herausgegeben. Infos über: www.muenchen.de/interkult, Bezug: interkulturellearbeit.soz@muenchen.de

- Ein erster Einwand könnte sein: Was ist mit den Personen, deren Land mangels genügend Vertretern und Vertreterinnen nicht ausgewählt wurde oder die aufgrund ihres Minderheitenstatus eher in der Opposition zu dem mit der Flagge symbolisierten Nationalstaat stehen? Dem könnte man entgegenhalten, dass auch sie trotzdem durch die mit der Karte repräsentierten Grundhaltung der Offenheit angesprochen werden.
- Grundlegender ist die Frage nach unbeabsichtigten Effekten. Die im Kreis angeordneten Flaggen symbolisieren den Wunsch, dass alle Länder friedlich nebeneinander leben sollen. Aber eben nebeneinander. Darin taucht das Konzept der multikulturellen Gesellschaft auf, die alle Kulturen so zusammenbringt, dass etwas besseres Neues entsteht. Nur: Dafür müssen die Kulturen unterscheidbar und der Einzelne einer Kultur zuordenbar sein.
- Die Karte signalisiert *auch*: Du bist hier willkommen als Türke oder Albanerin. Sie legt damit nahe, dass man eindeutig zuordenbar ist, und reproduziert damit *auch* die gesellschaftlich dominante Sichtweise, die eine Mehrfachzugehörigkeit oder gemischte, „kreolische" Zugehörigkeitskonstruktionen ausschließt.
- Ein berechtigter Einwand gegen diese Kritik ist, dass viele Migranten sich selbst eindeutig zuordnen und sich dabei auch auf die Nationalflaggen beziehen. Der Einwand greift aber an dem Punkt zu kurz, als dass die Migranten und Migrantinnen ja genau unter diesen gesellschaftlichen Bedingungen auf die Möglichkeit einer eindeutigen Zugehörigkeit als Chance der Anerkennung zurückgreifen, die mit der Postkarte reproduziert wird.

Bei dem Beispiel des internationalen Kochbuches einer Schule für Erziehungshilfe stehen sich ebenfalls „Gewinne" und „Fallen" gegenüber:

- An der Erstellung waren Kinder, Eltern und Lehrer/-innen beteiligt, dabei fanden vielfältige ungewohnte Begegnungen statt.
- Das Kochbuch wurde am Tag der offenen Tür vorgestellt und ist ein schönes Aushängeschild der Schule geworden.
- Alle Beteiligten finden sich darin wieder.
- Die Mütter haben eine Wertschätzung ihrer Versorgungsarbeit erfahren.

Allerdings gibt es auch hier unbeabsichtigte Effekte:

- Der Fokus auf „international" verweist ebenfalls auf die Herkunftsländer und stellt nicht die aktuellen Lebensverhältnisse der Familien in den Mittelpunkt.
- Wenn für ein internationales Kochbuch jedes Kind nach einem Gericht gefragt wird, ist zu erwarten, dass typische Nationalspeisen genannt und dokumentiert werden.

Eine alternative Fragestellung für ein Kochbuch könnte z. B. eine Abfrage der Lieblingsgerichte der Kinder sein – zunächst ohne Bezug zu der Produktion des Kochbuches. Dann gäbe es unter Umständen eine Mischung, die auch zeigt, dass sich manche Kinder in den Essgewohnheiten mehr den nicht zugewanderten Altersgenossen angeglichen haben und andere nicht. Dies wäre eine andere – auch symbolische – Aussage des Kochbuches. Es ginge dann eher um überraschende Ähnlichkeiten und nicht nur um kulturelle Differenz.

Reflexion

Das beschriebene Dilemma lässt sich nicht einfach auflösen. Sicher wäre es falsch, daraus zu schließen, auf solche symbolischen öffnenden Aktionen zu verzichten. Interessant wäre es, nach Symbolen zu suchen, die eingefahrene Denkmuster wie die Einteilung der Menschen in Repräsentanten von Nationalstaaten oder überhaupt die Einteilung der Gesellschaft in „Wir und die anderen" nicht noch einmal reproduzieren.[41]

Die hier vorgetragenen Reflexionen sprechen also weder gegen die Begrüßungskarten noch gegen das internationale Kochbuch noch gegen eine große Weltkarte im Eingangsbereich oder Ähnliches, sondern für eine selbstreflexive Haltung und eine sich dieser Ambivalenzen bewusste Entscheidung.

Wie im Kapitel 1.1 ausgeführt, sollten die symbolischen Aussagen sich auch in der Realität der Einrichtung wieder finden. Sie würden sonst allzu leicht als reines „Marketing" entlarvt und verpuffen. Wo „interkulturell" draufsteht, sollte auch „interkulturell" drin sein.

Aktionen, die stark symbolisch aufgeladen sind und darin auch ihre Wirkung entfalten sollen, müssen sich noch einer weiteren Anfrage stellen: Hält die Einrichtung, was sie symbolisch reklamiert? Was wäre, wenn eine Einrichtung zwar in 20 Sprachen „Herzlich willkommen!" auf eine Postkarte schreibt, sich aber weigert, andere Familiensprachen in der Einrichtung anzuerkennen oder eine angemessene Sprachmittlung zu organisieren?

Der Effekt könnte dann ein gegenteiliger als der gewünschte sein: Die angesprochenen Eltern werden die Karte irgendwann im besten Fall als gelungenes Marketing empfinden, auf das sie „hereingefallen" sind. Das symbolische Zugehen muss daher mit einem tatsächlichen Zugehen auf die Eltern einhergehen.

---

41 Anregungen in diese Richtung vermittelt das Design der Homepage des Migrantenvereins „Die Unmündigen" (www.die-unmuendigen.de) oder die Postkartenaktion des Antidiskriminierungsbüros Sachsen zum Thema Alltagsrassismus (www.adb-sachsen.de/alltagsrassismus.html)

3.4 WEGE UND WERBUNG

Ein wichtiger Schritt in der Vorbereitung und Weiterentwicklung der Elternarbeit ist also die Frage nach einem guten Zugang zu Eltern.[42] Viele Akteure der Mehrheitsinstitutionen formulieren hier Hilflosigkeit und Unterstützungsbedarf: Eltern kommen nicht zu den angebotenen Elternabenden oder Elterngesprächen in die Schule oder die Jugendhilfeeinrichtung, alternative stadtteilbezogene Aktivitäten werden nur zögernd angenommen.

Um Familien mit Migrationshintergrund zu erreichen, müssen oft neue Zugangswege erprobt werden. Diese sind unbekannt, herausfordernd und benötigen Zeit – eine Ressource, über die nur wenige im Überfluss verfügen und die nur selten bei der Vorbereitung eines Projektes ausreichend mit eingeplant wird.[43]

Die erste Frage in diesem Zusammenhang ist die Form der Informationswege. Die in deutschen Institutionen gängige Praxis der schriftlichen Einladung auf dem Postweg oder über die Kinder reicht dafür aus verschiedenen Gründen nicht aus:

- In manchen Kulturen ist diese unpersönliche Einladung mit einigen Wochen Abstand bis zum Termin eher unüblich, die Familien fühlen sich dadurch nicht angesprochen.
- Dazu kann eine doppelte sprachliche Barriere kommen: Wenn die Einladung nur unzureichend verstanden wird, sei es aus Gründen fehlender Deutschkenntnisse, sei es, weil Begriffe im Brief stehen, die man nicht kennt, steigt die Angst, bei der Veranstaltung selbst sprachlich nicht mitzukommen.
- Für den Kontaktaufbau ist für viele Eltern ein vertrautes „Gesicht" notwendig. Es ist für sie unüblich, eine ihnen eher fremde Einrichtung zu besuchen, sie brauchen das Vertrauen zu einer Person.
- Manche Kinder geben die Einladungen zu Hause nicht ab, weil sie sich für ihre Eltern schämen oder denken, dass diese sich ohnehin nicht interessieren, oder weil sie kein Interesse an einem Kontakt der Eltern mit den Pädagogen haben.[44]

Zusammenfassend können wir festhalten, dass nur eine persönliche Ansprache erfolgversprechend ist. Wir stellen im Folgenden verschiedene Wege vor und kommen am Ende noch einmal auf die Bedeutung der schriftlichen Werbung zurück.

---

42 → Grundsätze 1.2
43 → Grundsätze 1.12
44 → Akteure 2.3

Werbung durch persönlichen Kontakt

Sämtliche Formen der direkten und persönlichen Kontaktaufnahme werden als überaus erfolgreich beschrieben:

- Beim Bringen und Abholen der Kinder oder bei der Anmeldung gibt es Möglichkeiten, die Eltern anzusprechen.
- Diese Ansprache muss nicht erst direkt vor einer geplanten Veranstaltung stattfinden, sondern kann auch schon lange vorher dem Kontaktaufbau dienen.
- Das Durchführen von Hausbesuchen zur Kontaktaufnahme ist zwar aufwendig, aber in manchen Fällen eine sinnvolle Investition.[45]

Auch bei der **Werbung für Elternabende** ist der persönliche Weg der erfolgversprechendste:

- Bei Eltern, die bisher nicht zu Veranstaltungen gekommen sind, kann sich der Aufwand lohnen, Einladungen persönlich zu Hause vorbeizubringen.
- Wenn es eine gemeinsame Kommunikationssprache gibt, ist auch eine telefonische Einladung möglich.
- Viele Einrichtungen haben eine zusätzliche kurze telefonische Erinnerung kurz vor dem Treffen eingeführt.

Die Arbeit mit Schlüsselpersonen

Es empfiehlt sich, in der Phase des Kontaktaufbaus auf Schlüsselpersonen aus anderen Einrichtungen zuzugehen bzw. mit ihnen zu kooperieren, die bereits aus anderen Kontexten in Kontakt mit den Eltern sind, um Aktivitäten gemeinsam zu planen und durchzuführen.[46] So können vertraute Personen die Eltern, die nicht alleine zu einer Veranstaltung in die Schule gehen wollen, das erste Mal begleiten.
Dies können beispielsweise Kollegen und Kolleginnen

- der sozialen Gruppenarbeit,
- der Schulsozialarbeit,
- der Familienhilfe,
- der mobilen Jugendarbeit,
- der Jugendmigrationsdienste etc.

sein.

45 → Planungshilfen 3.8
46 → Grundsätze 1.7

Eltern lassen sich auch sehr gut über **Schlüsselpersonen aus der Community**[47] erreichen. Wenn diese die Einrichtung oder die Mitarbeiter/-innen als vertrauenswürdig beschreiben, erleichtert dies einrichtungsskeptischen Eltern den Zugang. Die Schlüsselpersonen können auch erste Hinweise zu den üblichen Abläufen geben und eventuell als Sprach- und Kulturmittler/-innen bei den Veranstaltungen fungieren.

Es kommen verschiedene Gruppen in Betracht:
- vertraute Personen aus der Nachbarschaft
- ehemalige Eltern aus der eigenen Einrichtung
- Mentoren oder Multiplikatoren aus Vereinen und Migrantenorganisationen
- Händler/-innen aus den ethnischen Läden
- Vertreter/-innen der Religionsgemeinschaften

Für diese Arbeit ist es wichtig, die formellen und informellen Netzwerkstrukturen der Eltern zu kennen.[48] Über einen langfristigen Kontaktaufbau mit Migrantenvereinen kann erreicht werden, dass der Verein seinen Mitgliedern die Teilnahme an bestimmten Elternaktivitäten der Einrichtung empfiehlt.[49]

Mit Unterstützung von Schlüsselpersonen lassen sich auch vorhandene Gruppen nutzen, z. B. Teenachmittage, Koranlesungen, private Frühstückstreffen. So gibt es beispielsweise in türkischen Communities Gruppen, die sich regelmäßig in öffentlichen Räumen treffen, wo es möglich ist, preisgünstig zu frühstücken, z. B. bei IKEA.

Gerade weil Schlüsselpersonen für die Akteure der Elternarbeit eine so zentrale Stellung einnehmen, ist die Gefahr groß, sie „auszunutzen“ oder zu funktionalisieren:
- als Übersetzungshilfe oder für Hol- und Bringdienste oder
- indem man von ihnen erwartet, erlebte Rassismus- und Ausgrenzungserfahrungen zu glätten und möglichst konfliktfrei für die Gruppe zu „lösen“.

Dem Gewinn für die Einrichtungen muss auch ein entsprechender Gewinn für die Schlüsselpersonen gegenüberstehen. Mögliche „Währungen“ dafür sind:
- Freude
- Wertschätzung und Anerkennung

---

47 ➔ Praxisreflexionen 5.4

48 Im djela-Handbuch ist ein Projekt des Sozialtherapeutischen Vereins Holzgerlingen e.V. beschrieben, das zum einen eine Sozialraumanalyse zu diesen Netzwerken durchgeführt hat und zum anderen die Klienten der sozialtherapeutischen Familienhilfe zu ihren Netzwerken befragt hat (S. 44, S. 112).

49 ➔ Hintergründe 4.2

- Qualifizierung/Weiterbildung
- eine Aufwandsentschädigung

Mögliche Konfliktpunkte in der Arbeit mit Multiplikatoren und Multiplikatorinnen sind:

- Unterschiedliche Einschätzungen, Wertvorstellungen und Haltungen prallen aufeinander. Diese lassen sich nur dann produktiv nutzen, wenn sie offengelegt und bearbeitet werden.
- Schlüsselpersonen erwarten stillschweigend oder fordern offensiv für ihren Einsatz eine Sonderstellung und eventuell eine Sonderbehandlung für sich oder ihre Kinder.
- Wenn neue Schlüsselpersonen auftreten, kann es vorkommen, dass die bisher Aktiven den Treffen fernbleiben und mit ihnen dann auch die über sie erreichten Personen.

Die Beratungsstelle Lilith[50] wollte Elternabende an Schulen zum Thema „Schutz vor sexuellem Missbrauch" anbieten. Diese Elternabende waren absolut kein Selbstläufer. Immer wieder begegnet den Mitarbeiterinnen von Lilith große Abwehr: „Ich glaube nicht, dass da jemand kommt. Darüber wird bei uns nicht gesprochen." Der Erfolg hing alleine von den Schlüsselpersonen, ihren Kontakten und ihrer Überzeugungskraft ab. Es wurde Kontakt zu Schlüsselpersonen türkischer Herkunft in den Einrichtungen gesucht, die sich für eine Auseinandersetzung mit dem Thema öffnen konnten. Zum Teil waren dies muttersprachliche Lehrkräfte, die man über den Türkischen Elternverein kennengelernt hat, zum anderen Mütter, die vor allem über Mund-zu-Mund-Propaganda auf die geplante Veranstaltung hinwiesen.

Der Kontakt über die Kinder

Eltern lassen sich über verschiedene Wege sehr gut über ihre Kinder erreichen:

- Aktivitäten, die die Kinder betreffen, als Anlass für ein gemeinsames direktes Gespräch nutzen (z. B. die Teilnahme des Kindes an einem Ausflug)
- Eltern beispielsweise in die Schule einladen, weil ihre Kinder dort ein kleines Projekt präsentieren oder an der Gestaltung eines gemeinsamen Schulnachmittages mitwirken
- Kinder auf der Straße ansprechen und sie bitten, die Eltern vorzustellen[51]
- im Rahmen eines Projektes mit den Kindern (z. B. Fotoprojekt) Hausbesuche einplanen
- die Kinder zu Veranstaltungen mit einladen (z. B. ab Klasse 8/9), um den Eltern mehr Sicherheit auf unbekanntem Terrain zu geben
- die Kinder z. B. über die Bewirtung in die Gestaltung der Elternnachmittage mit einbeziehen

---

50 → Praxisreflexionen 5.10
51 → Praxisreflexionen 5.1

Die Bedeutung der schriftlichen Einladung

Trotz der hier betonten Notwendigkeit einer mündlichen Informationsweitergabe sollte auch zusätzlich der schriftliche, in der Einrichtung übliche Weg beibehalten bzw. weiterentwickelt werden. Selbst wenn diese schriftlichen Einladungen vielleicht nur ungenau gelesen werden, sollte man den Eltern diese in der Gesellschaft übliche Form der Informationswege nicht vorenthalten. Dabei ist darauf zu achten,

- dass nur wenige Informationen im Einladungsschreiben festgehalten sind,
- dass eine einfache Sprache verwendet wird und eingeführte Fachausdrücke übersetzt werden,[52]
- dass eine wertschätzende Sprache verwendet wird,
- dass eventuell Übersetzungen des Briefes mitgeliefert werden,
- dass bei Rücklaufzetteln immer telefonisch nachgefragt wird, wenn sie ausbleiben.

Gerne werden zur Veranschaulichung Piktogramme verwendet, so auch im Linzgau Kinder- und Jugendheim.[53] Als Zeichen für das an den Elternabend anschließende „gemütliche Beisammensein" wurden Sektgläser in der Einladung abgedruckt. Erst in der Reflexion wurde klar, dass das Symbol nicht für alle Eingeladenen die gleiche Symbolsprache spricht.

Offizielle Einladungen seitens der Stadt oder der Schule mit entsprechendem Logo können sowohl abschreckend („Oh je, was ist passiert?") als auch seriös wirken („Das ist was Wichtiges!").

Reflexion

Generell gilt: Deutlich mehr Zeit für Werbung einplanen! Die beschriebenen Formen des Zuganges können sich schnell als sehr zeitintensiv erweisen und brauchen daher eine entsprechende institutionelle Absicherung. Auf lange Sicht lohnt sich diese Investition.

Viele Kollegen und Kolleginnen entgegnen – mit der Idee der Gleichbehandlung im Hinterkopf – zu Recht, dass dies für alle Kinder nicht zu leisten sei. Diese Denkweise widerspricht jedoch der Idee der interkulturellen Öffnung grundsätzlich. Es kann nicht um Standardisierung gehen, sondern um individuelle flexible Lösungen. Das, was die eine Familie braucht, muss ich nicht allen anbieten.[54]

52 → Praxisreflexionen 5.10 und Grundsätze 1.8
53 → Praxisreflexionen 5.8
54 → Grundsätze 1.11

3.5 THEMEN UND INHALTE

Eine entscheidende Weichenstellung im Prozess der Eltern(bildungs)arbeit ist die Frage, welche Themen und Inhalte Eltern interessieren oder gar zu interessieren haben. Wer definiert welches Thema als relevant?[55] Und warum? Woher wissen wir von den Interessen und Bedürfnissen von Migranteneltern? Wie erschließen wir uns im Vorfeld wichtige Informationen? Wie gestalten wir die Planung von Angeboten? Und für welche Angebote entscheiden wir uns dann?

Eine Kollegin berichtet von ihrem Bemühen, als Schulsozialarbeiterin an einer Hauptschule gemeinsam mit Lehrern und Lehrerinnen einen Elternstammtisch zu initiieren. Sie entwickelten eine Veranstaltungsreihe zu den Themen Gender, selbstverletzendes Verhalten und Medien und hofften, dass daraus ein Elternstammtisch entstehen würde. Die Idee ging nur bedingt auf: Die Veranstaltungen wurden zunehmend schlechter besucht, der Stammtisch kam nicht zustande.

Die ehrgeizige Initiative ging offensichtlich an den Interessen und Bedürfnissen der Eltern vorbei. So sagte die Kollegin selbst, dass dies wohl eher „Kopfgeburten" der Pädagogen und Pädagoginnen waren als die tatsächlichen Fragestellungen der Eltern. Solche Situationen kommen im pädagogischen Alltag ständig vor – und wenn Migranteneltern dann die geplanten Angebote nicht wahrnehmen, wird dies schnell auf deren Desinteresse an ihren Kindern, an Erziehungsfragen, an der Schule zurückgeführt. Nur selten hinterfragen pädagogische Fachkräfte die eigene Herangehensweise wie eben diese Kollegin.[56]

Was kann Widerstände von Eltern auslösen?

Neben den genannten Barrieren wie Sprache, Ort und Zeiten gibt es noch eine zunächst weniger sichtbare Ebene: In vielen Angeboten schwingt latent ein Gefälle mit, ein Wertesystem, das suggeriert: „Wir wissen, was richtig ist und was ihr falsch macht. Ihr habt Defizite in eurem Erziehungsverhalten, in eurer Freizeitgestaltung, in eurem Medienkonsum und wir sagen euch, wie es richtig oder besser geht." Dies ist eine Gratwanderung – denn einerseits können hier durchaus Veränderungspotenziale liegen, andererseits ist entscheidend, mit welcher Haltung hier gehandelt wird. Sehr schnell spüren Eltern, wenn sie „umerzogen" werden sollen, wenn ihre eigenen Handlungsmuster nicht akzeptiert werden.

---

55 ➔ Grundsätze 1.3 und 1.5
56 ➔ Grundsätze 1.13

Zur Verdeutlichung: das Beispiel Medienkonsum

Eine häufige Rückmeldung über Familien mit Migrationshintergrund ist die Beschreibung eines sehr hohen Medienkonsums (Fernseher, Computer) mancher Kinder und Jugendlicher sowie eine entsprechende Ausstattung der Wohnräume (große Fernseher mitten im Wohnzimmer, die immer laufen). Bei vielen Mehrheitsangehörigen löst dies Unverständnis aus und Migranteneltern wird unterstellt, sie seien – qua kulturellem Hintergrund? – nicht an einer Erziehung ihrer Kinder interessiert.

— *In einem Elternseminar wird den Eltern vermittelt, so wenig wie möglich fernzusehen. Eine Mutter fragt die Kursleiterin, dass sie das nicht verstehen könne. Sie habe über den Fernseher viel lernen können. Sie verstehe nicht, warum auch die Lehrer und Lehrerinnen immer fragen, wie lange denn ihr Kind fernsehe. Ihr Sohn schaue nur Zeichentrickfilme an und sei damit zufrieden und ruhig. Ihre zwei Jahre alte Tochter könne auch nur einschlafen, wenn sie den Musikkanal einschalte. Für sie sei der Fernseher sehr hilfreich. Daher könne sie die ständige Ablehnung nicht verstehen.* —

Welche Gründe gibt es für den Fernsehkonsum?

- Für Migrantenfamilien sind der Fernseher und das Internet wichtig, weil sie die Verbindung in die Heimat herstellen. Besonders für die Weiterführung der Muttersprache sind sie ein wichtiges Medium.
- Über diese Medien informieren sich die Familien über die familiären, soziokulturellen und politischen Entwicklungen in ihren Herkunftsländern. Fernsehen ist die wichtigste Verbindung in die Welt und wichtigste Informationsquelle.
- Viele Menschen sehen den Fernseher und das Internet als Lern-, Kontakt- und Entspannungsmedium an. Mit Verwandten wird gerne gechattet oder es werden bestimmte Nationalspiele wie z. B. Back Gammon gespielt.
- Durch den Besitz von Fernseher, PC, Laptops und Handy wollen viele Familien – unabhängig von ihrer Herkunft – in erster Linie ein hohes Prestige erreichen. Je teurer und auffälliger die elektronischen Geräte sind, desto mehr können die Familien ihren Reichtum nach außen sichtbar machen: Was man besitzt, muss man auch zeigen!
- Der Fernseher läuft häufig den ganzen Tag – auch wenn Gäste kommen, wird der Fernseher nicht ausgeschaltet, weil das in manchen Familien den Gast kränken könnte. Der Gastgeber könnte dann als eingebildet und geizig gelten, der sein teures Gerät nicht mit allen teilen möchte. Außerdem kann der Fernseher als zusätzliche Unterhaltung zum gemeinsamen Gespräch dienen.

— *Ein 14-jähriger Junge schaltet gleich nach der Schule seinen Computer an und sitzt stundenlang vor dem Gerät und chattet. Sein zwei Jahre jüngerer Bruder dagegen ist gerne mit seinen Freunden draußen und spielt unter anderem Fußball. Die Eltern sind mit dem Sohn, der kaum aus dem Zimmer herauskommt, zufrieden, weil sie sich mit ihm nicht auseinandersetzen müssen. Er hält sich zu Hause auf und widerspricht seinen Eltern kaum. Die Eltern sind glücklich, wenn er die Grüße der Verwandten, mit denen er chatten kann, übermittelt. Sie sagen, dass er durch das Chatten seine Schreibfähigkeiten verbessere. Er lerne, in seiner Muttersprache besser zu schreiben und sich besser auszudrücken. Daher sitze er nicht unnötig vor dem PC. Mit dem anderen Sohn sind die Eltern unzufrieden, weil er ständig seine Kleider schmutzig macht, aktiv ist, manchmal die Regeln des Nach-Hause-Kommens nicht einhält. Die Eltern beschweren sich bei der Familienhelferin und sagen, dass sie bereit wären, den teuersten Laptop für ihren Sohn zu kaufen, wenn er auch zu Hause bleiben würde.*

Solange nicht anerkannt wird, welche Bedeutung die Nutzung der Medien für die Familien bzw. die Eltern hat, wird eine Auseinandersetzung darüber an normativen Setzungen scheitern und Eltern werden Widerstände gegen die pädagogischen Fachkräfte aufbauen.

Wie kann es anders gehen?

Schon in der Planung…

- Eine bewährte Herangehensweise ist das gemeinsame Entwickeln von Themen und Inhalten mit Eltern selbst. So berichtet uns eine Kollegin aus Backnang, dass sie mit jeder Schule einzelne Vorbereitungsgespräche mit Schulleitung, Lehrern und Lehrerinnen, Elternbeiräten und ausgewählten Migranteneltern führt, um genau herauszubekommen, welche Themen und Aktivitäten für die jeweilige Schule passend wären.[57]
- Gemeinsam mit Vertretern von Vereinen oder mit Schlüsselpersonen können wichtige Themen und Inhalte erarbeitet werden.
- Es kann zunächst sinnvoller sein, Zeit „themenlos“ in den Vertrauensaufbau zu investieren, weil erst auf dieser Basis die eigentlichen Fragen und Interessen und Bedürfnisse formuliert werden, die dann bearbeitet werden können (siehe Beispiel des Jugendhauses M).[58]

In der Kursleitung

- Sehr gute Erfahrungen werden auch damit gemacht, die Kursleitungen von Elternbildungsangeboten als interkulturelles Tandem zu besetzen – dies ist zwar nicht in jedem Fall die Ebene von Gleichen zu Gleichen, minimiert jedoch Macht- und Dominanzverhältnisse deutlich.[59]

---

57 ➔ Praxisreflexionen 5.7
58 ➔ Praxisreflexionen 5.5
59 ➔ Praxisreflexionen 5.3 und 5.9

- Die Erfahrung ist auch, dass bei muttersprachlichen Kursleitungen nochmals ganz andere Themen und Inhalte zur Sprache kommen und damit bearbeitbar werden.
- Migranteneltern können selbst als Experten eingebunden werden: So wird in vielen Elternprojekten zunehmend versucht, Mütter und Väter mit Migrationshintergrund aktiv in die Rolle von Mentoren zu bringen – ein erfolgversprechender Ansatz.

In der methodischen Umsetzung
- Migranteneltern sind sehr daran interessiert, unser Sozial- und Bildungssystem und die Akteure im Sozialraum kennenzulernen.[60] Es lohnt sich, zu bestimmten Themen und Inhalten Fachleute einzuladen. Dies können Mitarbeiter/-innen aus anderen sozialen Einrichtungen und Beratungsstellen sein, aber auch Vertreter/-innen der Verwaltung wie Bürgermeister/-innen oder Schulleitungen.
- Mit den Teilnehmern kann man die jeweiligen Institutionen aufsuchen und sich dort über deren Arbeit informieren. So können bereits wieder Zugangsbarrieren abgebaut werden.
- In jedem Falle empfiehlt es sich, solche Besuche vorher mit den Eltern vorzubereiten und Fragen zu sammeln. Sehr häufig haben Eltern ein dezidiertes Interesse daran, sich fachlich mit bestimmten Fragestellungen auseinanderzusetzen und nicht nur auf einer informellen Austauschebene.
- Hilfreich sind auch Rollenspiele, in denen konkrete Situationen wie z. B. Elterngespräche an Schulen geübt werden. Dadurch können andere Handlungsmuster spielerisch erprobt und den Teilnehmenden als Ermutigung mitgegeben werden.

Reflexion

Grundsätzlich muss reflektiert werden, welches methodische Setting der Zielgruppe angemessen ist: eher eine strukturierte Vorgehensweise (klare Themen für einzelne Treffen) oder aber das Schaffen von Freiräumen, um Gesprächsanlässe zu schaffen und die Themen und Inhalte gemeinsam daraus zu entwickeln. Es gibt Eltern, die damit überfordert wären, ihre Themen ganz offen erst entwickeln zu müssen – für diese Eltern ist es hilfreicher, anhand von vorgegebenen Themen eine Auswahl treffen zu können (z. B. durch eine Punktebewertung). In wieder anderen Settings kann dies unpassend sein. Eine Kollegin berichtet uns Folgendes von einem monatlichen Treff für türkeistämmige Mütter in Sindelfingen:

Letztes Mal war das Thema „Was haben wir in den Weihnachtsferien zusammen unternommen?". Da haben wir erst mal alles aufgelistet und dann war die zweite Frage, was hätten wir noch machen können, weil es auch teilweise eine gewisse Unzufriedenheit gab. Die Mütter haben erzählt, dass sie teilweise die Wünsche der Kinder nicht ernst genommen haben

60 → Die Akteure 2.1, Migrationsbrille

und ob das vielleicht nicht doch wichtig wäre, z. B. zum Bowling gehen oder Schlitten fahren. Einige Frauen haben erzählt, dass die Kinder in den Ferien in Koranschulen waren mit Übernachtung, und dann war hier die Diskussion, ist das gut oder nicht gut. Wir haben dann im Anschluss pro und kontra gesammelt. Wann kann ich mein Kind jemandem anvertrauen? Hier kam plötzlich das Thema „Missbrauch" auf: Was kann ich tun, wenn Missbrauch geschieht, oder wie kann ich Missbrauch überhaupt erkennen? Und jetzt wollen wir jemanden von der Beratungsstelle gegen sexuelle Gewalt einladen und hoffentlich klappt das, dass nächsten Monat jemand kommt. —

Eine andere Kollegin berichtet Folgendes von ihrem Elterncafé in Wildberg:

— *Wichtig ist, dass man flexibel ist. Wir hatten hier ein sehr großes Problem, weil der Rektor während des Schwimmunterrichts in die Schwimmhalle gekommen ist und dann war ein Riesentheater in der Stadt, wie kann der Schulleiter sich das erlauben, im Schwimmunterricht reinkommen. Und schon haben wir ein Thema gehabt für unser Elterncafé. Da hätte ich vorbereiten können, was ich wollte, jetzt war es wichtig, dass wir über dieses Thema reden. Dass der Schulleiter mit an den Tisch sitzt und man miteinander Regeln findet, wie man miteinander umgeht. Das ist manchmal ganz banal. Nein, nicht banal. Ganz spontan die Themen aufgreifen, die da sind, und besprechen.* —

Immer wieder formulieren Migranteneltern Erfahrungen von Ausgrenzung, Diskriminierung und Rassismus. Vielleicht passt es nicht in jedem Setting, dies zu thematisieren – es muss aber die Frage gestellt werden, wo und wie Räume geschaffen werden können, damit auch diese Themen ihren Platz finden.

In vertrauensvollen Gruppenkonstellationen können diese Themen auch in heterogenen Gruppen (also migrantische und nicht migrantische Eltern) aufgegriffen und zum Austausch über gegenseitige Zuschreibungsprozesse genutzt werden. So berichten uns Kollegen und Kolleginnen, dass es für Migranteneltern durchaus anregend und auch entlastend sein kann, wenn sie erfahren, dass auch Mehrheitsangehörige mit ähnlichen Problemen zu kämpfen haben wie sie, oder dass bestimmte Dinge eben nicht auf kulturelle Determinanten zurückgeführt werden können.[61]

61 ➔ Praxisreflexionen 5.3

3.6 ZEITPUNKT UND ORT

Die Zielgruppe ist gewählt, Strategien der Kontaktaufnahme sind entwickelt, Themen und Inhalte beschrieben. Spätestens jetzt stellt sich die Frage, welcher Zeitpunkt und welcher Ort beispielsweise für eine Infoveranstaltung oder für einen Elternbildungskurs am besten geeignet sind.

Wann ist der beste Zeitpunkt?

Bei der Frage nach dem besten Zeitpunkt, um Eltern mit Migrationshintergrund zu erreichen, ist es zunächst notwendig, eingeführte Gewohnheiten auf den Prüfstand zu stellen. Muss der Elternabend immer ein Abend sein? Können wirklich alle Eltern zur gleichen Zeit erreicht werden? Bei unseren Recherchen sind wir auf die unterschiedlichsten Argumente für die angeblich am besten geeigneten Zeiten gestoßen: Es gibt hier keine verallgemeinerbaren Richtlinien. Alle waren sich aber einig, dass die Zeit individuell mit den Akteuren ausgehandelt werden sollte.

Folgende Optionen und Argumente sind uns begegnet:

- möglichst am Vormittag, während die Kinder betreut sind
- für Frauentreffen aber nicht am Montagvormittag, weil die Frauen direkt nach dem Wochenende meist keine Zeit haben – das Wochenende mit seinen vielen Besuchen hat Müdigkeit und die Notwendigkeit hinterlassen, den Haushalt erst wieder auf die Reihe zu bekommen
- am Nachmittag, wenn zusätzliche Kinderbetreuung angeboten werden kann
- speziell an denjenigen Nachmittagen, z. B. Montagnachmittag, an denen die Kinder und Jugendlichen nicht so sehr verplant sind
- nur abends, damit auch Berufstätige erreicht werden können
- niemals am Freitag, da dies im Islam ein Feiertag ist
- gerade am Freitagnachmittag, weil da die Männer in der Moschee sind und Mütter dann Zeit haben
- nicht während Fußballübertragungen der wichtigen Mannschaften im Herkunftsland
- nicht zu den Übertragungszeiten wichtiger türkischer Soaps

Diese Vorschläge gehen vor allem von den Bedürfnissen der Mütter aus. Für berufstätige Väter bleibt sicherlich der übliche Abendtermin die oft einzige Möglichkeit. Allerdings hat ein Elternprojekt in Mössingen sehr gute Erfahrung gemacht mit einem Besuch des Berufsinformationszentrums an einem Samstagvormittag. Da kamen auch die Männer mit.

Reflexion

Dass es den richtigen Zeitpunkt nicht gibt, liegt in erster Linie an der oft nicht bedachten Heterogenität der Zielgruppe. Dazu kommen spezifische Arbeitssituationen vieler Migranteneltern wie Schichtarbeit oder die Notwendigkeit, an mehreren Arbeitsstellen nebeneinander tätig zu sein, um den Lebensunterhalt zu sichern.

Im Gegenzug berichten uns Praktiker/-innen auch, dass in der momentanen schlechten Wirtschaftslage sehr viele Männer von Kurzarbeit betroffen sind, was sich darin bemerkbar macht, dass mehr Väter bei Elternbildungsangeboten und Veranstaltungen präsent sind.

Wo ist der beste Ort?

Auch die Frage des besten Ortes lässt sich nicht eindeutig beantworten. Wir wollen drei Kategorien von Orten unterscheiden und jeweils Vor- und Nachteile darstellen.

Treffpunkt Institution

Der im wahrsten Sinne des Wortes naheliegendste Ort ist die ausrichtende Einrichtung selbst:

- Der Ort ist bekannt und relativ neutral.
- Zudem geht es ja genau darum, diesen Ort „zugänglich" zu machen. Ziel jeder Elternarbeit muss sein, dass alle Eltern diese Räume als ihre Räume begreifen. Das geht nur, wenn sie sie erleben.

Allerdings sind genau diese Räume für bislang schwer zu erreichende Familien ein „Auswärtsspiel" mit allen Folgen:

- Sie haben nicht das Gefühl, die Regeln mitbestimmen zu können und empfinden gegenüber den Einrichtungen Anpassungsdruck.
- Eltern berichten, dass sie sich hier sofort „klein" fühlen, wenn sie das Gebäude betreten. Sie können sich nicht selbstverständlich bewegen und ihre Interessen „einfach so" einbringen.

Die Räume der Migranten und Migrantinnen

Die Idee, für den Aufbau von vertrauensvollen Kontakten eher in die Räume der Migranten zu gehen, liegt daher nahe:[62]

- Dort haben Sie ein „Heimspiel", fühlen sich sicher und können selbstbewusster den Kontakt aufnehmen.
- Die Räume sind bekannt, die Zugangsbarrieren sind niedrig.
- Auch traditionell-patriarchale Familien werden diese Räume eher besuchen.

Dies können öffentliche Orte sein wie Räume in Migrantenvereinen oder Moscheen etc., aber auch privat organisierte Treffen in Cafés oder den Wohnungen der Beteiligten bzw. von in die Arbeit einbezogenen Schlüsselpersonen.

---

62 → Hintergründe 4.2

Allerdings kann dies nur ein erster Schritt sein:

- Der Zugang zu den Einrichtungen selbst wird so nicht erreicht.
- Häufig sind diese Räume nur für eine jeweils spezifische Gruppe attraktiv, sodass andere Migranten fernbleiben.

Dritte Räume

Manche machen gute Erfahrungen mit informellen Treffpunkten, falls der Weg zur Schule eine Hürde darstellt. Ein Elterncafé hat den privaten Garten der Projektmitarbeiterin als Treffpunkt für das erste Treffen gewählt und damit gute Erfahrungen gemacht:

- Die Mitarbeiterin signalisiert damit, sich auch als Person in die Arbeit einzubringen.
- Der Rahmen ermöglicht ein eher offenes informelles Treffen zum Kennenlernen.

Wieder andere berichten davon, dass sie die Mütter zunächst an den Orten aufsuchen, an denen diese sich sowieso aufhalten – und sei es bei IKEA, wo sie zu günstigen Preisen miteinander frühstücken können:

- Das sind „Orte des Vertrauens", Alltagsorte.
- Sie sind öffentlich und doch haben die Frauen hier eine Art „Heimspiel".

Allerdings sind diese Räume eher für einen Einstieg als für eine langfristige Arbeit geeignet.

Reflexion

Ein Elterntreff war in einer Schule zusammengekommen, danach ist er in ein in der Nachbarschaft der Schule eröffnetes Stadtteilzentrum umgezogen. Für die Elterngruppe selbst war beides gleich gut. Die zuständige Schulsozialarbeiterin sieht darin aber einen Verlust für die Schule, weil der Nebeneffekt des Elterntreffs eben gewesen sei, sich „die Schule anzueignen". Das Stadtteilzentrum wollte die Gruppe nutzen, um die Einrichtung zu beleben und die Frauen in die Einrichtung zu holen. Die Frage des Ortes wird also nicht immer nur nach den Kriterien des besten Zugangs entschieden, sondern es bestehen auch institutionelle, manchmal gegensätzliche Interessen.

Beim Sindelfinger HIPPY-Projekt sind verschiedene Raumvarianten einbezogen. Die Mütter werden „zu Hause abgeholt", die Privaträume sind die zentralen Orte des Programms. Gleichzeitig finden aber die Gruppentreffen in öffentlichen Räumen, in der Regel in der Kindertagesstätte statt. Dies führt dazu, dass die Mütter sich auch diese Räume aneignen. Als es im Einzelfall dazu kam, dass die Hausbesucherinnen oder die besuchten Mütter den Kontakt in den privaten Räumen nicht wollten, weil ein so persönlicher Kontakt mit einer Person aus der Community kulturell unüblich sei, wurden für diese Treffen dritte Räume genutzt.

Die Erzieher/-innen der beteiligten Kindertagesstätten berichteten übereinstimmend, dass dieses Konzept des „In-die-Räume-Hereinholens“ dazu geführt hat, dass der Kontakt zu den Müttern viel intensiver wurde.[63]

63 → Praxisreflexionen 5.4

3.7 GESTALTUNG VON ELTERNABENDEN UND VERANSTALTUNGEN

Wie können eingefahrene Formen und Methoden der Elternarbeit weiterentwickelt werden?

Schon **im Vorfeld** gilt es zu überlegen, wie man der Veranstaltung den Charakter einer hohen **Verbindlichkeit** geben kann. Wir müssen den Eltern vermitteln, dass ihre Präsenz wichtig ist, dass wir sie brauchen und erwarten und dass positive Veränderungen und Erfolge nur mit ihrer Teilnahme möglich sind.

Manche Einrichtungen gehen so weit, die Veranstaltung als Pflichtveranstaltung zu benennen und mit Sanktionen zu drohen, wenn Eltern nicht kommen.

- Dafür spricht, dass die Chance erhöht wird, dass überhaupt Eltern da sind. Wenn es dann gelingt, in Kontakt zu kommen, war alles richtig.
- Dagegen spricht, dass es nicht sehr einladend wirkt, wenn vor dem ersten Kontakt die Verpflichtung und der Druck stehen. Vor allem dann, wenn es nicht gelingt, die Eltern in einer Weise anzusprechen, dass sie sich angenommen fühlen, kann dies eher ein Rückschritt sein.

Wir wollen hier verschiedene Anregungen geben, wie eine **gute Atmosphäre** hergestellt werden kann.

- Die Begrüßung durch die Schulleitung bei speziellen Veranstaltungen wertet das Treffen auf.
- Für manche Migranten und Migrantinnen ist es sehr ungewohnt, dass es „gleich zur Sache" geht. Vielleicht ist es möglich, nach einer Begrüßung zunächst einen eher informellen Rahmen des Austausches zu schaffen.
- Dies wird erleichtert durch eine angenehme Atmosphäre. In manchen Schulen ist der Elternbeirat eingebunden und sorgt für Getränke und eventuell Verpflegung.
- Manche Einrichtungen bitten auch die Eltern, etwas mitzubringen, damit sie das Gefühl haben, zum Gelingen des Abends beizutragen. Andere wollen dies bewusst nicht, da sonst schnell ein eher zu informeller Charakter entsteht.
- Die Einbindung der Kinder durch die Präsentation kleinerer Projekte, eines Liedes, einer Bilderausstellung o. Ä. lockert die Atmosphäre ebenfalls auf.
- Andere verknüpfen ihre Angebote für die Eltern mit zum Teil in den gleichen Räumen stattfindenden Bastelangeboten für die Kinder.
- In einem Elternprojekt in Mössingen hat eine Hauswirtschaftsklasse das an einem Nachmittag angesetzte Elterncafé als Übungsfeld genutzt. Die liebevolle Vorbereitung und die Einbeziehung der Kinder werteten diese Veranstaltung deutlich auf.

Die klassische **Form des Elternabends** als Frontalveranstaltung ist sicherlich am wenigsten geeignet, Eltern einzubinden, die aus verschiedenen Gründen eher eine Distanz zu der Einrichtung haben.

- Schon eine andere Sitzordnung, z. B. in Sitzgruppen, kann die Atmosphäre verändern.
- Ein Schulrundgang oder die Besichtigung eines neuen Raumes kann die steife Stimmung auflockern.
- Gesprächsmöglichkeiten in kleinen Gruppen erleichtern es den Teilnehmenden, die gehemmt sind, in größeren Gruppen zu sprechen, sich zu Wort zu melden. Allerdings darf dies nicht dazu führen, dass jemand, der auch hier den Mut nicht findet, sich zu äußern, zu sehr unter Druck gerät und dann vielleicht das nächste Mal wegbleibt.

Eine wichtige Überlegung im Vorfeld ist die **Gestaltung der Kommunikation** unter den Bedingungen der Mehrsprachigkeit. Wir diskutieren dieses zentrale Thema unten ausführlicher.[64] Hier nur einige Gestaltungsideen:

- Aufgabe der veranstaltenden Mitarbeiter/-innen ist es, den Eltern zu vermitteln, dass man den zusätzlichen Verständigungsaufwand gerne in Kauf nimmt. Hier gilt es auch gegenüber anwesenden muttersprachlich deutschsprachigen Eltern eine klare Haltung einzunehmen.
- Aufwendig, aber lohnend ist die Organisation von Sprachmittlung. Da es in aller Regel mehrere relevante Sprachen sind, die einer Sprachmittlung bedürfen, bietet sich an, die Sprachgruppen an Tischen zu verteilen und entweder Eltern zu bitten, hier bei Unklarheit zu dolmetschen, oder aber Mentoren aus den Vereinen oder Sprachmittlerpools sowie Kollegen und Kolleginnen aus Jugendmigrationsdiensten zu bitten.

64 ➔ Hintergründe 4.1

3.8 HAUSBESUCHE

Neben Veranstaltungen in den Einrichtungen oder anderen öffentlichen Räumen werden verstärkt Hausbesuche als wichtiger Zugang zu bildungsfernen Familien gefordert. Die Vorteile können sein:

- kleinere informelle Treffen zur besseren Kontaktaufnahme mit den Familien
- Elterngespräche anlässlich aktueller Problemsituationen
- gezielte Bildungsangebote, die reihum in Familien stattfinden

Was können Hausbesuche erreichen?

- Der Kontakt findet für die Eltern auf vertrautem Terrain statt. Sie sind sicherer und selbstbewusster.
- Die Eltern können dem Pädagogen/der Pädagogin weitere positive Seiten der Familie zeigen (z. B. Gastfreundschaft, Zusammenhalt, Ausstattung der Wohnung) und dafür Wertschätzung erfahren.
- Viele Eltern üben gerne ihre Rolle als Gastgeber aus und werden sich entsprechend auf den Gast vorbereiten. Dadurch sind sie lockerer und entspannter als bei dem Besuch einer Einrichtung.
- Die in den Hausbesuch investierte Zeit wird als Wertschätzung gesehen: *„Hier interessiert sich jemand für uns, jemand kommt extra zu uns!"* Im gelingenden Fall kann das Gefühl entstehen, dass man um eine gemeinsame Lösung der bestehenden Schwierigkeiten bemüht ist.
- Gerade weil manche Migrantenfamilien ein anderes Konzept von der Trennung von privaten und öffentlichen Räumen haben, fühlen sie sich erst dann, wenn der Pädagoge/die Pädagogin sie außerhalb der Schule erlebt, in ihrer Ganzheit wahrgenommen.
- Die pädagogischen Fachkräfte bekommen so einen umfassenderen und vielleicht auch überraschenden Eindruck von den Lebensverhältnissen der Familie.

Was kann gegen Hausbesuche sprechen?

- Manche Eltern wollen nicht zu Hause besucht werden, die Assoziationen sind eher negativ.[65] Es bestehen Befürchtungen, dass nach außen ein Bild transportiert werden könnte, dass die Familie Probleme habe, die sie nicht mehr bewältige. Die Inanspruchnahme außerhäuslicher Hilfe kann bedeuten, dass die Familie nicht intakt sei, was zu dem Gefühl von Scham und Peinlichkeit führen kann. Daher wird gelegentlich versucht, den Besuch zu ver-

65 Ahmet Toprak, der sich schon seit Jahren mit dem Erziehungsverhalten türkeistämmiger Familien auseinandersetzt, kommt zu dem Schluss, „dass Hausbesuche, sei es im Kontext von Schule, Erziehungshilfe oder Schuldnerberatung etc., in der Regel negativ bewertet werden." (Toprak, A.: Stolpersteine und Türöffner. Hausbesuche bei Migranten aus der Türkei. In: Forum Erziehungshilfen 1/2009, S. 26. Eine ausführlichere Version findet sich in Toprak 2004, 60 ff.).

heimlichen oder zu beschönigen. *„Dann wird aus dem Besuch der Lehrerin aufgrund von schulischen Problemen ein Besuch, weil die Lehrerin gekommen ist, um uns zu fragen, ob wir unsere Tochter aufs Gymnasium schicken möchten." (ebd.)*

- Für manche Eltern ist es unangenehm, die privaten Lebensverhältnisse zu zeigen, weil sie sich für ihre sozialen Verhältnisse schämen oder andere Dinge zum Vorschein kommen könnten, die man lieber verheimlichen will (Sucht, Unordnung, psychische Probleme usw.).
- Andere sorgen sich, ob sich der Gast den Regeln des Hauses entsprechend verhält (Ausziehen der Schuhe in manchen muslimischen Familien, Respekt gegenüber den Geschlechterrollen usw.).

Ahmet Toprak hat einige zentrale Punkte zur Gestaltung von Hausbesuchen zusammengetragen.[66]

Türöffner für Hausbesuche sind:

- persönliche Vereinbarung eines Termins, immer in Anlehnung an die Terminvorstellungen der Eltern und niemals während religiöser Feiertage oder des Fastenmonats
- Abendtermine, möglichst mit beiden Elternteilen
- ggf. Schuhe ausziehen
- Smalltalk zum Vertrauensaufbau
- Interesse an der gesamten Familie zeigen und sich nach allen Kindern erkundigen
- Interesse des Gesprächs offenlegen: das Wohl des Kindes
- auf die Schweigepflicht und deren Einhaltung verweisen
- praktische Tipps bei kleineren Problemen – durch diese Dienstleistung baut sich Vertrauen auf
- ressourcenorientierte Vorgehensweisen
- Zuverlässigkeit und Verbindlichkeit: Absprachen werden eingehalten und umgesetzt

Stolpersteine bei Hausbesuchen sind:

- umfangreiche und dicke Ordner
- Einladung zum Essen und besonders zum Trinken ablehnen
- unsensibler Umgang mit dem Anlass des Hausbesuches: Konflikte eher indirekt ansprechen
- Eltern vor den Kindern belehren und damit bloßstellen
- Berufswünsche für die Kinder als unsinnig oder unrealistisch abwerten – lieber mit den Eltern diskutieren, was passieren muss, damit das Kind diese erreichen kann
- Probleme und Defizite in den Vordergrund stellen
- starre Vorgehensmuster für Hausbesuche entwickeln

---

66 Vgl. ebenda

Im Linzgau Kinder- und Jugendheim[67] hat in einem etwas heiklen Fall der Elternarbeit die Mitarbeiterin bewusst gewartet, bis sie zum Hausbesuch eingeladen wurde, um sich nicht aufzudrängen.

Reflexion

Nirgends sonst ist der Kontakt so intim wie bei einem Hausbesuch. Die Begegnung ist nicht mehr geschützt durch den klaren Rahmen der Institution. Auch die pädagogischen Fachkräfte kommen hier in ungewohnte und unplanbare Situationen. Dies ist sicherlich – neben dem großen Aufwand – auch ein Grund, warum viele Akteure Hausbesuchen ablehnend gegenüberstehen. Hausbesuche können gerade deswegen aber auch ein spannendes Lernfeld sein, wenn es dafür einen entsprechenden Rahmen gibt. Andernfalls können Hausbesuche auch viel kaputt machen – auf beiden Seiten.

Eine Grundschulrektorin erwidert auf den Vorschlag, Hausbesuche zu machen, dass ihre Mitarbeiterinnen mit Hausbesuchen schlechte Erfahrungen gemacht hätten. Es wären zwar nicht viele gewesen, aber die wenigen hätten ausgereicht, um keine weiteren zu planen. Die Erfahrungen wären: Während des Besuchs sei der Fernseher gelaufen, dadurch habe sich das Desinteresse der Eltern bestätigt. Eine andere Familie hätte die Tür von innen abgeschlossen. Die Lehrerin hätte sich schutzlos der Familie ausgeliefert gesehen und wäre die ganze Zeit beunruhigt gewesen.

- Welchen Unterschied macht es, ob die aufsuchende Lehrerin den laufenden Fernseher als ein wichtiges Kommunikationsmedium dieser Familie sieht oder diesen als Ausdruck von Desinteresse deutet?[68]
- Wie wäre es, wenn statt der mehrheitsangehörigen Lehrerin eine muttersprachliche Fachkraft käme oder zumindest unterstützend mit dabei wäre?
- Welche Bedeutung hat das Abschließen der Türe für die Familie und welche Gefühle und Irritationen löst dies bei der aufsuchenden Lehrerin aus? Verallgemeinert gefragt: Was kann verstanden werden und wo stößt das eigene Verstehen an Grenzen? Und wie kann handlungsorientiert damit umgegangen werden?

Solche Fragen sind zu klären – mit sich selbst, im kollegialen Austausch, in der Fachreflexion oder aber mit Schlüsselpersonen aus ähnlichen Lebenssituationen wie die zu besuchenden Familien. So empfehlen manche Kollegen, gerade in der Aufbauphase der Kontakte Hausbe-

67 ➔ Praxisreflexionen 5.10
68 ➔ Planungshilfen 3.5

suche vor allem mit der Unterstützung muttersprachlicher Schlüsselpersonen zu machen[69] – sie sind ein zentraler Türöffner. Gleichzeitig müssen hier jedoch auch Grenzen beachtet werden: Zu viele Berührungspunkte zwischen den Familien und möglichen Schlüsselpersonen können zum Stolperstein werden, da so möglicherweise die Ängste vor dem Gesichtsverlust in der eigenen Community verstärkt werden.

69 → Grundsätze 1.7

3.9 RAHMENBEDINGUNGEN UND KOOPERATIONEN

Zum Ende dieses Kapitels kommen wir noch auf die institutionellen Rahmenbedingungen zu sprechen. Vielleicht müsste dies auch der erste Schritt der Überlegungen und Planungen der Elternarbeit sein. Der Erfolg der Weiterentwicklung der Elternarbeit hängt nicht unwesentlich davon ab, ob entsprechende Projekte gut in die Institution eingebunden sind. Wenn wir die in dieser Handreichung beschriebene Qualitätsentwicklung im Bereich der migrationssensiblen Elternarbeit als Projekt der interkulturellen Öffnung begreifen, können wir hier einige Eckpfeiler benennen, die sich bei Öffnungsprozessen als hilfreich erwiesen haben.[70]

Die Rolle der Leitung

Interkulturelle Öffnung ist ein Organisationsentwicklungsprozess und damit Führungsaufgabe:

- Die Organisation selbst begibt sich auf unsicheres Gelände und muss zu einer lernenden Organisation werden.
- Dies kann nur gelingen, wenn die Führungskräfte zum einen den Weg der Verunsicherung selbst mitgehen und nicht „nach unten" delegieren und zum anderen so viel Sicherheit vermitteln, dass die Mitarbeiter/-innen sich auf neue Wege einlassen können.
- Eine nachhaltige Entwicklung ist nur möglich, wenn der angestoßene Entwicklungsprozess von den Mitarbeitern nicht nur als zusätzliche Zumutung „von oben" empfunden wird.
- Ausgangspunkt für die interkulturelle Öffnung kann die Entwicklung strategischer Ziele und Visionen sein.
- Ein sinnvoller Start für einen Prozess der interkulturellen Öffnung ist eine bewusste Entscheidung der Führungsebene, für einen begrenzten Zeitraum von ein bis drei Jahren die Befassung mit dem Thema Migration als Unternehmensziel festzuschreiben.[71] Damit wird allen Beteiligten die Bedeutung des Themas klar. Die Leitung hat sich eindeutig positioniert.
- Übernimmt die Führungskraft selbst die Leitung des Projektes, gibt dies dem Projekt einerseits eine hohe Wertigkeit und die Projektkoordination ist mit hoher Handlungskompetenz ausgestattet.[72] Andererseits birgt dies auch verschiedene Gefahren:
  - Widerstände gegen die Leitung können auf das Projekt übertragen werden.
  - Mitarbeiter/-innen sind zu wenig in den Lernprozess einbezogen.
  - Das Thema geht im Alltag der Führungskraft unter.
- Es spricht also einiges für eine „echte" Delegation an einen Mitarbeiter oder eine Mitarbeiterin:

70 Siehe ausführlicher djela-Handbuch , Kapitel C, Interkulturelle Öffnung als Prozess der Organisationsentwicklung
71 Siehe beispielhaft den im djela-Handbuch beschriebenen Prozess des Berufsbildungswerks Waiblingen gGmbH, Kapitel C.
72 ➔ Praxisreflexionen 5.10

- Die Leitung sorgt dafür, stets auf dem Laufenden zu sein.
- Sie stellt die notwendigen Zeitressourcen zur Verfügung und ermöglicht bei Bedarf die Teilnahme an Fortbildungen.
- Sie zeigt Wertschätzung für die Arbeit auf symbolischer Ebene (z. B. Einladung zum Essen).
- Sie fordert konkrete Ergebnisse und kontrolliert dies auch.
- Sie sorgt für die notwendige Kommunikation nach innen, um die Loyalität der Mitarbeiter/-innen herzustellen.

— *Im unten beschriebenen Praxisprojekt Backnang*[73] *wird diese Erfahrung bestätigt: „Gut gelaufen ist es vor allem an der Schule, in der der Rektor selbst in der Planungsgruppe dabei war und dahinter stand, eher schlecht an einer Schule, wo genau das Gegenteil der Fall war und der Rektor das Thema nach unten delegiert hat und sich dann nicht mehr darum gekümmert hat."* —

Der Prozess als Projekt

In den meisten Fällen ist die Einrichtung einer **Projektgruppe** unverzichtbar:

- Für ein erfolgreiches Projekt braucht es „Energieträger" mit einer Vision und gleichzeitig eine Struktur, in der die einzelnen Arbeitspakete auf mehrere Schultern verteilt sind.
- Um einzelne Mitarbeiter/-innen für eine Projektmitarbeit zu gewinnen, muss der Nutzen klar sein, den sie dadurch haben. Der fachliche Gewinn kann z. B. in Fortbildung und/oder Projektberatung bestehen.
- Für die Auswahl der Beteiligten sind neben dem persönlichen Interesse und der fachlichen Kompetenz auch die Stellung im Team und die notwendige Anerkennung durch die anderen Beteiligten wesentlich.
- Die Verantwortlichen für die Projektkoordination werden zu Mentoren des Themas in der Einrichtung.
- Vereinbarte Arbeitsaufträge werden eigenverantwortlich von den Mitgliedern der Steuerungsgruppe erledigt, die bei Bedarf weitere Mitarbeiter/-innen der Einrichtung an der Planung und fachlichen Weiterentwicklung beteiligen.
- Die Projektgruppe wird nur so lange funktionieren, solange alle im wörtlichen Sinne „beteiligt" sind.
- Das Projekt oder zumindest die Projektgruppe muss einen definierten Anfang und ein definiertes Ende haben.

---

73 ➔ Praxisreflexionen 5.7

Für die Projektentwicklung ist gerade bei Prozessen der interkulturellen Öffnung eine externe **Beratung** trotz der entstehenden Kosten in vielen Fällen sinnvoll:

- Zur Unterstützung bei der Strukturierung der Projektplanung, bei der Auftrags- und Rollenklärung sowie im Konfliktmanagement
- Zur Anregung von Lernprozessen durch „störende" Reflexionsfragen
- Zur Ermutigung und Absicherung auf unsicherem Gelände und bei Widerständen in der Mitarbeiterschaft[74]

Mit einem entsprechenden Auftrag der Leitung sowie kompetenten Fachkräften können selbstreflexive institutionelle Lernprozesse auch ohne externe Beratung erfolgreich durchgeführt werden.[75]

Projektfinanzierung

Entwicklungsprojekte können nicht immer mit den bestehenden Ressourcen der Einrichtung geschultert werden. Sie brauchen eine zusätzliche finanzielle Unterstützung durch Projektmittel der Kommune, des Landes, des Bundes, des Europäischen Sozialfonds oder von Stiftungen.

So sinnvoll und notwendig es ist, auf diese Mittel zurückzugreifen, wollen wir hier doch auf einige **Gefahren** hinweisen, die mit dieser Art der Finanzierung verbunden sind:

- Es ist zu prüfen, ob der oft hohe Aufwand, diese Gelder zu akquirieren, zu verwalten und abzurechnen, im Verhältnis zum Nutzen gerechtfertigt ist.
- Es sollte von vorneherein bedacht werden, wie die in der Projektlaufzeit durch die zusätzlichen Ressourcen ermöglichten Angebote nach Projektende weitergeführt werden können. Immer wieder werden gut laufende Projekte abgebrochen, weil keine Nachfolgefinanzierung gefunden werden kann.[76]
- Um Projektgelder zu akquirieren, neigt man dazu, die Ausgangslage möglichst dramatisch zu schildern, dabei die Notwendigkeit des Projektes mit den Defiziten und Problemen der Zielgruppe zu begründen und entsprechende Angebote und Aktivitäten zu formulieren. Defizitzuschreibungen und Stigmatisierungen wirken in der Praxis blockierend. Es bedarf dann einer reflexiven Leistung, diese taktische Schere im Kopf wieder loszuwerden.

---

74 ➔ Praxisreflexionen 5.10

75 ➔ Praxisreflexionen 5.9

76 So beispielsweise in dem unten beschriebenen HIPPY-Projekt in Sindelfingen (➔ Praxisreflexion 5.4), in der eine individuell ausgerichtete und daher kostenintensive Maßnahme trotz des Erfolgs nicht weitergeführt wurde, weil die Kosten von ca. 1.500 € pro Jahr und teilnehmende Familie als zu hoch eingestuft wurden.

Auf politischer Ebene sollte geklärt werden, inwieweit Elternbildungsarbeit als Teil des Auftrags der Kinder- und Jugendhilfe verstanden werden kann. Dies würde bedeuten, das Thema der Elternbildung jeweils mitzudenken und auch diesbezügliche Finanzierungen bereitzustellen. Hierfür müsste die Kommunalpolitik gewonnen werden, um so die Nachhaltigkeit derartiger Projekte zu sichern.

Kooperationsprojekte

Manche Projekte zum Thema Elternarbeit werden als Kooperation zwischen Schulen und Einrichtungen der Jugendhilfe oder der Stadt durchgeführt. Dies ist insofern spannend, als es hier allein schon durch die Kooperation oft zu „interkulturellen" Begegnungen kommt. Es treffen zum einen zwei unterschiedliche Systeme mit ihren jeweiligen internen Abläufen und Kulturen und zum andern zwei Berufsgruppen mit ihren gegenseitigen Zuschreibungen aufeinander.

Gelingt die Zusammenarbeit, besteht neben der fachlichen Weiterentwicklung auch eine große Chance, bestehende Vorbehalte abzubauen und neue Kooperationsstrukturen aufzubauen.

Dafür sind entsprechende Rahmenbedingungen nötig und vor allem eine klare Auftrags- und Rollenklärung:[77]

- Auch wenn die Akteure von außen kommen, muss bei den Institutionen ein wirkliches Interesse da sein. Wenn die Institutionen die Unterstützung für diese Projektarbeit „nachgetragen" bekommen, schlägt dies auch auf die Haltung der externen Projektmitarbeiter/-innen durch, nicht zu viel verlangen zu können und – überspitzt ausgedrückt – schon dankbar dafür zu sein, dass es überhaupt zu einer Kooperation kommt.
- Bei externen Projekten hat sich gezeigt, dass eine Beratung der Leitung bei der Projektplanung, aber auch bezogen auf die Realisierbarkeit der benannten Ziele im Verhältnis zu den Ressourcen sinnvoll ist. In jedem Fall muss die Leitung in die Auftragsklärung zwischen Berater/-in, Koordinator/-in und externen Projektträgern aktiv einbezogen sein.

Mögliche Konfliktfelder sind:

- Eine eventuelle Zielgruppenkonkurrenz sollte thematisiert werden: Wer hat welche Aufgabe und wer mischt sich in wessen Angelegenheiten ein?
- Manche Schulen haben inzwischen eine gewisse Skepsis gegenüber Partnern von außen entwickelt, die für ein Projekt an die Schule kommen und danach wieder weg sind. Sie

77 → Praxisreflexionen 5.7

legen großen Wert auf verlässliche und dauerhafte Strukturen, die die Partner aufgrund unklarer Finanzierung nicht immer zusagen können.

- Externe Partner gehen mit der Kooperation ein Abhängigkeitsverhältnis ein, da der Schlüssel zum Erfolg die Kooperation mit der Schule ist. Wenn beispielsweise ein Projektantrag von einem freien Träger für eine Maßnahme an der Schule gestellt wird, steht er im Extremfall in der Gefahr, die Gelder zurückzahlen zu müssen, wenn das Projekt an Widerständen der Schule scheitert.
- Trotz dieses Druckes ist es wichtig, dass der initiative Partner nicht zu viel vorgibt, sondern den Partner bewusst den ersten Schritt selbst gestalten lässt. Bei Projekten mit Schulen muss klar sein, dass die Leitung der Schule auch die Richtung des Projekts maßgeblich bestimmen kann.
- Oft sind auch die Erwartungen der Schulen sehr hoch: Wenn sie sich schon auf die Störung von außen einlassen, muss auch etwas dabei herauskommen.
- Die externen Partner sehen wiederum die Gefahr, sich „zu verschleißen" an den Widerständen einiger Kollegen, und stellen sich die Frage: Wie viel Kooperation kann man erwarten? In manchen Klassen kann der Bedarf besonders hoch sein, weil sich der Lehrer vielleicht nicht um die familiären Hintergründe kümmert. Andererseits ist es hier besonders mühsam, weil das Projekt an dem Kollegen vorbei nicht realisierbar ist.

Durch die Entwicklung der Schulen zu Ganztagesschulen und den damit verbundenen Kooperationen werden gemeinsame Projekte in Zukunft leichter zu realisieren sein. Als sehr hilfreich haben sich gemeinsame Fort- und Weiterbildung in diesem Feld erwiesen.[78]

78 ➔ Praxisreflexionen 5.10

4 HINTERGRÜNDE

In diesem Kapitel greifen wir zunächst zwei Themen auf, die nach unserer Erfahrung in der Begleitung von Praxisprojekten für die Entwicklung der Elternarbeit in besonderer Weise brisant und relevant sind: zum einen die Rahmenbedingungen der gemeinsamen Verständigung und Kommunikation (Mehrsprachigkeit und Sprachmittlung), zum anderen die Kooperation mit Migrantenorganisationen auf Augenhöhe.

Im dritten und vierten Hintergrundtext thematisieren wir spezifische Konfliktkonstellationen, die vielleicht nicht für alle Praxisfelder relevant sind, aber dort, wo sie relevant sind, zu besonderer Verunsicherung führen: Das betrifft einmal die Frage der bei manchen Familien umstrittenen Teilnahme von Kindern an Klassenausflügen, Schwimm- und Biologieunterricht, zum andern die Frage der Kindeswohlgefährdung.

4.1 | SPRACHMITTLUNG[79]

Ein Schlüsselprozess in der Elternarbeit ist die sprachliche Verständigung – und gerade diese gelingt oft nicht. Sprache entwickelt sich oft auf beiden Seiten zur Barriere. Dies in zweierlei Hinsicht: Zum einen wird vielerorts versucht, Deutsch als gemeinsame Verständigungssprache durchzusetzen, werden muttersprachliche Kommunikationsformen abgewertet *(„Die wollen sich ja abschotten!")* oder dezidiert nicht angeboten. Das heißt, Familiensprachen können nicht als Ressource gesehen und genutzt werden.

Zum anderen betrifft es die konkreten Dolmetschsituationen selbst – hier sind die Lösungen oft beliebig und handgestrickt: Mal übersetzen die Kinder und Jugendlichen selbst, mal Verwandte, mal die Putzfrau. Nur wenige pädagogische Einrichtungen haben für diesen Prozess bislang definierte Standards entwickelt, nur wenige haben die Möglichkeit geschaffen, auf einen organisierten Pool von internen oder externen Dolmetschern zurückgreifen zu können. Es ist sicherlich nicht möglich, für jede Kommunikationssituation bezahlte qualifizierte Sprachmittler/-innen hinzuziehen. Es ist daher notwendig zu definieren, wer was übersetzen darf und soll und welche Situationen unabdingbar einer professionellen Sprachmittlung bedürfen. Eine Ressource, die hier genutzt werden kann, sind zweisprachige Mitarbeiter/-innen in einer Einrichtung. Besonders kleine Einrichtungen werden dabei jedoch schnell an die Grenzen kommen. Die Organisation und Qualifizierung von Dolmetscherpools ist eine kommunale Aufgabe. Aufgabe der pädagogischen Einrichtungen ist es, den Bedarf anzumelden.

Umgang mit der Familiensprache

Kaum ein Thema dominiert die Diskussion um die Gestaltung der Einwanderungsgesellschaft in den letzten Jahren so stark wie das der Sprachförderung. Das Erlernen der deutschen Sprache wird als mehr oder weniger alleiniger Königsweg zur Integration dargestellt. Dass mit dieser monokausalen Forderung auch wieder Ausgrenzung produziert werden kann, zeigt ein Praxisbeispiel:

— *Eine vierköpfige Familie, die bisher in einer Zweizimmerwohnung in einem renovierungsbedürftigen Haus lebt und sich bei der Stadt für eine Sozialwohnung beworben hat, wird zu einem Gespräch eingeladen. Die Familie verfügt über ungenügende Deutschkenntnisse und nimmt zum Übersetzen eine Bekannte mit. Nach einem kurzen Gespräch erklärt die zuständige Sachbearbeiterin, dass die Familie die Wohnung nicht bekommen werde, da an Familien, die kein Deutsch sprechen, keine Wohnungen vermittelt werden können. Als Grund werden*

---

79 Dieses Kapitel ist eine überarbeitete und erweiterte Fassung des Kapitels B.4 Sprachmittlung im djela-Handbuch.

absehbare Verständigungsschwierigkeiten mit dem Hausmeister genannt. Die Familie und die Übersetzerin gehen enttäuscht und gekränkt zurück. Auch die Übersetzerin, die für ihren Einsatz Zeit frei machte, ist enttäuscht, weil ihre Sprachkompetenz nicht gewürdigt wird, im Gegenteil für die begleitende Familie sogar einen Nachteil darstellt. —

Das Beispiel zeigt ein übliches Argumentationsmuster, dem man sich kaum entziehen kann – zum einen, weil es sowohl in der fachlichen als auch in der breiten medialen Öffentlichkeit allgegenwärtig ist, zum andern aber auch, weil es sich im Alltag unmittelbar zu bestätigen scheint: Mangelnde Verständigung macht Mühe.

Diese Argumentation ist bequem, weil sie die „Schuld" an der mangelnden Integration einseitig den Migranten und Migrantinnen als Defizit zuschreibt, und damit von eigenen Versäumnissen (der Gesellschaft, der Institutionen etc.) ablenkt. Sie ist aber auch politisch und fachpolitisch kontraproduktiv, weil sie gegen die interkulturelle Öffnung in Stellung gebracht wird. In Institutionen wird der Gebrauch der Familiensprache immer wieder aus „pädagogischen Gründen" gänzlich untersagt.

— *Als eine Berliner Schule sich in einem Prozess zwischen Lehrkräften, Eltern und Schülern darauf geeinigt hat, andere Sprachen außer der deutschen auf dem Schulhof zu verbieten, hat dies dazu geführt, dass viele Bildungspolitiker dieses Vorgehen generell für alle Schulen einführen wollten. In der gleichen Logik weist der Sozialdezernent einer schwäbischen Mittelstadt eine türkische Mitarbeiterin des Sozialamtes an, Beratungsgespräche mit türkischen Klienten und Klientinnen auf Deutsch zu führen. Sollten diese des Deutschen nicht mächtig sein, müssen sie eine Übersetzerin mitbringen. Gleichzeitig werden in dieser Stadt Gelder für die Migrantenorganisationen umgewidmet für Sprachkurse.* —

Die Familiensprache wird als Integrationshindernis wahrgenommen. Die vielschichtige Bedeutung, die sie für Menschen mit Migrationshintergrund haben kann, gerät dabei völlig aus dem Blick, geschweige denn, dass sie als Ressource erkannt und gefördert wird. Am zitierten Beispiel des Sozialamtes zeigt sich, dass durch diese Regelung der Verwaltung sogar gewinnbringende Zugänge versperrt werden können. Wenn die Muttersprache angewandt werden könnte, könnte dieses Arbeitsfeld einen Vorbild- und Motivationscharakter für Migranten und Migrantinnen haben, das heißt, junge Menschen könnten erfahren, dass sie auch in solchen Berufsbereichen mit ihrer vorhandenen Sprachressource willkommen sind. Das könnte sie motivieren, entsprechende Berufe zu erlernen. Die im geschilderten Fall nicht eingesetzte Sprachkompetenz dagegen kann der Mitarbeiterin große Schwierigkeiten bereiten, wenn nämlich ihre Landsleute sie vielleicht zukünftig ablehnen und vermeiden, weil sie das als Ablehnung der eigenen Wurzeln verstehen könnten.

Man muss dabei gar nicht die Diskussion führen, ob die Einsprachigkeit unserer Gesellschaft auf Dauer so festgeschrieben sein muss. Selbst wenn man die Kompetenz der Verkehrssprache Deutsch als eine wichtige Grundlage für die Teilhabe an der Gesellschaft sieht – und unter den gegebenen Bedingungen wird man dies kaum bestreiten können –, trägt das beschriebene Argumentationsmuster nicht dazu bei, sein selbst gestecktes Ziel zu erreichen. Im Gegenteil, es birgt eher kontraproduktive Effekte, weil es unmittelbar verknüpft ist mit einer Abwertung der Familiensprache.

— *Eine Mitarbeiterin mit Migrationshintergrund in einer Jugendhilfeeinrichtung setzt ihre Herkunftssprache in Familien ein. Bei Teambesprechungen wird sie immer wieder gefragt, ob es nicht gut wäre, wenn sie mit den Familien Deutsch sprechen würde, da die Familien sonst gar nicht mehr Deutsch lernen wollten. Übersehen wir dabei, dass vielleicht durch den Einsatz der Muttersprache wichtige Themen mittels einer gemeinsamen Sprache besser besprochen werden und somit schneller Handlungsschritte erfolgen können und die Familien die Einrichtung positiv erleben?* —

Eine geforderte Negierung der Familiensprache impliziert eine Abwertung und kann zu einer zunehmenden Abwendung von der Gesellschaft und einem Rückzug in die eigene Gruppe führen. In letzter Zeit lässt sich zunehmend beobachten, dass Migrantenorganisationen eigene Freizeit-, Bildungs- und Beratungsangebote machen – dies sind pädagogische Handlungsfelder, die bislang von öffentlichen Institutionen besetzt waren. Wir sehen darin Chancen und Grenzen gleichermaßen.[80] Für Migranteneltern kann dies erleichternd sein, weil sie in ihrer Sprache notwendige Informationen und Beratungen bekommen können, das heißt, sie fühlen sich besser verstanden und nicht mehr dadurch benachteiligt, dass sie die Sprache nicht verstehen. Gleichzeitig kann dies im Einzelfall dazu führen, dass Migranten und Migrantinnen, um bestehende Sprachbarrieren zu umgehen, sich völlig aus der Mehrheitsgesellschaft zurückziehen.

Auch die Sprachforschung kommt zu dem Ergebnis, dass Familiensprachen eine zentrale Ressource für Migrantenfamilien sind. Wer seine Familiensprache sicher beherrscht, wird als Kind oder Jugendliche/r wesentlich einfacher und schneller eine Zweitsprache erlernen.

Wichtige Fragestellungen im Zusammenhang mit interkulturellen Öffnungsprozessen und der Gestaltung konkreter Kommunikationssituationen mit Eltern sind also:

- Wie signalisieren wir die Anerkennung der Familiensprache?
- Wie kann die Vielsprachigkeit einer Einrichtung sichtbar gemacht werden?

---

80 → Hintergründe 4.2

- Wie regeln wir den Umgang mit der Vielsprachigkeit der Einrichtung?
- Wie können wir gegenüber den Eltern den Stress reduzieren, den es meist bedeutet, die dominante Sprache nicht zu beherrschen?

Ein Versuch, Standards zu formulieren

Damit das Problem der Verständigung angegangen wird, ist bei den Einrichtungen wie auch bei der Kommune ein Paradigmenwechsel notwendig. Das zu bewältigende Problem ist nicht das Sprachdefizit der Menschen mit Migrationshintergrund, sondern die Tatsache, dass die Mitarbeiter/-innen der Einrichtung und die Eltern nicht auf die gleiche Sprache zurückgreifen können.

Nicht einer ist das Problem, sondern beide haben ein Problem!
Eine einseitige Problemzuschreibung bestärkt eine Haltung bei unserem Gegenüber, dass es sich für seine mangelnden Sprachkenntnisse schämt und aus dieser Minderwertigkeit die eigenen Interessen, wichtige Fragen etc. nicht zur Sprache bringt.

Grundsätzlich gilt: Betroffene agieren nicht gleichzeitig als Dolmetschende, Kinder und Jugendliche übersetzen nicht selbst. Der Einsatz von Kindern als Dolmetscher verstärkt den ohnehin vorhandenen Rollenkonflikt. Davon abgesehen kann nicht in jedem Fall sichergestellt werden, dass wirklich das ankommt, was mitgeteilt werden soll – in beiden Richtungen.

Aber auch der Einsatz von Familienangehörigen, Freunden oder Nachbarn als Übersetzer ist oft problematisch. Laien übersetzen fast immer sinngemäß und zusammenfassend, dadurch besteht die Gefahr der Verquickung mit deren eigenen Interessen und Sichtweisen. So kann es sein, dass Laien schon von vornherein von Nachbarn oder Verwandten den Auftrag bekommen, die Eltern oder die Kinder zu verteidigen und deren Rechte zu fordern. Der eigentliche Gesprächspartner kann in der Übersetzungssituation somit auch schnell aus dem Auge verloren werden. Dadurch kann eine Abhängigkeit nicht nur sprachlich, sondern auch auf der Entscheidungsebene entstehen. Es kommt in der Folge oft zu Missverständnissen und falschen Annahmen. Ausnahmen bilden kurze Absprachen oder ein Informationsaustausch, beispielsweise bezüglich der Bekanntgabe von Terminen.

Es braucht also in manchen Fällen eine dritte Person als Sprachmittlerin, um die Kommunikation herzustellen. Auch bei anscheinend ausreichenden Deutschkenntnissen des Gegenübers sollte stets abgewogen werden, ob der Einsatz eines Sprachmittlers nicht doch sinnvoll und notwendig ist, da sich die Eltern im Alltag zwar oft passabel verständigen können, jedoch bei komplizierten Sachverhalten möglicherweise Verständigungsschwierigkeiten bestehen. In manchen

Einrichtungen gibt es etliche Personen mit Fremdsprachenkenntnissen, die für Übersetzungen herangezogen werden können. Sie haben dann die Funktion von Sprachmittler/-innen.

Die Rolle des Sprachmittlers unterscheidet sich von der eines Dolmetschers. Gerade im sozialen Bereich reicht eine reine Übersetzung nicht aus. Oft sind Mittler/-innen notwendig, die sowohl die Denkweisen der Eltern einschätzen können als auch die Abläufe, „Spielregeln" und Konzeptionen der Institution kennen. Gerade das macht den Einsatz von eigenen Mitarbeiter/-innen interessant.

Eine Mutter, deren Tochter vom Jugendamt in Obhut genommen wird, ist beim Gespräch völlig außer sich. Sie weint, schreit und reißt sich die Haare aus dem Kopf. Die Mitarbeiter/-innen des Jugendamts sind mit der Situation überfordert. Hier greift die Sprachmittlerin ein und erklärt, dass die Mutter durch ihr hysterisches Verhalten zeigen möchte, wie sie ihre Tochter liebe und wie sie über sie besorgt sei. Es wird ein anderer Termin vereinbart. Nach dem Gespräch sucht die Sprachmittlerin mit der Mutter ein Gespräch, in dem sie erklärt, dass ihr Verhalten von den Mitarbeitern vollkommen anders verstanden werden könnte. Sie könnte als unfähig erachtet werden. Sie solle versuchen, in Ruhe und sachlich die Situation zu schildern. Beim nächsten Treffen ist die Mutter wesentlich ruhiger und ansprechbar.

Der Einsatz eigener Mitarbeiter/-innen kann jedoch auch an Grenzen kommen: Aus der Sicht der Eltern repräsentieren sie in ihrer Sprachmittlerfunktion auch die Einrichtung und werden nicht als Sprachrohr der eigenen Interessen erlebt. Die eigenen Mitarbeiter/-innen, die nicht als Dolmetscher/-innen ausgebildet sind und unter Umständen die Zweitsprache nur bedingt beherrschen, können bei möglichen Konfliktgesprächen überfordert sein. Um sie vor belastenden Situationen zu schützen, empfiehlt sich deshalb für sehr kritische Situationen das Hinzuziehen eines professionellen Dolmetschers, der auch von der anderen Partei als neutral erlebt wird. Zwingend notwendig ist der Einsatz von professionellen Dolmetscher/-innen in allen hochbrisanten oder strittigen Fällen wie z. B. Inobhutnahmen, Unterbringungen, strittige elterliche Sorge sowie Umgangsregelungen, Aufdeckung von sexuellem Missbrauch oder Misshandlungen.

Die Gestaltung der Sprachmittlung[81]

Was ist nun bei der Gestaltung konkreter Gesprächssituationen mit (internen oder externen) Sprachmittlern zu beachten? Was haben pädagogische Fachkräfte zu bedenken, wenn ein Elterngespräch ansteht?

81 Die folgenden Vorschläge zur Gestaltung der Sprachmittlung sind aus den Grundsätzen verschiedener Dolmetscherpools entnommen, vor allem aus dem Leitfaden der Stadt Ludwigsburg und aus Hinweisen von Jana Mokali.

- Die Eltern werden darüber informiert, dass zu dem Gespräch ein/e Sprachmittler/-in hinzugezogen wird.
- Mit dem/der Sprachmittler/-in wird ein Vorgespräch geführt, in dem die notwendigen Informationen ausgetauscht werden und der oder die Sprachmittler/-in auf die Situation oder die Aufgabe vorbereitet wird.
- Die Verantwortung für die Gesprächsführung des Elterngesprächs liegt bei der Fachkraft: Sie übernimmt von Anfang an die Initiative und stellt auch den oder die Sprachmittler/-in vor. Die Verantwortung dafür, die Fragen und Interessen der Eltern herauszufiltern, liegt ebenfalls bei der Fachkraft.
- Es empfiehlt sich eine Sitzordnung, bei der der Sprachmittler neben den Eltern sitzt, sodass diese immer den Blickkontakt zur Fachkraft halten können. Die unbeteiligte Position des Sprachmittlers muss unbedingt durch die Sitzordnung zum Ausdruck gebracht werden.
- Die Fachkraft achtet darauf, in kurzen Sequenzen zu reden, sodass parallel übersetzt werden kann.
- Der/die Sprachmittler/-in übersetzt nah am Gesagten und ohne eigene Interpretation. Das muss nicht bedeuten, dass Wort für Wort übersetzt wird. Es geht um eine sinngemäße Übersetzung, sodass die Eltern verstehen, um was es geht. So kann es notwendig sein, Fachbegriffe zu umschreiben.[82] Ein professioneller Dolmetscher ist angehalten, Wort für Wort zu übersetzen. Wird aber auf die Sprachkompetenzen von mehrsprachigen Mitarbeitern und Mitarbeiterinnen zurückgegriffen, wird eine wörtliche Übersetzung nicht immer möglich sein, weil der Sprachmittler beispielsweise in der Zweitsprache nicht so sicher ist. Trotzdem sollte auch hier das Ziel sein, nahe am Sprachfluss der Gesprächspartner/-innen zu sein.
- Der Sprachmittler signalisiert der Fachkraft, wenn er den Eindruck hat, dass das Gesagte aufgrund fehlender Hintergrundinformationen nicht bei den Eltern ankommt. In keinem Fall gibt der Sprachmittler von sich aus eigene Erläuterungen.
- Alle Gesprächssequenzen zwischen Sprachmittler/-in und Fachkraft müssen für die Eltern übersetzt werden, damit keine Intransparenz entsteht.
- Damit diese Situationen professionell gestaltet werden können, ist es notwendig, dafür die entsprechenden fachlichen Rahmenbedingungen zu schaffen.

Dolmetscherpools

Eine Möglichkeit, die Arbeit mit Sprachmittlung zu systematisieren, sind sogenannte Dolmetscherpools, mit deren Einrichtung erste Institutionen und Kommunen bereits Erfahrungen gesammelt haben. Im Wesentlichen unterscheidet man:

---

82 Im Berufsbildungswerk Waiblingen wurde zu diesem Zweck eine Liste mit Fachbegriffen zusammengestellt, mit der sich Sprachmittler/-innen vorbereiten können.

- **Interne Dolmetscherpools**: Gerade bei größeren pädagogischen Institutionen können intern alle Personen mit entsprechenden Sprachkenntnissen erfasst werden. Wichtig ist, mit den potenziellen Sprachmittlern Standards für die Kommunikationssituationen zu erarbeiten und festzulegen, in welchen Kontexten sie eingesetzt werden können – oder eben auch nicht.
- **Externe Dolmetscherpools**: Immer mehr Kommunen nehmen das Thema Sprachmittlung ernst und gründen und pflegen externe Dolmetscherpools.

Der Dolmetscherpool ***Konstanz*** *umfasst ca. 100 Personen, die 45 Sprachen sprechen. Organisiert wird er vom Landratsamt und der Stadt, es gibt eine zuständige hauptamtliche Verantwortliche für Fortbildung und Werbung und eine ehrenamtliche Person für die Koordination. Der Dolmetscherpool in* ***Esslingen*** *umfasst ca. 50 Personen mit knapp 30 Sprachen. Es gibt eine Mentorin, die geringfügig auf Honorarbasis entlohnt wird, sie ist zuständig für die Fortbildung der Sprachmittler/-innen, für Konfliktfälle und sie ist ansprechbar in belastenden Situationen. Die konkreten Vermittlungen (150 pro Jahr) laufen über verschiedene Sekretariate der Behörden, sodass eine umfassende Erreichbarkeit gewährleistet ist. Angefragt werden können die Sprachmittler/-innen von allen sozialen Einrichtungen, Schulen und Behörden in Esslingen und zusätzlich auch von den Klienten selbst, die zu einem Gespräch dann einen Sprachmittler mitbringen.*[83]

Bleiben wir bei diesen beiden Beispielkommunen: Die Erfahrungen mit den Pools sind unterschiedlich. Schulen nutzen das Angebot erstaunlicherweise kaum von sich aus. Wenn Eltern Sprachmittler/-innen mitbringen und die Lehrer/-innen damit gute Erfahrungen machen, kommen nach den Esslinger Erfahrungen mit der Zeit auch Anfragen von den Schulen selbst. Die neu gegründete ARGE dagegen hat den Dolmetscherpool von Beginn an intensiv genutzt. Eine mögliche Erklärung für dieses unterschiedliche Nutzungsverhalten könnte sein, dass sich viele alteingesessene Institutionen über die Jahre an das Improvisieren gewöhnt haben und das nicht unbedingt als ein Problem wahrnehmen. Weitere Gründe für eine geringe Nutzung können sein, dass sich die Institution nicht primär für die Elternarbeit zuständig sieht oder dass aus politischen Motiven Deutsch als Amtssprache durchgesetzt werden soll und damit die Aufgabe, Verständigung zu organisieren, allein bei den Klienten und Klientinnen liegt.

83 Da die Sprachmittler/-innen aus versicherungsrechtlichen Gründen nur ehrenamtlich arbeiten dürfen, sind nur kleine Aufwandsentschädigungen erlaubt. In Esslingen bekommen die Sprachmittler/-innen beispielsweise 10 € pauschal, finanziert über Spenden, darin sind alle Spesen enthalten. Für die Nutzer ist die Dienstleistung kostenfrei. In Konstanz rechnen die Sprachmittler/-innen die tatsächlichen Fahrtkosten mit den Institutionen ab (weil innerhalb des Kreises manchmal auch größere Entfernungen zurückgelegt werden).

Interessant sind auch die mit den jeweiligen Entstehungsgeschichten der beiden Pools verbundenen unterschiedlichen Auswahlkriterien für die Sprachmittler/-innen. In Konstanz gab es eine politische Entscheidung für die Einrichtung eines Pools und in der Folge einen ausgearbeiteten Plan mit einem Anforderungsprofil für die ehrenamtlichen Sprachmittler/-innen. So sollten nur Personen aufgenommen werden, die die betreffende Sprache als Muttersprache erworben oder sehr lange in jenem Land gelebt haben. Bei nur alltagssprachlichen Zweitsprachenkenntnissen könne es sonst vorkommen, dass Feinheiten, die einen großen Unterschied machen, falsch vermittelt werden.[84]

Die Migranten, die sich beworben haben, hatten fast alle hervorragende Kompetenzen und waren großenteils berufstätige Akademiker/-innen.[85] In Konstanz gibt es zudem zur Qualitätskontrolle eine Standardabfrage nach der Nutzung an die Einrichtung und die Sprachmittler/-innen.

Der Esslinger Pool hat sich aus einem Projekt der Fachhochschule entwickelt. Die Anwerbung erfolgte ohne Qualitätskontrolle. Aufgrund der ehrenamtlichen Struktur fällt es dann schwer, jemanden, der helfen will, aus Qualitätsgründen wieder auszuschließen. Auch wenn es keine Beschwerden über die Qualität der Sprachmittlung gibt, so verweist dies doch auf ein Problem mit ehrenamtlichen Strukturen generell, in denen Qualitätsmängel unter Umständen seltener aufgedeckt werden. Ausbleibende Beschwerden können auch daran liegen, dass Übersetzungsmängel von den Beteiligten nicht bemerkt werden oder die Erwartungen an die Qualität der unentgeltlichen Dienstleistungen nicht hoch sind.

Wesentlich für den Erfolg der Projekte ist die **Fortbildung der ehrenamtlichen Sprachmittler/-innen**. Um den Fortbildungsbedarf beschreiben zu können, wollen wir zunächst noch einmal mögliche Situationen bzw. Anforderungen für die Sprachmittler/-innen vor Augen führen.

Eine in Deutschland oder auch eine in Istanbul aufgewachsene junge Frau mit türkischem Hintergrund dolmetscht für einen in einem türkischen Dorf aufgewachsenen und erst vor wenigen Jahren nach Deutschland emigrierten Mann. Nur weil sie aus dem gleichen Land kommt, muss sie nicht denselben kulturellen Hintergrund haben. Unter Umständen versteht die junge Frau den älteren Mann kaum, will das aber nicht zugeben, um die in sie gesetzte Erwartung nicht zu enttäuschen.

84 Beispielsweise gibt es im Chinesischen keinen Unterschied zwischen „Freund" und „Bekannter".

85 Dies liegt sicher auch an der Struktur der Universitätsstadt Konstanz. In Ludwigsburg haben sich z. B. eher junge Mütter gemeldet, die einen Berufseinstieg suchen.

Sprachmittler/-innen sind unter Umständen auch mit spezifischen unausgesprochenen Erwartungen ihrer Landsleute konfrontiert, die Hilfe erwarten oder versuchen, die sprachmittelnde Person für ihre Interessen zu nutzen und dabei Loyalität erwarten. Es kann sein, dass es in dem Gespräch auch um „heiße" Themen wie z. B. sexuelle Gewalt in der Familie geht.

Die Qualitätsanforderungen an die Sprachmittler/-innen lassen sich daher mit folgendem Profil beschreiben: Sie müssen nicht nur beide Sprachen beherrschen, sondern sich auch über die eigene semiprofessionelle Rolle bewusst sein. Der Sprachmittler oder die Sprachmittlerin

- moderiert nicht das Gespräch, sondern gibt lediglich Hilfestellung,
- muss Anonymität gewährleisten und die Schweigepflicht einhalten und
- muss eine neutrale Position einnehmen, weder als Anwalt oder Anwältin der Eltern oder der Kinder noch als Vertreter/-in der Institution.

Um der Aufgabe der Kulturmittlung in Richtung der Fachkräfte im Vor- und Nachgespräch gerecht zu werden, müssen Sprachmittler/-innen zudem interkulturelle Kompetenz im Sinne einer Sensibilität für Kulturfallen besitzen.

In den verpflichtenden Fortbildungen lernen die pädagogisch nicht vorgebildeten Ehrenamtlichen nicht nur die Techniken und Settings für die Sprachmittlungssituation, sondern setzen sich intensiv mit schwierigen Situationen auseinander und entwickeln Strategien im Umgang mit Nähe und Distanz.

Das Angebot der Sprachmittler/-innen wird den Einrichtungen bisher nahezu ohne Gegenleistung angetragen. Ein Ziel müsste sein, hier ein Bewusstsein für die Notwendigkeit einer guten Sprachmittlung zu schaffen, um auf dieser Grundlage die Bereitschaft für eine zumindest minimale Bezahlung dieser Dienstleistung zu erreichen. Mit diesen Mitteln könnten die Begleitung, Fortbildung und Supervision der Ehrenamtlichen verbessert werden.

Notwendig wäre neben den Schulungen für die Sprachmittler/-innen auch eine Schulung oder zumindest ausführlichere Information der Nutzer. Dies findet bisher kaum statt. In Konstanz gibt es Informationsveranstaltungen über den Pool, die auch dafür genutzt werden, bestimmte Standards und Gefahren im Sprachmittlungsprozess deutlich zu machen. Es wäre zu überlegen, dass nur solche Einrichtungen den Pool nutzen können, die sich erstens auf einen Standard verpflichten, in dem die Sprachmittlung als Qualitätsstandard mit bestimmten Abläufen und Techniken beschrieben ist, und die zweitens ihre Mitarbeiter/-innen in der Gesprächsführung mit Sprachmittlung schulen.

Zuletzt zwei kritische Einwände gegen die ehrenamtliche Struktur der Pools. Auf politischer Ebene ist zu fragen, ob die Beteiligten nicht auch ausgenutzt werden.[86] Dem kann entgegengewirkt werden, wenn der Dolmetscherpool so angelegt ist, dass die Sprachmittler/-innen einen zumindest immateriellen Gewinn haben. Durch entsprechende Förderung kann das Ehrenamt zur beruflichen Qualifikation genutzt werden. Durch die öffentliche Anerkennung ihrer Kompetenzen, die sie aufgrund ihrer Mehrsprachigkeit und ihrer Migrationserfahrung mitbringen, kann ihnen das auch in ihrer persönlichen Entwicklung nutzen.

Auf der fachlichen Ebene muss die Frage gestellt werden, ob die Aufgabe der Sprachmittlung nicht als professionelle Aufgabe einfordert werden sollte, anstatt sie für das Sozialsystem kostenfrei ehrenamtlich zu organisieren.

86 Es gibt einige wenige Berichte, dass manche Einrichtungen sehr maßlos in ihren Ansprüchen gegenüber den ehrenamtlichen Sprachmittlern waren.

4.2 KOOPERATION MIT MIGRANTENORGANISATIONEN[87]

In der Kooperation mit Migrantenvereinen liegt ein ungenutztes Potenzial für die Elternarbeit und vor allem für die Elternbildungsarbeit. Tragfähige Kooperationsbeziehungen bieten unseres Erachtens die Chance:

- Zugangsbarrieren für Migranteneltern in die Institutionen von Jugendhilfe und Schule abzubauen,
- neue Zugänge zu Eltern für Mitarbeiter/-innen aus Jugendarbeit, Jugendhilfe und Schule zu schaffen,
- Migrantenorganisationen zu professionalisieren und darin zu unterstützen, eigene Angebote und Konzepte zu entwickeln und auch durchzuführen.

Doch zunächst ein Blick auf die bestehende Praxis. Auf der theoretisch-konzeptionellen Ebene und in politischen Diskursen über interkulturelle Öffnung wird der Vernetzung mit den Migrantenselbstorganisationen (MSO) eine hohe Priorität eingeräumt. Verglichen damit sind die Berichte über tatsächliche Projekte in diesem Bereich eher überschaubar. Das hat vielerlei Gründe:

- Die gemeinsame Netzwerkarbeit von haupt- und ehrenamtlichen Systemen, zumal mit unterschiedlichem Einzugsbereich, ist generell nicht einfach.
- In aller Regel gibt es wenig gewachsene Kontakte, auf die man beim Aufbau einer solchen Kooperation zurückgreifen kann.
- Beide Seiten kennen das System des Gegenübers kaum, was dazu führen kann, dass die ersten Kontakte von großer Vorsicht und Unverbindlichkeit geprägt sind.
- Der Nutzen ist oft nicht unmittelbar sichtbar. Es handelt sich eher um eine langfristige Investition.
- Die Pflege eines solchen Netzwerkes ist für Haupt- und Ehrenamtliche neben dem Alltagsgeschäft ohne zusätzliche Ressourcen kaum zu leisten.

Dennoch haben sich mittlerweile in der sozialen Landschaft die unterschiedlichsten Kooperationsbezüge entwickelt: Mal sind es vor allem bilaterale Kooperationen einzelner Akteure, die sich immer wieder in ihrem Arbeitsalltag begegnen, mal lokale Netzwerke und/oder Arbeitskreise, die einzelne Projekte und Aktionen miteinander planen und durchführen, mal ist es der fachliche Austausch auf Trägerebene. Nicht in allen Fällen basiert die Kooperation auf einem systematisierten Vorgehen, sondern häufig auf Zufällen, auf informellen Kontakten und Begegnungen. Damit pädagogische Fachkräfte hier zielgerichteter handeln können, ist eine bewusste Auseinandersetzung mit folgenden Punkten hilfreich:

---

87 Dieses Kapitel basiert in Auszügen auf dem Kapitel „E1. Kooperation mit den Migrantenorganisationen" im djela-Handbuch.

- Nutzen einer Kooperation mit Migrantenorganisationen
- Voraussetzungen einer Kooperation
- Zugangswege zu Migrantenorganisationen
- Anforderungen an das eigene Handeln
- Grenzen eigener Kooperationsbereitschaft

Der Nutzen von Kooperationen

Aus der Netzwerkforschung ist bekannt: Gelingende Netzwerkarbeit setzt voraus, dass alle Beteiligten für sich einen Gewinn, einen Nutzen in den Kooperationsbeziehungen sehen – andernfalls werden die notwendige Zeit und die Bereitschaft zur Auseinandersetzung zur Belastung. Es stellt sich also die Frage, was die pädagogischen Einrichtungen den Partnern zu bieten haben. Welche Motive haben unsere Partner? Und was haben wir von einer Kooperation? Diese Ziele, Motive, Interessen und Erwartungen müssen – unter Umständen in informellen Vorbereitungsgesprächen – formuliert und abgeklärt werden. Der Nutzen sollte für jeden sichtbar sein. Auf dieser Basis kann man dann auch bewusste Kompromisse eingehen.

Was die Jugendhilfe in Kooperationen einbringen kann, sind Fachkenntnisse, Informationen, Kontakte und Zugänge zu Ressourcen.

Der gemeinsame Nutzen von pädagogischen Einrichtungen und Migrantenvereinen besteht im Abbau von Barrieren:
- Die pädagogischen Einrichtungen machen die eigenen Angebote bei Migrantenfamilien bekannt und vermitteln Ziele und Ausgestaltung der Angebote.
- In Kooperation mit öffentlichen Stellen, Kommunen, Migrationsdiensten und Migrantennetzwerken werden aufsuchende und gemeinwesenbezogene Wege der Öffentlichkeitsarbeit entwickelt.
- Der direkte Kontakt hilft, gegenseitige Barrieren abzubauen, sich kennenzulernen und einen zukünftigen Kontakt zu erleichtern.

Der direkte Nutzen für pädagogische Einrichtungen bezieht sich auf eine mögliche Erleichterung und Verbesserung der eigenen Arbeit:
- Auf einer formellen oder informellen „Vernetzungslandkarte“ finden sich beispielsweise Adressen von Anwälten und Ärzten mit spezifischem fachlichen oder sprachlichen Know-how, aber auch Hinweise auf Sprachkurse und Dolmetschermöglichkeiten.
- Die Mitarbeiter/-innen machen konkrete Erfahrungen, die ihnen in der Elternarbeit zugute kommen. Es ist manchmal einfacher, unbefangene Fragen zu stellen, wenn man nicht in einem Klientenverhältnis steht.

- Es entstehen Kontakte zu möglichen Inobhutnahme-Familien und/oder Pflegefamilien, die für Kinder aus den jeweiligen Sprachkreisen genutzt werden können.
- Die Kontakte können dazu führen, potenzielle Sprachmittler/-innen kennenzulernen oder Personen, die mit ihrer Biografie und ihren Kompetenzen für Kinder und Jugendliche Vorbilder sein können.

Über Kontakte mit Migrantenvereinen erreicht man in der Regel nicht konkret betroffene Eltern. Der Nutzen einer Kooperation liegt also mehr in einem Lernprozess auf beiden Seiten, der sich eher langfristig auszahlt. Die Mitglieder des Vereins lernen die Angebote der Jugendhilfe kennen und können als Multiplikatoren in ihre Community hineinwirken und Vorurteile abbauen. Konkret können sie auch Mittler sein, wenn sie die Wege kennen und beispielsweise bei schwierigen familiären Verhältnissen wissen, wie sie das Jugendamt oder andere Unterstützungssysteme einschalten können.

Wie eine Kooperation für beide Seiten fruchtbar sein kann, zeigt folgendes Praxisbeispiel:

Der Sozialtherapeutische Verein Holzgerlingen interviewte im Rahmen seiner Sozialraumanalyse einen muslimischen Frauenverein. Nach diesem ersten Kontakt nahm ein Teil des Vorstandes des Frauenvereins an weiteren Austauschtreffen teil und wurde ein enger Kooperationspartner des Sozialtherapeutischen Vereins. Durch die Zusammenarbeit lernten die ehrenamtlichen Frauen, ihre geleistete Arbeit besser zu reflektieren, wertzuschätzen, diese auch nach außen sichtbarer zu machen. Auch konnte die Vernetzung mit anderen wichtigen Stellen verbessert werden, konnten weitere Projekte entwickelt und für die Durchführung Projektgelder akquiriert werden. Die Frauen aus dem Vereinsvorstand wiederum wurden für den Sozialtherapeutischen Verein wichtige Schlüsselpersonen für andere Projekte. Einige Vorstandmitglieder nahmen an mehrtägigen Fortbildungen zum Thema interkulturelle Kompetenz teil, wurden von der Caritas als Sprach- und Kulturmittler ausgebildet und werden als Mentorinnen und Mentoren bei Fortbildungen in Leitungsteams engagiert. Der muslimische Frauenverein ist mittlerweile im Landkreis ein wichtiger Ansprechpartner für viele Stellen geworden: Jugendamt, Gleichstellungsbeauftragte, Integrationsbeauftragte, Schulen, Frauenhaus.

Die Kooperation erwies sich gleichzeitig als ein Türöffner für die Ressourcen der Vereinsmitglieder. Frauen mit abgeschlossenen Ausbildungen, die ihre Tätigkeit aus verschiedenen Gründen (z. B. weil sie ein Kopftuch tragen) nicht ausüben können, bekommen durch verschiedene Projekte die Möglichkeit, ihren erlernten Beruf doch einzusetzen, so geben einige Pädagoginnen Nachhilfe oder Deutschkurse.

Wichtig für die gelungene Kooperation waren aufseiten des muslimischen Frauenvereins:
- *Zeitbudget der Frauen*
- *stabiler und ausreichend besetzter Vorstand*
- *guter Informationsfluss innerhalb des Vorstandes*
- *gute Deutschkenntnisse*
- *Interesse und Bereitschaft, sich interkulturell zu öffnen und die eigene Arbeit transparent zu machen*

Voraussetzungen und Zugangswege

Die Einrichtungen müssen zunächst klären, mit welcher Intention sie auf Migrantenvereine zugehen – entsprechend werden sie in der Phase der Kontaktaufnahme auftreten. Möchten sie:
- grundsätzlich die Arbeit des Vereins kennenlernen?
- sich selbst und ihre Arbeit in Migrantenvereinen bekannt machen?
- zu bestimmten Themen informieren, von denen sie annehmen, dass sie für die Eltern Relevanz haben?
- Eltern kennenlernen, die möglicherweise an den eigenen Angeboten teilnehmen wollen?
- einen Bedarf für die Weiterentwicklung eigener Angebote abfragen?
- potenzielle Kooperationspartner/-innen für gemeinsame Projekte gewinnen?
- feste Multiplikatoren für die konkrete Mitarbeit in der Elternarbeit gewinnen?

Als Nächstes stellt sich die Frage, auf welche Vereine überhaupt zugegangen werden soll und wer für eine Kooperation geeignet ist. Nicht immer ist es wichtig, alle zu erfassen, es geht vielmehr darum, die „richtigen" mit ins Boot zu holen. Im Rahmen eines Workshops mit Vertretern und Vertreterinnen von Migrantenvereinen[88] wurde folgende Systematik erarbeitet, die hilfreich für das eigene Vorgehen sein kann:

Migrantenvereine unterscheiden sich nach ...
... **dem Vereinsziel**: Es gibt unter den Migrantenselbstorganisationen Vereine, die stark auf die Wahrung der eigenen kulturellen Identität gerichtet sind, andere verstehen sich eher als Integrationslotsen.
... **der Größe**: Es gibt kleine Vereine mit wenigen aktiven Mitgliedern und sehr große Vereine mit bundesweiten Zusammenhängen.
... **dem Einzugsbereich**: Besonders bei kleineren Minderheiten oder auch in ländlichen Gegenden haben die Vereine oft eine stark überregionale Ausrichtung. Dagegen gibt es in den

88 Im Rahmen des djela-Projektes, siehe djela-Handbuch, S. 112

Städten bei den großen Minderheiten wie der türkischen meist auch viele verschiedene Vereine. Sie unterscheiden sich z. B. nach der regionalen Herkunft wie einer türkischen Stadt oder nach der religiösen und/oder politischen Ausrichtung.
... **der Generation**: Es gibt Vereine, die die erste Generation repräsentieren, aus der Sicht der Jugendhilfe also die Generation der Großeltern und Eltern. Andere Vereine repräsentieren eher die zweite und dritte Generation, deren Vertreter/-innen großenteils hier aufgewachsen sind.
... **ihren Zugangsmöglichkeiten**: Manche Vereine sind isoliert von deutschen Institutionen, dies betrifft vor allem manche Kulturvereine der ersten Generation. Von ihnen kam die Klage, dass es seitens der deutschen Institutionen wenig Interesse gab in den langen Jahren des Bestehens. Andere Vereine sind es gewohnt, selbst auf Institutionen zuzugehen, und können die Klage der Kulturvereine nicht nachvollziehen.
... **der Professionalisierung**: In Stuttgart ist aufgrund der aktiven Förderung durch die Stadt, aber auch durch das Engagement des Stadtjugendrings in den letzten Jahren eine aktive Beteiligung der Vereine im Rahmen der kommunalen Bürgerbeteiligung entstanden. Die Vereinsstrukturen haben sich dadurch professionalisiert. Dies ist auf dem Land oder in kleineren Städten nicht unbedingt zu erwarten.
... **ihren Aktivitäten**: Neben der Organisation von Festen, Freizeitangeboten und Ausflügen engagieren sich manche Vereine in der Hausaufgabenbetreuung oder im Rahmen der Angebote in Ganztagsschulen. Andere vermitteln moderierte mehrsprachige Elternabende, organisieren Seminare und interkulturelle Aktivitäten, beraten bei Ausbildungsplatzsuche und suchen nach konkreten Möglichkeiten der Vermittlung. Wieder andere engagieren sich für einen familiensprachlichen Regelunterricht oder bieten selbst Sprach- oder PC-Kurse an. Manche haben eher eine informell beratende Funktionen, verstehen sich beispielsweise als Bindeglied zwischen Migranteneltern und Schule, machen informelle Angebote der Erziehungsberatung, unterstützen neu zugewanderte Landsleute oder Mitglieder in schwierigen sozialen Lagen, begleiten und dolmetschen bei Behördengängen usw. Andere sind selbst als Jugendhilfeträger anerkannt (Wohnheime, Kindergärten) oder betreiben Privatschulen.

Für pädagogische Einrichtungen, die Kooperationen aufbauen wollen, wären Kriterien wünschenswert, nach denen sie beurteilen könnten, zu welchem Zweck man mit welchem Verein zusammenarbeiten kann. Eine einfache Antwort ist jedoch nicht zu erwarten. Einerseits scheinen Kooperationen mit den Vereinen am sinnvollsten, die in ihrer Struktur ehrenamtliche sozialarbeiterische Arbeitsfelder abdecken, also besonders wichtige Schnittstellen darstellen. Andererseits könnten auch die eher informellen Leistungen der Vereine, die nicht in diese Kategorie fallen, für die Kooperation wichtig sein.

Eine einfache Kategorisierung scheitert ohnehin an den vielfältigen Differenzlinien. So gehört der serbische Verein „Heilige Sava“ in Stuttgart zur Kategorie „zweite Generation“. Er ist vielfach vernetzt, die Grenzen der Beteiligung sind eher durch die Kapazitäten der engagierten Mitglieder gesetzt. Trotzdem versteht sich dieser Verein als Kulturverein zur Festigung der eigenen kulturellen Identität.

In einem Elternbildungsprojekt der BruderhausDiakonie Reutlingen steht die Kooperation mit Migrantenvereinen im Mittelpunkt der Aktivitäten. Die Mitarbeiter/-innen haben für sich erarbeitet, an welchen Punkten die Kooperation schwierig werden könnte und was mögliche Gegenstrategien wären. Mögliche Hindernisse in der Kooperation:

- *passive Haltung der Vereine*
- *Kontakt zu Schlüsselpersonen bricht ab*
- *interne Unstimmigkeiten in den Vereinen*
- *Funktionalisierung durch die Vereine („sie wollen vor allem unser Geld")*
- *Überforderung der Vereinsmitglieder durch ständig neue Aufgaben*
- *geplante Veranstaltungen finden aufgrund von Unzuverlässigkeit oder mangelnder Organisation nicht statt*
- *Streitigkeiten unter den verschiedenen Vereinen aufgrund politischer, religiöser oder kultureller Differenzen*

Folgende Gegenstrategien wurden entwickelt:

- *viel Zeit und die Bereitschaft zu flexiblen Arbeitszeiten in den Kontaktaufbau investieren*
- *Kontakt durch Beziehung – für einen Verein sind ein bis maximal zwei Mitarbeiter/-innen zuständig*
- *Kontaktaufbau zunächst möglichst durch den Vereinen bereits bekannten Mitarbeiter/-innen, die dann neue Mitarbeiter/-innen in die Vereine einführen*
- *politische, kulturelle, religiöse Ausrichtung der Vereine eruieren*
- *eigene Kooperationsbezüge zu anderen Vereinen transparent machen*
- *deutliche Erst- und Kooperationsgespräche führen (Chancen und Grenzen der Kooperation klar benennen), klare Kooperationsinhalte benennen*
- *individuelle Absprachen mit jedem Verein, keine Standardkooperation*
- *persönliche Werbung in den Vereinen für geplante Veranstaltungen, Handzettel in der Muttersprache*
- *Vision der Kooperation verdeutlichen: Wo gäbe es Möglichkeiten, die Vereine in die konkrete Arbeit der Einrichtung mit einzubinden (Möglichkeiten der Hospitation)?*
- *Einbeziehung der Vereinsmitglieder bei der Planung von Veranstaltungen (Inhalte, Referenten)*
- *finanzielle Unterstützung der bisherigen Arbeit der Vereine, Unterstützung bei der Beantragung von Fördergeldern oder dem Vermitteln von Qualifizierungsangeboten wie z. B. Projektmanagement für Migrantenvereine*

Deutlich wird, dass Zeitressourcen eine der zentralen Voraussetzungen für eine solche Art von Arbeit sind. Der Kooperationsaufbau mit Migrantenvereinen kann ein *„unglaublicher Zeitfresser"* sein, wie es eine Kollegin im Interview formulierte. Wie erheblich das ist, hängt vor allem davon ab, inwieweit in der Kommune bereits die Strukturen der Migrantenvereine erschlossen sind und man auf bestehende Kooperationen zurückgreifen kann. Welchen Aufwand es bedeuten kann, wenn dies nicht der Fall ist, zeigt der Bericht einer Mitarbeiterin des Kreisjugendrings Rems-Murr, die den Auftrag hatte, Kontakte zu Migrantenorganisationen in Welzheim aufzubauen.

Zuerst habe ich mit der Stadt Kontakt aufgenommen und gefragt, was es an Vereinen in Welzheim gibt. Da habe ich eine Liste gekriegt, die schon relativ unaktuell gewesen ist. Dann die Listen von Netzwerktreffen, da hat auch schon ganz arg viel nicht mehr gestimmt. Und dann musste ich wirklich mit dem Telefonbuch arbeiten und mich quer durch die Stadt fragen. Ich bin eigentlich immer noch mittendrin, selbst nach diesen fast zwei Jahren jetzt und hab immer noch nicht alles erfasst. (...) Ich war wirklich in wahnsinnig vielen Welzheimer Haushalten, viele Hausbesuche (...). Und jedes Mal wieder das Gleiche erzählen! Wenn man diese Zeitressourcen nicht hat, wird es schwierig.(...) Die Adressen muss man jedes Mal neu erarbeiten, ständig ändert sich da was, man muss da ständig dranbleiben. (...). Man ruft bei dem einen an und wird dann von demjenigen erst mal aufgeklärt, dass es so nicht mehr ist und dass jetzt jemand anderes zuständig ist, und das kann dann aber mehrmals passieren. Das kann echt sein, ich rufe bis zu drei verschiedene Personen an, bis ich dann bei der richtigen Person lande.

Hinzu kommen in manchen Fällen Sprachbarrieren, und schließlich bedeutet die Kooperation mit Vereinen, sich auf Ehrenamtsstrukturen einzulassen – das heißt, in aller Regel finden solche Gespräche am Wochenende oder abends statt. In jedem Fall ist es wichtig, dass die Kontaktaufnahme auf persönlicher und direkter Ebene erfolgt. So kann Verbindlichkeit hergestellt werden.

Es reicht halt nicht unbedingt, da jetzt einen Brief hinzuschicken und einzuladen, (...) sondern einfach auch persönlich hingehen, nachfragen, die motivieren, dass sie kommen, dass sie gern gesehen sind, dass auch erwartet wird, dass sie kommen.

Ein anderes Beispiel zeigt, wie einfach es auch gehen kann:

Im Rahmen der von der Aktion Jugendschutz Baden-Württemberg ausgeschriebenen Weiterbildung „Interkulturell denken – lokal handeln"[89] *fanden sich in der 20-köpfigen Wei-*

89 ➔ Dieses Projekt wird ausführlicher im Anhang beschrieben.

terbildungsgruppe in Buchen (Odenwald) neben Vertretern von Schulen, Kirche, Polizei und anderen auch zwei Mitarbeiterinnen des Jugendamtes und zwei Frauen aus einem türkischen Verein. In der Konzeption der Weiterbildung war vorgesehen, dass alle Teilnehmer/-innen während des einjährigen Prozesses in kleinen Gruppen je ein Praxisprojekt durchführen. Die vier Frauen hatten in den ersten Modulen nach anfänglichem vorsichtigem Abtasten einen guten vertrauensvollen Kontakt miteinander aufgebaut. Das Praxisprojekt selbst war dann schnell ausgemacht und vorbereitet. Die beiden Mitarbeiterinnen des Jugendamtes kamen einen Nachmittag in den türkischen Verein und berichteten mit türkischer Übersetzung vor fünfzig Zuhörerinnen von ihren Aufgaben und Tätigkeiten. Das Eis war schnell gebrochen. Die Frauen stellten viele Fragen.

Bei der Projektauswertung im Rahmen des letzten Moduls berichteten beide Seiten von beeindruckenden Effekten. Das Bild des Jugendamtes habe sich unter den türkischen Frauen sehr gewandelt und vor allem zwei persönliche Gesichter bekommen. Die Mitarbeiter/-innen bemerken diese größere Offenheit immer wieder in ihrem Alltag. Eine Fortsetzung ist geplant.

Selbstreflexive Kooperationen

Jenseits dieser strukturellen Voraussetzungen erfordert die Kooperation mit Migrantenorganisationen auch eine Reflexion der eigenen professionellen Rolle. An erster Stelle natürlich – wieder – eine Reflexion der eigenen Haltung, mit der auf Migrantenvereine zugegangen wird: Sind sie für mich Mittel zum Zweck oder bin ich an einer Kooperation auf Augenhöhe interessiert? Wie verhandle ich differente Einschätzungen und Werte? Was bin ich bereit zu geben, was erwarte ich aber auch von meinem Gegenüber?

Darüber hinaus erfordert ein solches Vorgehen eine hohe Bereitschaft und Fähigkeit, sich auf „Strukturlosigkeit“ und Ergebnisoffenheit eines Projektes einzulassen. Man lädt jemanden zu einem Prozess der gemeinsamen Bedarfserhebung und des Erarbeitens von Lösungen ein und muss gleichzeitig deutlich machen, dass man noch nicht weiß, wie der Weg dahin verläuft. Aus der heterogenen Zusammensetzung der Vereine ergeben sich besondere Herausforderungen in Hinblick auf eine gemeinsame fachliche Arbeitsbasis.

Die Initiatoren sind oft mit völlig konträren Einschätzungen und Standpunkten konfrontiert – beispielsweise zu der Frage nach der Rolle der türkischen Sprache. Da sich aus diesen unterschiedlichen Problemdefinitionen auch unterschiedliche Handlungsansätze ergeben, ist das Vorgehen von einer behutsamen Klärung gemeinsamer Interessen geprägt, die diese Vielfalt weder zuzudecken sucht, noch beim Austausch von unterschiedlichen Problemanalysen stehen bleibt.

Dies ist ein Lernen im Prozess: Der große Begriff Interkulturelle Kompetenz wird mit kleinen konkreten Ideen und Handlungsansätzen gefüllt. So muss beispielsweise die Balance gefunden werden zwischen dem Verständnis für die Lebenssituation und den Forderungen an die Migranten und die Migrantinnen bezogen auf ihren Beitrag zu einem Leben in Deutschland.

Einige Praktiker/-innen haben uns berichtet, dass es an diesen Punkten für sie wichtig war, solche Prozesse mit einem externen Berater oder einer Beraterin, über Fortbildungen oder den Fachaustausch mit anderen Einrichtungen zu reflektieren.

Dabei sollte auch die eigene Machtposition kritisch hinterfragt werden. Was bedeutet es für das Verhältnis zu meinem Gegenüber,
- wenn ich derjenige bin, der über die Verteilung der Ressourcen verfügt?
- wenn ich die Bedingungen formulieren kann, zu denen eine Kooperation möglich ist?
- wenn ich die Kompetenzen und die Ressourcen habe, Projektanträge zu formulieren?
- wenn ich auswähle, welche Person aus dem Verein als Mentor/-in ausgebildet und damit gegenüber anderen Mitgliedern auf symbolischer und reeller Ebene aufgewertet wird?

Netzwerke zu Migrantenorganisationen aufzubauen, heißt für die Mitarbeiter/-innen der Kinder- und Jugendhilfe zunächst auch, sich in „fremde" Felder zu begeben, Schritte zu gehen, die Unsicherheiten hervorrufen, eventuell etwas zu riskieren. Dies kann auch bedeuten, in Vorleistung zu treten, Unstimmigkeiten und Fehltritte in Kauf zu nehmen. Dies ist in direkten bilateralen Kooperationen zunächst leichter als in größeren unpersönlicheren Netzwerken.

Grenzen der Kooperation

Gerade im Kontakt mit islamischen Vereinen haben Einrichtungen und Mitarbeiter/-innen oft Vorbehalte. Manche haben das Bedürfnis, im Vorfeld Erkundungen einzuziehen, inwieweit der Verein fundamentalistische Werte und Positionen vertritt. Natürlich gibt es Grenzen der Kooperation. Kooperiert man mit Vereinen, die Milli Görüş[90] nahestehen oder mit nationalistischen Vereinen, denen Kontakte zu den Grauen Wölfen nachgesagt werden? Diese Grenzen müssen bewusst gezogen werden und erfordern eine inhaltliche Auseinandersetzung.

---

90 Die Islamische Gemeinschaft Milli Görüş e. V. (IGMG) ist einer der bekanntesten islamistischen Verbände in Deutschland. Eine gute Zusammenstellung der wichtigen islamischen und islamistischen Verbände findet sich in dem „Schule ohne Rassismus"-Themenheft „Jugendkulturen zwischen Islam und Islamismus", zu bestellen unter www.schule-ohne-rassismus.org oder Tel.: 030 2145860.

Dabei ist es eine gute Selbstreflexionsfrage, wie man mit fundamentalistischen christlichen oder womöglich rechtsextremen Gruppen ohne Migrationshintergrund umgehen würde. Nach dem 11. September 2001 hat sich eine antiislamische Stimmung ausgebreitet, die einen repressiven und abgrenzenden Umgang mit islamischen Organisationen nahelegt. Dies macht auch vor der Sozialwissenschaft nicht halt. Wenn die Kinder deutscher bürgerlicher Familien zu nationalistischen oder rassistischen Positionen neigen, wird eine Vielzahl von Psychologen bemüht, dies zu erklären und dann zu bearbeiten. Bei islamistischen Tendenzen wird eher auf Polizei und Verfassungsschutz gesetzt. Es geht hier keineswegs darum, die islamistischen Positionen zu verharmlosen, problematisch ist aber eine vorauseilende Abgrenzung.

Es stellt sich immer auch die Frage, ob es nicht gerade gut wäre, mit entsprechenden Gruppierungen Kooperationen einzugehen, um überhaupt einen Kontakt zu ermöglichen. In der Kooperation kann man prüfen, welche Ziele und Aktivitäten die Gruppe verfolgt. Sollten dann beispielsweise stark frauenfeindliche oder gewaltverherrlichende Positionen vertreten werden, kann die Kooperation, begründet in einer inhaltlichen Auseinandersetzung, auch wieder zurückgezogen werden.

Bei Kooperationen könnte eine weitere Prüffrage sein, inwieweit für das Ziel der Zusammenarbeit unter Umständen problematische Positionen ein Hindernis sind oder nicht. Dabei ist immer zu überlegen, ob man schon allein durch die Kontaktaufnahme einer Gruppierung zu gesellschaftlichem Ansehen verhilft. Dies gilt für eine Zusammenarbeit mit rechtsextremen Vereinen, mit Sekten oder mit extrem islamistischen Gruppierungen. Auf der anderen Seite führt gerade die aktuelle antiislamische Stimmung zu einer Radikalisierung eines Teils der Muslime in Deutschland. Dem sollten die Institutionen mit einem bewussten Dialogangebot begegnen. Was wir brauchen, sind offene Türen und eine offene Auseinandersetzung. Auch ein traditioneller islamischer Moscheeverein sollte daher als Partner nicht von vornherein ausgeschlossen werden, gerade in kleinen Arbeitskreisen oder beispielsweise für die gemeinsame Organisation einer Informationsveranstaltung zur Vorstellung der pädagogischen Angebote.

Auf politischer Ebene gilt es, die Migrantenvereine als Partner in der Sozialarbeit und Jugendhilfe und nicht als Konkurrenten wahrzunehmen. Wer die politische und gesellschaftliche Integration der Migrantenorganisationen befürwortet, muss auch dafür eintreten, dass sie Anerkennung als Träger der Jugendhilfe finden.

Exkurs zu den Fethullah Gülen nahestehenden Einrichtungen

Bei der Auswahl von möglichen Kooperationspartnern für die Elternarbeit stehen aktuell viele Einrichtungen und Netzwerke vor der Frage, wie sie sich zu den türkischen Nachhilfeschulen stellen, die dem Fethullah-Gülen-Bildungsnetzwerk in Deutschland nahestehen. Die Diskussion darüber ist stark polarisiert. Für die einen – und hier vor allem für viele eher laizistisch orientierte Vertreter/-innen türkischer Vereine – kommt eine Kooperation mit diesen Vereinen überhaupt nicht infrage. Gleichzeitig fordern und fördern manche städtische Stellen diese Kooperationen geradezu ein von den Bildungsinstitutionen.

Eine Positionierung ist hier besonders schwierig, weil die Gülen-Vereine sich entweder gar nicht als solche zu erkennen geben oder aber sehr eloquent ihre Position darstellen, dass es daran keine Haken gäbe, die gegen eine Kooperation sprechen könnten. Das Misstrauen bleibt.

Wir haben den Stuttgarter Integrationsbeauftragten Gari Pavkovic um eine Stellungnahme gebeten. Er ist einer der wenigen in Baden-Württemberg, die sich hier jenseits des politischen Schlagabtausches um eine pragmatische Sichtweise bemühen. Eine abgeschlossene Positionierung ist dieses Papier nicht. Grundsätzlich steht seine Abteilung mit fast allen Migrantenvereinen im Dialog, die vom Verfassungsschutz nicht als extremistisch eingestuft werden und die bereit sind, sich in der Integrationsarbeit und da insbesondere im Bildungsbereich zu engagieren. Dazu zählen auch die vermeintlichen Gülen-Vereine wie BIL-Nachhilfeeinrichtung, die BIL-Privatschule, der Unternehmerverein self e. V. und der Verein Begegnungen e. V. Das heißt, es können auch Kooperationsprojekte zwischen städtischen Stellen und diesen Einrichtungen bzw. Personen entstehen. Gari Pavkovic verspricht sich von einem kritischen Dialog mehr als davon, diese Einrichtungen zu ignorieren.[91]

Bei diesem Netzwerk handelt es sich um ein loses Netzwerk türkeistämmiger Akademiker und deren Unterstützer (türkeistämmige Unternehmer), die den Ansatz von Fethullah Gülen eigenverantwortlich umsetzen. Dieser besagt, dass Muslime ihre religiöse Pflicht erfüllen, indem sie sich für eine bessere Allgemeinbildung der jungen Muslime einsetzen. Voraussetzung für eine richtige Auslegung und Praxis des Islam sei eine gute humanistische Bildung und nicht nur die religiöse Unterweisung. Es gibt den Ausspruch von Gülen: „Baut Schulen und nicht Moscheen."

91 Folgende Einschätzung ist ein Arbeitspapier, das uns der Stuttgarter Integrationsbeauftragte Gari Pavkovic zur Verfügung gestellt hat. Es ist keine offizielle Stellungnahme der Stadt Stuttgart, auch nicht seiner Abteilung, sondern seine persönliche Einschätzung.

Damit verbunden soll auch eine größere Akzeptanz des Islam in nicht islamischen Ländern erfolgen. Deshalb engagiert sich derselbe Personenkreis vielfach gleichzeitig für den interreligiösen (christlich-islamischen) Dialog in Vereinen mit neutralen Namen wie beispielsweise in Stuttgart als „Akademie für Dialog" oder „Begegnungen e. V.". Die Vereine informieren die interessierte Öffentlichkeit über den Islam (mit Moschee-Führungen) oder organisieren Ramadan-Feste.

Die Lerninitiativen vor Ort beginnen als Nachhilfeinstitute ebenfalls unter einem neutralen Namen (ohne Bezug zu Türkei oder Gülen) und richten sich nicht nur an türkeistämmige Schüler/-innen, sondern an alle Schülergruppen. Die „Lernstuben" finanzieren sich hauptsächlich über die Elternbeiträge. Diese liegen meistens unter den Sätzen der sonstigen gewerblichen Schülerhilfen. Türkeistämmige Eltern schätzen das Angebot unter anderem deshalb, weil sie in den Einrichtungen muttersprachliche Ansprechpartner bekommen, die bei Bedarf im Einzelfall auch zwischen Elternhaus und Schule vermitteln können. Deutsche und andere nicht türkische Familien nutzen das Angebot, wenn es ihren Bedürfnissen entgegenkommt und preiswerter ist als die Konkurrenz auf dem Markt. „Crashkurse" vor entscheidenden Prüfungen und damit verbundenen Schulempfehlungen sind beliebt, wie z. B. in Stuttgart fächerbezogene Intensivkurse in den Ferien in Klassenstufe 3/4 und vor Prüfungen zum mittleren Schulabschluss bzw. Abitur.

Die Lernhilfe-Einrichtungen werden immer von engagierten Personen vor Ort initiiert und koordiniert, das heißt, es gibt vermutlich keine zentrale Organisationsstruktur, die über die Auswahl einzelner Standorte bestimmt. Es gibt aber vermutlich eine Vernetzung eines inneren Kreises des Gülen-Bildungsnetzwerks in Deutschland und weltweit.

Kritiker behaupten, dass in den Lerninstituten schulisch begabte türkeistämmige Muslime insgeheim im Sinne der Gülen-„Ideologie" religiös unterwiesen werden, damit sie später Schlüsselpositionen in der Gesellschaft übernehmen und diese somit „islamisch" unterwandern können (analog dem Ansatz der Scientology-Organisation). Die Lernhilfen seien nur das Medium, um eine islamische Elite im Sinne der geheimen Gülen-Agenda auszubilden. Konkrete überprüfbare Belege dafür fehlen bisher.

In einem zweiten Schritt werden private Schulen gegründet, so unter anderem in Mannheim oder in Stuttgart die BIL-Schule (Realschule und Gymnasium). Kauf und Ausstattung der Räumlichkeiten als Privatschulen werden von türkeistämmigen Unternehmern finanziert sowie von einem Förderkreis und über Spenden, die zum Teil auch über Hausbesuche eingesammelt werden. Der Schulbetrieb wird teilweise über das Schulgeld finanziert, nach drei Jahren erfolgt der Zuschuss des Landes. Das schulische Angebot richtet sich ebenfalls an alle Interessierten und hat – zumindest in Stuttgart – keine islamischen Inhalte wie Religionsunterricht o. Ä. auf dem Lehrplan. Eingestellt werden Lehrkräfte aller Nationalitäten. Die Verbindung von Schule und Nachmittagsbetreuung mit Hausaufgabenhilfen etc. kommt den Eltern entgegen, die nicht in der Lage sind, die Hausaufgabenbetreuung selbst zu übernehmen.

Kritiker[92] *sehen in der Gründung von Gymnasien einen weiteren Beleg für die geheime Elitenförderung junger Muslime, die über Bildung an das Gülen-Netzwerk gebunden werden sollen. Nachhilfeeinrichtungen und Privatschulen leugnen – zumindest in Stuttgart – ihre mögliche Nähe zu Gülen, das heißt, sie geben sich als weltanschaulich neutral. Erklärtes Ziel ist eine bessere Integration durch gute Bildung.*

In einem dritten Schritt folgt die Gründung privater Kindergärten, diesmal auch mit einem Profil als muslimischer Träger. Parallel dazu engagieren sich angebliche Gülen-Anhänger auch parteipolitisch, in Stuttgart vor allem in der CDU.

Aus den Schriften von Fethullah Gülen und aus den Aktivitäten seiner Anhänger in Deutschland lassen sich keine Anhaltspunkte entnehmen, dass diese gegen unsere demokratische Rechtsordnung verstoßen. Das Gülen-Netzwerk wird vom Landesamt für Verfassungsschutz nicht als extremistisch eingestuft. Kritiker verweisen auf frühere Beschuldigungen des türkischen Geheimdienstes gegen Gülen in der Türkei (angebliche Videobotschaften, in denen er seine Anhänger zur Bildung einer islamischen Republik aufgerufen haben soll), die später fallengelassen wurden. Gerichtsurteile in der Türkei sind – ob pro oder kontra Gülen – kein Maßstab für unser Handeln hierzulande.

Gülen propagiert ein traditionelles Islamverständnis im modernen Gewand, ähnlich Tariq Ramadan in Bezug auf arabische Muslime in Frankreich. Gülen erreicht insbesondere die aufstiegsorientierten deutschtürkischen Muslime der zweiten und dritten Einwanderergeneration, die in den traditionellen türkischen Islamverbänden wie DITIB, VIKZ, Milli Görüş und anderen keine verantwortliche Position übernehmen können oder wollen. Problematisch ist, dass die Bildungseinrichtungen vielfach eine geistige Nähe zu Gülen abstreiten, obwohl sie dadurch zumindest in Deutschland keine Nachteile zu befürchten hätten. In der Türkei hat der Machtkampf zwischen Laizisten/Kemalisten und den religiös orientierten Gruppen (AKP, Gülen-Netzwerk) einen ganz anderen Stellenwert, wobei beide Lager nicht unseren demokratischen Rechtsnormen entsprechen. Gülen-Anhänger in Deutschland verstehen sich selbst als ein Teil der deutschen Gesellschaft.

92 Siehe beispielsweise das Heft „Jugendkulturen zwischen Islam und Islamismus", siehe oben.

Als Integrationsbeauftragte erwarten wir von den Migrantenorganisationen, dass diese sich für eine bessere Integration der Einwanderer engagieren, und das möglichst nationalitätenübergreifend. Die genannten Bildungseinrichtungen erfüllen diese Erwartung. Insofern werden sie in Stuttgart als unsere Bündnispartner für Integration betrachtet und anerkannt, auch wenn wir bisher keine regelmäßige Zusammenarbeit mit diesen Bildungsinitiativen betreiben.

Das Entstehen der Lernstuben, Privatschulen usw. ist auch eine Reaktion auf fehlende Angebote einer individuellen Lernförderung junger Migranten seitens staatlicher/kommunaler Stellen und anderer Träger einschließlich der laizistischen türkischen Vereine. Deshalb versuchen wir in Stuttgart, durch Mentorenprogramme und andere Initiativen eine Alternative zum selbst organisierten Bildungsangebot der Muslime (Gülen-nahe Einrichtungen, Schülerinternate von VIKZ etc.) bereitzustellen.

Wir qualifizieren aber auch die Nachwuchskräfte in den islamischen Gemeinden als Kulturvermittler/Dialogmoderatoren und als Kooperationspartner der Kommune in der Integrationsarbeit. Muslime und ihre Organisationen sind ein Bestandteil unserer pluralen Bürgergesellschaft und sollen als solche ihren Beitrag zur Integration leisten. Somit stehen für uns die Potenziale dieser Bürgergruppen im Vordergrund und wir wollen diese Potenziale im Sinne unserer integrationspolitischen Ziele nutzbar machen. Dies geht nur, wenn wir die Muslime in unsere Programme einbinden, anstatt sie nur zu beobachten und zu kritisieren. Dies gilt jedoch nicht für nationalistische oder islamistische Vereine, da bei diesen erst die Basis für ein demokratisches Handeln entwickelt werden muss.

Längerfristig wird das Spektrum der konfessionellen Träger von Jugendhilfe- und Bildungsangeboten (bisher von Caritas und Diakonie/Evangelische Kirche dominiert) durch muslimische Träger erweitert werden, wenn diese sich professionalisieren. Die Voraussetzungen dafür erfüllen im Bildungsbereich vor allem Gülen-nahe Einrichtungen. Wir würden es eher begrüßen, wenn Muslime stärker als Fachkräfte in bestehende Strukturen eingebunden werden würden. Aber auch hier gilt: Fehlende interkulturelle Öffnung der bestehenden Regeldienste hat zur Folge, dass neue Akteure dazukommen.

Soweit die Position von Gari Pavkovic. Aus der Praxis bekommen wir andererseits Berichte, die eine allzu vertrauensvolle Kooperation in einem anderen Licht erscheinen lassen. Auch das Ministerium für Arbeit und Soziales Baden-Württemberg rät, die Angebote sorgfältig zu prüfen.

Neben den Nachhilfeeinrichtungen und Privatschulen gibt es auch eine sehr gezielte Mädchen- und Frauenarbeit. Es kommen Fachfrauen aus der Türkei oder es werden hier

Frauen ausgebildet, unter anderem mit einer Ausbildung in Neurolinguistischem Programmieren (NLP). Es werden sehr gut strukturierte und funktionierende Nachbarschaftshilfen eingerichtet. Die Betreuung der Kinder, die Haushaltsführung, Einkäufe in bestimmten Läden werden gemeinsam erledigt. Ein- bis zweimal in der Woche treffen sich die Frauen in Privaträumen und bekommen von den Leiterinnen Anweisungen, was sie machen müssen. Dabei wird immer darauf geachtet, dass die Frauen stets freundlich und harmonisch miteinander umgehen und sich auch gegenseitig kontrollieren. Insbesondere wird darauf geachtet, dass die Frauen die Gülen-Zeitschrift „ZAMAN" abonnieren und lesen.

Mädchen werden in den Ferien in andere Orte geschickt. Mädchen, die kein Kopftuch tragen und Hosen anziehen, müssen dort Rock und Kopftuch tragen. Sie werden in Koranlesung, Sittenlehre und Allgemeinbildung unterrichtet. Die Mädchen müssen ihre Handys abgeben und bekommen nur ein- bis zweimal in der Woche die Möglichkeit, ihre Eltern anzurufen. Manchmal wissen die Eltern nicht, wo die Herberge ist. Die Leiterinnen bauen ein starkes Vertrauen auf, sodass die Mütter ihre Kinder ohne Zögern abgeben.

4.3 TYPISCHE KONFLIKTFELDER

„Boykottieren muslimische Schüler die deutsche Schule? Entziehen sie sich auf Druck ihrer Eltern bestimmten Fächern und bleiben Klassenreisen fern? Glaubt man Politikern und Integrationsexperten, ist die Antwort eindeutig. Es sei nicht hinnehmbar, kritisiert die Integrationsbeauftragte der Bundesregierung, Maria Böhmer (CDU), dass islamische Familien ihre Kinder vom Turnunterricht abmelden. Stehe in Biologie Sexualkunde auf dem Lehrplan, würden Kinder für krank erklärt. In Schulen mit hohem Anteil ausländischer Schüler, weiß Böhmer, würden keine Klassenfahrten mehr unternommen, weil muslimische Schülerinnen regelmäßig nicht mitfahren dürften.

Bedroht scheint das Recht auf Bildung für alle Kinder, das für das Selbstverständnis der deutschen Schule zentral ist. (...) Kapituliert die deutsche Schule vor den religiösen Sonderwünschen muslimischer Eltern?“ [93]

Martin Spiewak recherchierte 2006 ausführlich und fand wenig empirische Belege für die hier aufgestellten Szenarien. Auch die Schulen mit sehr hohem Migrantenanteil meldeten kaum relevante Probleme. Und wenn doch, verliefen die Konflikte oft nicht nach religiösen Linien. So gebe es Mädchen aus säkularen Elternhäusern, die nicht ins Schullandheim dürften, während Kopftuchträgerinnen ohne Diskussion mitfahren könnten.

Inzwischen gibt es durch eine repräsentative Studie [94] zum muslimischen Leben in Deutschland empirisches Material. Die überwiegende Mehrheit muslimischer Mädchen und Jungen nimmt am gemischtgeschlechtlichen Sport- und Schwimmunterricht teil. Insgesamt bleiben jedoch sieben Prozent der muslimischen Mädchen einem angebotenen gemischtgeschlechtlichen Schwimmunterricht fern und zehn Prozent nehmen nicht an Klassenfahrten teil. Wobei unklar bleibt, bei wie vielen tatsächlich religiöse Gründe für die Entscheidung maßgeblich sind.

Die meisten Schulleiter, die Martin Spiewak befragt hat, waren sich aber einig: Schlechte Deutschkenntnisse, miserable Zeugnisse und die Chancenlosigkeit der Jugendlichen, eine Lehrstelle zu finden, seien die wirklichen Probleme. Angesichts dieses Schulversagens sei die punktuelle Abmeldung vom Schwimmunterricht „zweitrangig – nein viertrangig!“.[95]

---

93 Martin Spiewak; in: Die Zeit, Nr. 50, 7.12.2006

94 www.bmi.bund.de/SharedDocs/Downloads/DE/Themen/Politik_Gesellschaft/DIK/vollversion_studie_muslim_leben_deutschland_.html?nn=109628

95 Ebenda

Wenn wir uns in diesem Kapitel mit den genannten Konfliktkonstellationen auseinandersetzen, dann deswegen,

- weil wir in Fortbildungen oder im Kontext der Praxisentwicklung sehen, dass hier eine große Verunsicherung besteht,
- weil sich – auch wenn es sich nur um Einzelfälle handelt – diese Konfliktsituationen für die einzelnen Pädagogen und Pädagoginnen, aber auch für die Einrichtung sehr gut eignen, um eine eigene Haltung zu entwickeln und schließlich
- weil diese Einzelfälle auch das Klima der Schule wesentlich beeinflussen können.

Es geht nicht um die Frage des richtigen oder falschen Handelns als vielmehr um die Entwicklung einer Haltung und das Ergründen potenzieller Handlungsspielräume und -alternativen. Wichtiger als die Frage, wie die konkrete Lösung aussieht, scheint uns die Frage, ob es überhaupt eine Lösung gibt, und wenn ja, ob und wie sie den Eltern vermittelt wird.

Die beste Lösung wird immer die sein, mit der beide Seiten gut leben können. Dies ist in der Regel kein Kompromiss oder auch kein „konfliktvermeidendes" Wegsehen im Einzelfall, sondern eine pädagogische Entscheidung und deren ernsthafte Vermittlung.

Folgende Schritte sind hilfreich für den Umgang mit Konfliktkonstellationen oder umstrittenen Themen:

- Die Einrichtung erkundet die Bedenken und Ängste der Eltern und nimmt sie ernst.
- Sie überprüft das eigene Konzept darauf hin, an welchen Punkten man diese Sorgen berücksichtigen kann, ohne dem eigenen pädagogischen Anliegen zu schaden.
- Wenn es Strukturen der Partizipation von Eltern und Kindern/Jugendlichen gibt, werden sie einbezogen.
- Die Einrichtung trifft eine Entscheidung.
- Sie nimmt sich die Zeit, diese Entscheidung in klaren und einfachen Botschaften zu begründen.
- Sie organisiert entsprechende Räume, um die Entscheidung den Eltern und gegebenenfalls auch den Kindern und Jugendlichen gegenüber zu vermitteln.
- Sie sucht auf der Grundlage dieser Entscheidung in jedem Einzelfall nach kreativen Wegen, allen Beteiligten ohne Gesichtsverlust zu ermöglichen, diese Regelung einzuhalten.
- Sie setzt die Regelung notfalls auch konsequent und doch zu jedem Zeitpunkt respektvoll und um Begründung und Verständigung bemüht durch.
- Sie überprüft nach einem gewissen Zeitraum die Regelung auf ihre Praktikabilität und ihre pädagogische Sinnhaftigkeit.

Generell kann man sagen:

- Je größer das Vertrauen der Eltern zu den Einrichtungen ist,

- je stärker Eltern am Schulleben partizipieren,
- je besser die Kontakte der Schulen zu Migrantenvereinen, Moscheen oder Müttern im Stadtteil sind,

desto einfacher ist es, die Eltern zu überzeugen.

Teilnahme am Schullandheimaufenthalt

Aus dem schulischen Bereich ist besonders die Frage nach der Teilnahme von – vor allem muslimischen – Mädchen an Übernachtungsaktionen ein Praxisbeispiel, das pädagogische Fachkräfte in ihrem Handeln verunsichert: Hin und her gerissen zwischen eigenen Wertvorstellungen (Emanzipation und Autonomie), dem Wunsch, den Mädchen eine selbstverständliche Teilnahme an Klassenaktivitäten zu ermöglichen, und auch dem Respekt vor der elterlichen Erziehungsautonomie, erleben sie eine Pattsituation, die sie zunächst nicht für sich auflösen können.

Was tun? Eltern darauf ansprechen oder wirkt das bedrängend? Den Wunsch der Eltern einfach respektieren oder versuchen, „für die Mädchen was rauszuholen"? Und wenn die Mädchen nicht mitgehen – wie soll dies der Klasse gegenüber kommuniziert werden? Oder lieber gar nichts sagen, um nicht unnötige Rechtfertigungssituationen zu schaffen?

Beim Elternabend einer Grundschule wird über einen zweitägigen Schullandheimaufenthalt auf einem Bauernhof entschieden: Einige muslimische Eltern, die sich sonst immer wieder aktiv am Klassenleben beteiligen, sagen, dass sie ihre Töchter nicht mitschicken werden. Es wird während des Elternabends nicht konkret nachgefragt, warum die Eltern ihre Kinder nicht mitschicken wollen oder können. Die Lehrerin bietet den Eltern lediglich eine Internetadresse an, wo sie sich über den Ort und die Arbeit des Bauernhofs informieren können.

Was wäre anders, wenn …

- die Lehrerin – statt eine Internetadresse anzugeben – eine kleine Visualisierung des Bauernhofs vorbereitet hätte (Kurzfilm, Bilder etc.)?
- die Lehrerin die muslimischen Eltern auf dem Elternabend nach ihren Bedenken fragen würde?
- die Lehrerin muslimische Elternvertreter/-innen früherer Jahrgänge zum Elternabend eingeladen hätte, damit diese von ihren Erfahrungen berichten können?
- die Lehrerin bereits im Vorfeld mit den Eltern Einzelgespräche geführt hätte, um zu ergründen, welche Bedenken und Ängste möglicherweise vorliegen und wie Vertrauen aufgebaut werden könnte?
- die Lehrerin im Vorfeld geklärt hätte, ob es sich bei diesem Bauernhof um einen Schweinehaltungsbetrieb handelt?

- die Lehrerin im Vorfeld mit den Migranteneltern zum Bauernhof gefahren wäre, um sich diesen direkt anschauen zu können?

Erfahrungen zeigen, dass ein ernsthaftes Aufgreifen elterlicher Sorgen den Eltern ermöglicht, selber nach gangbaren Wegen zu suchen. Welche der hier vorgeschlagenen Anregungen jeweils am besten passt, ist im Einzelfall zu entscheiden. Für manche Eltern kann der Verweis auf das Internet als Informationsquelle sehr hilfreich sein. Andere verfügen weder über die entsprechenden Kompetenzen noch die nötige Infrastruktur und sind somit von wichtigen Informationen abgeschnitten. Im Gegenteil kann sich bei ihnen ein Druck aufbauen, den in sie gesetzten Erwartungen nicht zu entsprechen.

Die Gründe, weshalb sich Eltern gegen einen Schullandheimaufenthalt ihrer Kinder sträuben mögen, können ganz unterschiedlich sein:

- Das Vertrauen in die Betreuungspersonen ist nicht vorhanden.
- Sie fürchten um die Sicherheit ihrer Töchter.
- Sie lehnen Werte und Inhalte ab.
- Sie befürchten eine Abwertung ihrer kulturellen und religiösen Gepflogenheiten.

Diese Sorgen und Bedenken gilt es anzusprechen und ernst zu nehmen. Grundsätzlich wichtig dabei ist eine offene und nachfragende Haltung. Die Eltern wollen gerne in die Entscheidungsprozesse einbezogen und beteiligt werden. Wichtig ist, herauszufinden, was sich Eltern wünschen, damit sie ihre Kinder beruhigt außerhalb des Hauses übernachten lassen können. Und welche weiteren Probleme könnten darüber hinaus noch bestehen? So zeigt folgendes Praxisbeispiel, dass sehr vieles immer noch an vermeintlichen Kleinigkeiten scheitert – und dies sind dann oft Erfahrungen, die auch unter Migranteneltern tradiert werden.

Eine Grundschule fährt für zwei Tage zu einem Bauernhof. In der Klasse sind neun muslimische Kinder, von denen zwei nicht mitgehen. Die teilnehmenden Kinder kommen enttäuscht zurück, obwohl ihnen das Rahmenprogramm gefallen hat. Besonders bedauern sie, dass es am Lagerfeuer nur Wurst aus Schweinefleisch gab. Ein Mädchen erzählte ihren Eltern, dass sie als Ersatz nur Brot zum Grillen bekamen. Sie berichtet, wie anders sie sich gefühlt habe, ausgeschlossen und benachteiligt, und dabei habe sie großen Appetit verspürt. Da hätte sie doch ein Stück Wurst gegessen, habe aber dadurch große Schuldgefühle gehabt. Auch zum Frühstück habe es nur Wurst aus Schweinefleisch gegeben. Die Eltern erfahren weiter, dass die Klassenlehrerin vor der Abreise den Bauernhof über die muslimischen Kinder informiert, aber das Bauernhofteam diese Information nicht berücksichtigt habe. Die Mutter des Mädchens ruft beim Leiter des Bauernhofes an und beschwert sich über die Verpflegung. Daraufhin wird sie vom Leiter gefragt, was denn die musli-

mischen Kinder essen würden. Diese Frage irritiert die Mutter. Sie kann es nicht verstehen, dass nach vielen Jahren der Migration immer noch wichtige Punkte nicht verstanden werden. Bei diesem Telefonat versichert der Leiter des Bauernhofes, dass sein Team in Zukunft auf die muslimischen Kinder Rücksicht nehmen wird. —

Hier wird deutlich, dass Fragen der Verpflegung mit Kooperationspartnern im Vorfeld sehr klar besprochen werden müssen. Eine Checkliste über geeignete Lebensmittel könnte hier hilfreich sein und würde die Ausgrenzung der Migrantenkinder zukünftig verhindern. Kulturelle und religiöse Besonderheiten sollten wahr- und ernst genommen werden.

Migranteneltern brauchen das Gefühl des Vertrauens. Ein Beispiel zeigt, dass es keinesfalls darum geht, dass (manche) muslimische Eltern grundsätzlich damit Schwierigkeiten haben, ihre Töchter außerhalb übernachten zu lassen.

— *Eine muslimische Familie schickt ihr Kind nicht zum Schullandheim, über das den Eltern alle wichtigen Informationen sowohl mündlich wie auch schriftlich gegeben werden. Die gleiche Familie lässt ihr Kind jedoch am Sommerferienprogramm einer Migrantenorganisation teilnehmen, nachdem sie von einer Person ihres Vertrauens am Abend vor der Abreise angefragt wird. Die Familie kennt weder die Adresse des Ferienprogramms noch weiß sie um die Inhalte des Ferienprogramms. Die Aufsichtspersonen sind ihnen fremd. Die Eltern sind nicht beunruhigt.* —

Teilnahme am Schwimmunterricht

Ein ähnliches Dilemma zeigt sich bei der Frage, ob muslimische Mädchen am Schwimmunterricht teilnehmen dürfen bzw. ob die Kinder generell schwimmen lernen sollen. Es gibt verschiedene pädagogische, religiöse und präventive Begründungen von Eltern, ihre Kinder nicht zum Schwimmunterricht schicken zu wollen.

Die pädagogische Begründung

Schwimmen wird meist nicht als Aufgabe der Schule gesehen, weil Schwimmen, Turnen, Leichtathletik usw. in den Herkunftsländern der Eltern nicht als ein Teil der Pädagogik anerkannt ist oder verstanden wird. Es wird eher als Pausenaktion gesehen. Eltern, die in ihrer Heimat in der Schulzeit Sport nicht als wichtigen, fördernden und erwünschten Unterricht erlebt haben, können daher besonders das Schwimmen abwerten, es nicht für erforderlich und sinnvoll erachten.

Im eigenen Kulturkreis gibt es kaum Vorbilder, die durch das Schwimmen auch berufliche Karriere machen. Die Bedeutung (psychische und physische Gesundheit/Ausgleich) des

Schwimmens wird nicht gesehen und verstanden. Auch bestimmte Sportarten, die nicht nachvollziehbar sind, werden abgewertet. Demgegenüber wird von manchen Eltern z. B. Fußballspielen als möglicher Beruf angesehen und entsprechend gefördert.

Die präventive Begründung

Da die Eltern selbst meist nicht schwimmen können, wird das Schwimmen als gefährlich eingestuft. Besonders bei schlechtem Wetter haben sie Sorge, ihr Kind könne sich erkälten.

Die religiöse Begründung

Es gibt einige Hadithen (Empfehlungen des Propheten Muhammed), die das Schwimmen empfehlen. Manche Prediger in den Moscheen jedoch lehnen für Frauen das Schwimmen grundsätzlich ab. In den muslimischen Frauengruppen, mit denen wir Kontakt hatten, wird das Schwimmen in der Regel auch nicht befürwortet oder es wird geschlechtergetrenntes Schwimmen mit einer bestimmten Badekleidung angeordnet. Diese dürfen weder Jungen noch Mädchen reizvoll finden – so muss z. B. über den Badeanzug noch eine Radlerhose angezogen werden oder es wird ein Ganzkörperbadeanzug angeordnet. Mädchen, denen auferlegt ist, schon in jungen Jahren ihren Körper bedeckt zu halten, werden vom Schwimmunterricht ferngehalten.

Es gibt auch innerhalb der nur für Mädchen und Frauen organisierten Schwimmmöglichkeiten geteilte Meinungen. Einige schreiben bei Geschlechtertrennung keine bestimmte Kleiderordnung vor, wieder andere setzen spezielle Badekleider voraus, um lesbischen Gefühlen entgegenzuwirken.

Da es verschiedene Gründe geben kann, ist es sinnvoll, bei den Eltern genauer nachzufragen. Viele Eltern nennen meist aber den religiösen Grund, weil dieser aus ihrer Erfahrung von der Schule akzeptiert wird.

Welche Lösungsmöglichkeiten gibt es?

Die Rechtslage scheint einigermaßen klar: Nach einem Urteil des Verwaltungsgerichts Düsseldorf vom 7.5.2008 muss die Klägerin, ein muslimisches Mädchen, am gemeinsamen Schwimmunterricht mit Jungen teilnehmen. „Die Verpflichtung zur Teilnahme stelle zwar einen Eingriff in die Religionsfreiheit dar, der jedoch durch nicht körperbetonte Schwimmbekleidung stark reduziert werden könne. Der Erziehungsauftrag des Staates wiege damit schwerer als der Eingriff.“ [96]

---

96 Zitiert nach Spiegel online, www.spiegel.de/schulspiegel/wissen/0,1518,552057,00.html

- Manche Schulen mit hohem Migrantenanteil unterrichten getrenntgeschlechtlich. Der nicht koeduaktive Schwimm- und Sportunterricht kann pädagogisch auch ohne Verweis auf das Migrationsthema begründet werden.
- Wo sich dies nicht einrichten lässt, schicken andere Schulen muslimische Schülerinnen zum Frauenschwimmen, das mittlerweile viele Badeanstalten in städtischen Ballungsgebieten anbieten. Die Schülerinnen müssen dann eine Bescheinigung aus dem Schwimmbad mitbringen.
- Andere prüfen die oft sehr engen Hausordnungen und ermöglichen den muslimischen Mädchen, weite nicht körperbetonte Kleidung oder z. B. den Burkini zu tragen, einen modischen Ganzkörperschwimmanzug, wie er sich zurzeit auch im Leistungsschwimmen durchsetzt.

Gestaltung des Biologieunterrichts

Das Sprechen über Sexualität, Veränderungen während der Pubertät, Aufklärung und Liebe muss migrationssensibel angegangen werden – sowohl im Umgang mit den Jugendlichen und jungen Erwachsenen wie auch im Umgang mit den Eltern. Während außerschulische Bildungsträger häufig schon neue Wege und Methoden entwickelt haben, sind Schulen mit ihren klassischen Bildungsplänen oft überfordert und ratlos, wie mit Situationen umzugehen ist, die die Mädchen und Jungen vor ein Dilemma stellen. Exemplarisch hier das Beispiel von Nesra, einem zehnjährigen Mädchen.

Nesra bringt die im Biologieunterricht ausgeteilten Flyer über die Entwicklungen des Körpers nach Hause mit. Das Mädchen ist bislang so erzogen, dass sie über Geschlechtsteile nicht sprechen und besonders das andere Geschlecht nicht nackt sehen darf. Mit Bedenken zeigt Nesra ihrer Mutter die Flyer, weil sie ihr gegenüber auch loyal bleiben möchte. Die Reaktion der Mutter ist Empörung und Wut über die deutsche Schule. Sie beschimpft die Schule als ehrlose Einrichtung, zerreißt die Flyer und verbietet ihrer Tochter den weiteren Besuch des Unterrichts.

Fragen, die sich hier stellen: Weiß die Lehrerin, in welcher Tradition Nesra in Bezug auf Sexualität bislang erzogen wurde? Wie sind die Flyer und Unterrichtsmaterialien gestaltet – sind es echte Filme und Fotos oder schematische Darstellungen? Hat Nesra das Vertrauen zu ihrer Lehrerin, um ihr von den Reaktionen ihrer Mutter erzählen zu können?

Nesra besucht trotz des Verbots weiterhin den Unterricht. Durch den Unterricht bekommt sie wichtige Informationen über die Veränderungen des Körpers, besonders über Menstruation vermittelt. Deshalb ist sie auch nicht erschrocken, als ihre erste Periode einsetzt. Sie weiß, wie sie sich zu verhalten hat, und versteht es als einen natürlichen Vorgang des Reifeprozesses. Daher empfindet sie es als normale und altersentsprechende Entwicklung. Auch kann sie sich ungehemmt mit ihren Klassenkameradinnen austauschen. Zu Hause wird sie nicht aufgeklärt. Auch als sie ihre Mutter nach einer Binde fragt, reagiert die Mutter mit einer negativen Bemerkung. —

Nesra profitiert für sich von der Teilnahme am Unterricht: Ohne den Unterricht könnte sie bei Eintreten der Blutung verunsichert sein und sich vielleicht jedes Mal als schmutzig empfinden, weil z. B. im Türkischen die Menstruationszeit so bezeichnet wird. Sie könnte sich als Mädchen und später als Frau negativ wahrnehmen. Insofern erlebt sie hier einen Kompetenzzuwachs, den sie jedoch nicht mit ihrer Mutter teilen kann.

— *Als Nesra 12 Jahre alt ist, muss sie ihre Mutter, die über ungenügende Deutschkenntnisse verfügt, zum Frauenarzt begleiten. Solange der Arztbesuch dauert, muss sie die Zusammenhänge verstehen und übersetzen. Nach dem Arztbesuch jedoch bleiben die Fragen, die Nesra ihrer Mutter stellt, unbeantwortet. Es wird ihr sogar untersagt, sich Gedanken darüber zu machen. Sie wird aufgefordert, lediglich ihre Aufgabe zu erfüllen: Für die Mutter ist in erster Linie wichtig, dass sie eine Person hat, die für sie übersetzt.* —

Die Mutter versucht also, Werte an Nesra weiterzugeben, die ihr selber vermittelt worden sind – nämlich den nackten Körper mit Sexualität und Lust – und damit mit Sünde und Gefahr für die Ehre gleichzusetzen. Gleichzeitig muss Nesra in der Situation beim Frauenarzt Dinge übersetzen, über die sie normalerweise nicht reden darf.

Was bedeutet dieses Praxisbeispiel nun für uns Pädagogen und Pädagoginnen?

Zum einen wird deutlich, mit welchen Ambivalenzen und zum Teil auch Heimlichkeiten Mädchen und Jungen zu kämpfen haben, die in ihren Familien nicht über Sexualität sprechen können. Deutlich wird auch, dass diese Hemmungen und Hindernisse in der Unterrichtsgestaltung beachtet werden müssen. Beim Blick auf die Eltern steht bei den meisten von uns vermutlich zunächst die Fokussierung auf die ablehnenden Reaktionen der Eltern im Vordergrund. Wir sehen und bemängeln, wo sie unser Meinung nach ihren Kindern wichtige Informationen und Kompetenzen vorenthalten. Dies ist richtig, jedoch sollten wir dabei nicht stehen bleiben, denn wenn wir die Möglichkeit haben, genauer hinzuschauen, können wir auch schnell erkennen, dass die Eltern selbst mit dem Thema überfordert sind. Und dann müssen wir entsprechende Konzepte entwickeln, die dies berücksichtigen.[97]

97 → Praxisreflexionen 5.8

Hier einige wichtige Fragen, die bei diesem Thema mit den Eltern beantwortet werden sollten:

- Was bedeutet es für die Eltern, wenn sie von ihren Kindern mit einem Tabuthema konfrontiert werden?
- Welche Erfahrungen haben sie in ihrer Pubertätszeit gemacht mit dem Thema Sexualität?
- Über welches Wissen verfügen sie?
- Welche Hemmungen und Ängste haben sie?
- Was bedeutet für sie Aufklärung? Wann und wie wurden sie selber aufgeklärt?
- Kennen die Eltern ihren eigenen Körper und die Vorgänge in ihm? Dürfen sie das wissen?
- Welche Unterstützung brauchen die Eltern?
- Wie muss die Elternarbeit gestaltet sein, damit die Eltern dieses Thema akzeptieren und für sinnvoll erachten und damit die Kinder, wie im obigen Beispiel beschrieben, nicht in Loyalitätskonflikte geraten?

— *In einem muttersprachlichen Gesprächskreis tauschen sich die Mütter über das Thema Aufklärung aus. Die Kursleiterin befragt die Teilnehmerinnen über die eigenen Erfahrungen. Es wird sowohl über dramatische wie auch positive Erfahrungen berichtet. Es fällt auf, dass die meisten Frauen am Anfang gehemmt, verunsichert sind, aber auch ein großes Bedürfnis haben, zu erfahren, wie sie mit ihren Kindern darüber sprechen können. Sie drücken ihre Ohnmacht und Überforderung aus. In der Gruppe wird ein Beispiel einer Teilnehmerin aufgegriffen, die bei ihrer ersten Periode von ihrer Mutter ein Geschenk bekommen hat. Die Mütter nehmen diese Idee mit und fühlen sich nach dem Treffen erleichtert.*
Eine 30-jährige muslimische Frau, die mit ihrer siebenjährigen Tochter alleine lebt, leidet an einer Hormonstörung. Sie wird von ihrer Familienhelferin zum Frauenarzt begleitet. Nach der Untersuchung erklärt der Gynäkologe, dass ihre Eierstöcke nicht gut funktionieren und deshalb ihre Periode unregelmäßig einsetzt. Nachdem die Frau die Praxis verlassen hat, fragt sie die Familienhelferin, für was denn die Eierstöcke gut sind, ob sie ein wichtiges Organ seien und ob sie unbedingt die verschriebenen Tabletten einnehmen müsse. —

Mit diesem Wissen im Hinterkopf können Unterrichtseinheiten anders gestaltet werden.

- Im Rahmen von Elterngesprächen (vereinzelt möglicherweise auch an Elternabenden) können die Eltern über die anstehenden Inhalte des Unterrichts informiert werden. Für die Eltern besteht dann die Möglichkeit, ihre Bedenken in einem geschützten Rahmen vorbringen zu können. Wichtig ist, den Eltern zu signalisieren, dass ihre Bedenken gehört werden.
- Man kann überlegen, ob man zur Visualisierung keine Fotos oder Filme, sondern stilisierte Darstellungen verwendet.
- Die Bearbeitung dieser Fragen in geschlechtsgetrennten Gruppen während des Unterrichts hat sich bewährt.

Doch nicht nur bezogen auf den schulischen Kontext muss die bisherige Praxis reflektiert werden, auch in der Beratungs- und Präventionsarbeit müssen sich Mitarbeiter/-innen auf eine Reflexion ihrer Arbeit einlassen. Ein gutes Beispiel für einen solchen Prozess ist die Beratungsstelle Lilith in Pforzheim,[98] die ihre Arbeit auf den Prüfstand stellte. Dazu gehörte für die dort arbeitenden Frauen, sich in Fortbildungen mit türkischen Wert- und Moralvorstellungen auseinanderzusetzen. Schnell waren die Frauen mit der eigenen Befremdung über die Vorstellungen von Ehre und deren Auswirkungen auf das Geschlechterverhältnis und die Sexualität konfrontiert, aber auch mit der Differenz ihrer eigenen eher feministisch-mittelschichtsorientierten Haltung gegenüber den Klientinnen, die sie mit ihrem Beratungsangebot bisher zu wenig erreicht haben.

In der Folge reflektierten die Pädagoginnen ihre Arbeit durch Literaturstudium und Diskussionen mit einer türkeistämmigen Fachfrau, die bei Präventionseinheiten hospitierte. Als Ergebnis wurden folgende Veränderungen für die eigene Arbeit beschlossen, die hier vorgestellt werden sollen, da sie durchaus übertragbar auf den Biologieunterricht an Schulen sind:

- *Das für einige Kinder schambesetzte Thema Körper wird nicht mehr in der ersten Unterrichtseinheit behandelt. Den Einstieg bildet jetzt das Präventionsthema Gefühle.*
- *Die Unterscheidung zwischen schönen und blöden Gefühlen sowie angenehmen und unangenehmen Berührungen führt jetzt zum Körperthema hin. Bevor die Arbeitsblätter mit Zeichnungen nackter Kinderkörper verteilt werden, sprechen wir den unterschiedlichen Umgang mit Nacktsein in den Familien an. Bei dem Arbeitsblatt zur Benennung unterschiedlicher Körperteile (einschließlich der Geschlechtsteile) werden die Körperteile in verschiedenen Sprachen bezeichnet, um deutlich zu machen, dass es auch in der russischen, türkischen, italienischen Sprache etc. Wörter für alle Körperteile gibt.*
- *Wir gehen differenzierter mit dem Slogan „Kein Küsschen auf Kommando" um. Es gibt in verschiedenen Ländern und Kulturen unterschiedliche Begrüßungsrituale, die wir künftig stärker berücksichtigen wollen. In Familienkulturen, wie sie viele türkische und arabische Migrantenfamilien pflegen, gebietet die Altershierarchie den Jüngeren Respekt und Höflichkeit gegenüber Älteren. Der Wangenkuss oder gar der Handkuss als Zeichen der Ehrerbietung sind übliche Ausdrucksformen von Höflichkeit. Sie entsprechen dabei in etwa dem Händedruck, der bei der Mehrheit der westeuropäischen Gesellschaften eine höfliche Begrüßung begleitet. Sie sind kein spontaner Ausdruck von Zuneigung und Intimität, sondern fast unausweichliche Rituale, ... es kann nicht um die Änderung und Vereinheitlichung traditioneller Verhaltensweisen unabhängig von der kulturellen Herkunft gehen.*

---

98 → Praxisreflexionen 5.8

- *Bei den Elternabenden wollen wir einen vorsichtigeren Einstieg wählen. Bisher wurden eingangs Beispiele sexuellen Missbrauchs vorgetragen. Die Benennung konkreter sexueller Gewalthandlungen gleich zu Beginn des Abends verletzt die Schamgefühle einiger Eltern. Wir wollen künftig sensibler auf den unterschiedlichen Umgang mit Sexualität und sexueller Gewalt eingehen.*
- *Längere Diskussionen entspannen sich in unserem Team zum Thema Aufklärungsbücher und wie diese auf unterschiedliche Eltern wirken. Wichtig ist, dass wir eine Auswahl verschiedener Bilderbücher vorlegen und diese bei den Elternabenden zur Ansicht herumgeben. So müssen die Mütter und Väter nicht selbstständig auf diese Literatur zugehen und können einfach schauen, ob es Texte und Bilder gibt, die ihren Vorstellungen von sexueller Bildung für die eigenen Kinder entsprechen.*
- *Bei der intensiven Suche nach geeigneten Bilderbüchern als Anschauungsmaterial zeigte sich jedoch, dass es viele sehr gute Kinderbücher für die Präventionsarbeit gibt, die sich jedoch alle in Bild und Text stark an einem deutsch mittelschichtig emanzipatorischen Familienleben orientieren. Diese gehen an der Lebensrealität der Zielgruppe der Elternabende vorbei. Froh sind die Mitarbeiterinnen von Lilith über eine Broschüre für Mütter und Väter des Vereins Strohhalm e. V. aus Berlin mit dem Titel „Wie können Mädchen und Jungen vor sexuellem Missbrauch geschützt werden?“,*[99] *die zweisprachig erhältlich ist und die auch Beispiele aus dem Leben türkischer Familien benennt.*

Für Lilith war auch sehr wichtig, mit den Eltern ins Gespräch zu kommen. Die Beratungsstelle hat daher den Schulen Elternabende angeboten, gerade an Schulen mit einem hohen Migrantenanteil.

Die Elternabende waren *„absolut kein Selbstläufer“*. Immer wieder begegnete den Mitarbeiterinnen von Lilith große Abwehr: *„Ich glaube nicht, dass da jemand kommt. Darüber wird bei uns nicht gesprochen.“* Der Erfolg der Veranstaltungen hing von den Schlüsselpersonen, ihren Kontakten und ihrer Überzeugungskraft ab. Die Eltern, die zu den Veranstaltungen kamen, waren dann aber sehr interessiert und zum Teil sehr offen. Ein großer Bedarf an der Diskussion von Erziehungsfragen mit kompetenten Ansprechpersonen wurde ebenso offensichtlich wie der Vorteil zweisprachiger Angebote für bestimmte Zielgruppen.

— *Oft ergaben sich lebhafte Diskussionen darüber, wie Begriffe wie „sexueller Missbrauch“ oder „sexuelle Übergriffe“ ins Türkische übersetzt werden könnten. Immer wieder thematisiert wurde die Frage, ob Sexualerziehung durch die Eltern wirklich sinnvoll wäre und warum uns das so wichtig sei.* —

---

99 Siehe Literaturverzeichnis im Anhang

4.4 KINDERSCHUTZ – EIN THEMA FÜR DIE ELTERNARBEIT

Es gibt zurzeit eine breite Fachdebatte zum Thema Kinderschutz und zur Umsetzung des neuen Kinderschutzparagrafen 8a SGB VIII in der Kinder- und Jugendhilfe mit ausgearbeiteten Konzepten, Verfahren und Standards. Aber es gibt so gut wie keine Fachdebatte zu Fragen des migrationssensiblen Kinderschutzes.[100]

Braucht es hier eine gesonderte Debatte? Braucht das Thema Kindeswohlgefährdung und staatlicher Kinderschutz in der Arbeit mit Familien mit Migrationshintergrund andere Verfahren und Konzepte? Als erste Antwort auf die Frage könnten wir mit Franz Hamburger konstatieren, dass die Arbeit mit Migranten keiner Sonderpädagogik bedürfe, die zu einer erneuten Besonderung beitragen und suggerieren würde, man könne Konzepte für diese heterogene Gruppe sinnvollerweise formulieren. Man müsse nur „das Allgemeine besonders gut können".[101] Doch was bedeutet diese Aufforderung für den Kinderschutz?

Wir können hier nur einige Impulse geben mit dem Ziel, die Fragestellungen für diese ausstehende Debatte präziser formulieren zu können.

Folgende Bereiche sind hier relevant:
- Erreichen die Institutionen alle Familien, in denen Kinder gefährdet sind?
- Werden bei der Gefährdungseinschätzung die gleichen Maßstäbe angelegt?
- Sind die angebotenen Hilfen für alle Familien passend?

Wir müssen davon ausgehen, dass es in manchen Migrantenmilieus Familien gibt, die durch die gängigen Angebote der Kinder- und Jugendhilfe und auch durch Kindergärten und Schulen nur unzureichend erreicht werden. Wir müssen hier gar nicht darüber spekulieren, ob in diesen Familien eine erhöhte Kindeswohlgefährdung zu erwarten ist, sicher ist aber, dass die Fälle, die es gibt, nur unzureichend bekannt werden.[102]

Die **Frage des Zugangs** haben wir an anderer Stelle thematisiert[103] und wollen dieser Frage daher hier nicht weiter nachgehen. Die Relevanz des Themas Kinderschutz für die Elternar-

---

100 Gemeinsam mit dem Institut für sozialpädagogische Forschung Mainz (ism e. V.) führt die Internationale Gesellschaft für erzieherische Hilfen (IGfH e. V.) ein Projekt zur Umsetzung des Kinderschutzauftrages bei Familien mit Migrationshintergrund durch. Informationen unter: www.ism-mainz.de

101 Zitiert nach Paul Mecheril (2004), S. 125

102 Dies wäre allerdings auch zu konstatieren für Ober- und Mittelschichtfamilien, zu denen das Jugendamt aus anderen Gründen wenig Zugang hat bzw. ihn nicht sucht, weil es keine Kindeswohlgefährdung erwartet.

103 ➔ Planungshilfen 3.4, Praxisreflexionen 5.1

beit wird aber genau hier ersichtlich, wenn Mitarbeiter/-innen über neue Formen der Elternarbeit Einblicke in Familien bekommen, zu denen eben nur sie Zugang haben.

Die **Frage der passgenauen Hilfen** in der Krisenintervention übersteigt die Fragestellung dieser Handreichung. Wir können hier für den Bereich Gewalt gegen Mädchen verweisen auf Fachstellen wie beispielsweise die Angebote der Evangelischen Gesellschaft mit der anonymen Wohngruppe ROSA für junge Migrantinnen und der Beratungsstelle Yasemin für junge Migrantinnen in Konfliktsituationen.[104] Für die Jugendämter stellt sich darüber hinaus die Aufgabe, die bestehenden erzieherischen Hilfen migrationssensibel kreativ zu gestalten – und dies nicht erst beim Thema Kindeswohlgefährdung, sondern auch schon bei problematischem Erziehungsverhalten.

Ambivalente Gefährdungseinschätzung

Für unseren Kontext relevant ist die Frage nach der Gefährdungseinschätzung. Bei einem teaminternen Workshop in einer Jugendhilfeeinrichtung wurden zwei gegensätzliche „Fallen" formuliert, die die Einschätzung bei Familien mit Migrationshintergrund beeinflussen und zu einer falschen Schlussfolgerung führen können:

- Einige Mitarbeiter/-innen sahen bei sich eher die Gefahr, dass sie im Kontakt mit einer Familie mit Migrationshintergrund bei gleicher Ausgangslage schneller das Jugendamt einschalten würden. Als Grund gaben sie die eigenen Bilder im Kopf an, die bei bestimmten Migrantenfamilien dazu führen würden, eher an Gewalt, Missbrauch bis hin zu Ehrenmord zu denken und auch an die Gefahr, dass die Betroffenen aus Deutschland in das Herkunftsland verschleppt werden könnten.
- Andere Mitarbeiter/-innen gingen eher davon aus, dass sie vermutlich länger zögern würden, ein Kinderschutzverfahren einzuleiten. Hierfür gibt es zwei unterschiedliche Gründe: Manche vermuten mit der *Kulturbrille*[105] andere kulturspezifische Umgangsformen („mit Kindern wird weniger gespielt", „Kinder schlafen im gleichen Bett", „eine Ohrfeige ist normal") und legen daher andere Maßstäbe in ihrer Beurteilung an. Andere zögern mit schnellen Eingriffen, weil sie mit der *Diskriminierungsbrille* vermuten, dass die Familie jeden Verdacht als erneute Diskriminierung erlebt und jeden staatlichen Eingriff als Versuch der „deutschen" Gesellschaft, der Familie die Kinder wegzunehmen. Dies würde in der Folge eine noch größere Distanz der Familie zu den Einrichtungen der Gesellschaft hervorrufen und das gerade aufgebaute Vertrauen wäre wieder gestört.

104 Informationen und Kontakt unter www.eva-stuttgart.de/rosa0.html und www.eva-stuttgart.de/yasemin0.html

105 Zum Konzept der Brillen (➔) Akteure 2.1

Beide Varianten führen zu einem nicht angemessenen Verhalten:

- im ersten Fall zu einem übertrieben schnellen Eingriff, der tatsächlich bei den Familien den Eindruck hinterlassen muss, dass hier nicht mit gleichem Maß gemessen wird, und der in der Folge zu einer wachsenden Distanz zur Gesellschaft führt
- im zweiten Fall unter Umständen zu einer fahrlässigen Gefährdung des Kindes durch zu spätes Eingreifen aufgrund einer Schonhaltung

In diesem Dilemma wollen wir zunächst die Extreme beleuchten:

- Auch wenn es vielen Fachkräften schwerfällt, wenn sie in ihrer täglichen Arbeit mit autoritärem Erziehungsverhalten konfrontiert sind: Wie in manchen konservativen herkunftsdeutschen Familien muss gelten, dass nicht jeder autoritäre Erziehungsstil kindeswohlgefährdend ist. Es gilt – wie bei allen Kinderschutzfällen! –, genau hinzusehen und sich nicht von ersten äußeren Signalen zu vorschnellen Schlüssen verleiten zu lassen. Entscheidender, aber vor allem für Fachkräfte aus der Mehrheitsgesellschaft schwerer einschätzbar, ist die Bewertung der emotionalen Stabilität der Beziehung zwischen Eltern und Kind.
- Auf der anderen Seite gibt es keine „mildernden Umstände" wegen kulturellem Gewohnheitsrecht für bestimmte Kulturkreise. Gewalt in der Erziehung ist ein Straftatbestand und muss unabhängig von der kulturellen Zugehörigkeit verfolgt werden. Emotionale Verwahrlosung, sexueller Missbrauch und Körperverletzung sind aufgrund der Fürsorgepflicht gegenüber dem Kind durch nichts zu relativieren.

Um es an einem Beispiel deutlich zu machen. In einem schwäbischen Dorf berichtete ein angesehener evangelisch-pietistisch geprägter Vater einer kinderreichen Familie in einem öffentlichen Vortrag im CVJM-Haus über seine Erziehungsmethoden. Bei Fehlverhalten würde er nach einem gemeinsamen Gebet die Kinder mit dem Gartenschlauch schlagen. Nach dem Zeitungsbericht musste die Staatsanwaltschaft ermitteln. Ein Sturm der Entrüstung im Dorf brach los. So verteidigten einige Klassenlehrer/-innen der Kinder die Familie und würdigten die emotionale Stabilität und das gesunde Sozialverhalten der betroffenen Kinder.

- Hätte hier die Staatsanwaltschaft aufgrund kultureller Besonderheiten auf Ermittlungen verzichten sollen? Nein.
- Hätte das Jugendamt die Kinder aus der Familie nehmen sollen, obwohl jeder sehen konnte, dass sie nicht wirklich an Leib und Seele gefährdet waren, geliebt wurden und in stabilen Familienverhältnissen aufwuchsen? Nein.
- Gibt es also keinen Anlass einzuschreiten? Ebenfalls nein. Jedes – auch jenseits einer Kindeswohlgefährdung – problematische Erziehungsverhalten sollte Anlass für weitere Interaktionen und gegebenenfalls Interventionen im Sinne von Hilfen zur Erziehung sein. Ob das

Verhalten dem Kind schadet oder nicht, ob die Familie Hilfe braucht oder nicht, muss geprüft werden.

Man muss hier kaum erwähnen, dass das Verfahren eingestellt wurde, und man will sich gar nicht vorstellen, wie die Geschichte ausgegangen wäre, wenn anstelle des angesehenen Bürgers ein bärtiger Imam das Gleiche öffentlich berichtet hätte. In diesem Vergleich würde deutlich werden, wie stark staatliches (polizeiliches und pädagogisches) Handeln beeinflusst ist von den gesellschaftlich dominanten Bildern.

Zentrale Aufgabe ist es daher, sich mit den eigenen Bildern auseinanderzusetzen, zum einen „präventiv", zum andern im konkreten Einzelfall. Dafür braucht es ein Netz kollegialer Beratung und Unterstützung.

Um ein bestimmtes Verhalten angemessener einschätzen zu können, erscheint es uns in diesem Fall aber auch sinnvoll, sich bewusst die Kulturbrille aufzusetzen, auch wenn immer die Gefahr besteht, damit erneut zur Reproduktion der Bilder beizutragen.

Wenn wir hier nun im Folgenden einige Blicke mit der *Kulturbrille auf autoritäre türkische Erziehung* werfen, dann nicht, ohne darauf hinzuweisen, dass die türkischen Familien genauso heterogen sind wie die deutschen Familien und allgemeine Aussagen über Erziehungsverhalten genauso realitätsfremd wären wie Aussagen über das Erziehungsverhalten der Deutschen. Inwieweit die hier vorgestellten Impulse in einer türkeistämmigen Familie irgendeine Relevanz haben oder eben nicht, kann dann nur im konkreten Fall überprüft werden.

Impulse zur Kindeswohlgefährdung in autoritär erziehenden Familien[106]

Drei türkische Sprichwörter: „Wer seine Tochter nicht schlägt, schlägt sich selbst." – „Schlagen kommt aus dem Paradies." – „Nur frische Bäume lassen sich biegen."

— *Ein Vater kritisiert regelmäßig seine drei Söhne (18, 15, 14 Jahre alt), weil er sie auf das Leben vorbereiten möchte. Er sieht es als seine Aufgabe, seine Kinder dadurch zu stärken. In einem Elternseminar, an dem auch muttersprachliche Pädagogen und Pädagoginnen teilnehmen, wird über konsequente Erziehung gesprochen. Ein Pädagoge, der in seiner Heimat studiert hat und hier für den muttersprachlichen Unterricht zuständig ist, erzählt der Gruppe, dass die körperliche Züchtigung wichtig sei. Er selbst sei auch von seinem Lehrer geschlagen*

---

106 → Grundsätze 1.11

worden. Dadurch habe er vor diesem Lehrer immer Respekt gehabt und seinen Unterricht immer konzentriert verfolgt. Ohne diese Strenge wäre er vielleicht nicht so weit gekommen.

In Familien, in denen von Kindern erwartet wird, dass die Autorität und die Hierarchie in der Familie akzeptiert und respektiert werden, ist der Begriff Kindeswohl anders besetzt. Bei wichtigen Entscheidungen können die Älteren in der Familie das letzte Wort haben. Wenn die Anweisungen dieser Personen sowie die Normen und Werte der Community nicht befolgt werden, kann es vor allem der Vater als seine Aufgabe sehen, das Kind durch psychische und physische Gewaltanwendung zum Gehorsam zu erziehen.

In der Erziehung der Kinder ist damit zu rechnen, dass die Übergänge vom Baby zum Kind, vom Kind zum Jugendlichen und vom Jugendlichen zum Erwachsenen anders definiert werden, und man Kinder schon im Alter von zehn Jahren als Erwachsene ansieht. Daher können Fehler nicht toleriert und diese nicht als Lernerfahrung gesehen werden. Die Erwartungshaltung der Bezugspersonen kann sehr überfordernd für das Kind und den Jugendlichen sein. Manche Jugendliche werden lange wie Kinder behandelt und müssen sich dann gewissermaßen auf Knopfdruck wie ein Erwachsener verhalten. Mit psychischen und physischen Bestrafungen versuchen die Eltern, auf etwaiges Fehlverhalten zu reagieren und ihren Kindern die Werte auf dem schnellsten Weg zu vermitteln.

Besonders Eltern, die – sei es aufgrund ihrer eigenen Erziehung, sei es aus einer Verunsicherung in der Migrationssituation – sehr eng an den ursprünglichen Normen und Werten festhalten, können es schwer haben, sich mit den Begriffen Kinderschutz und Kindeswohl auseinanderzusetzen. Das Individuum zu schützen und zu stärken, ist für sie nicht erstrangig. In erster Linie ist das tadellose Ansehen der Familie wichtig. Daher wird das falsche Verhalten als Fehler der gesamten Familie gesehen.

Ein 13-jähriger muslimischer Junge stiehlt den Geldbeutel eines Besuches. Bevor der Gast nach Hause geht, wird der Diebstahl aufgedeckt. Um die Ehre der Familie zu retten, wird der Junge vor dem Gast von seinem Vater geschlagen. Beim nächsten Treffen wird die Familienhelferin über den Vorfall informiert. Der Vater erzählt, wie er versucht hat, seine Ehre zu retten. Als die Familienhelferin nicht auf der Seite des Vaters ist, sondern versucht, ihm zu erklären, dass er das Kindeswohl gefährdet hat, reagiert der Vater empört. Er erzählt über seine Jugendzeit und wie er gezüchtigt wurde. Er betont, dass diese körperliche Züchtigung gut für ihn gewesen sei, weil er sonst in seiner Jugendzeit „wer weiß was" angestellt hätte. Solche Züchtigungen würden vor Unheil und unkontrolliertem Verhalten schützen. Daher seien sie notwendig und wichtig. Besonders sei es für den Erhalt der Familie sehr wichtig. Da dies für die deutschen Familien kaum eine Rolle spiele, kämen sie auf solche Begriffe wie Kindeswohl.

Wie kann nun – um an obigem Beispiel zu bleiben – ein Familienhelfer mit Familien arbeiten, die solche Haltungen zum Ausdruck bringen? Als ersten Schritt gilt es, den Blickwinkel der Familie zu berücksichtigen und auszuhalten. Mit viel Zeit und Geduld lassen sich dann Ansätze finden, die ein Umdenken bewirken und die Haltung dieser Familie teilweise ändern können. Es kann hilfreich sein, die Eltern über ihre eigene Kindheit, Kränkungen und Gefühle erzählen zu lassen, damit Bewusstsein, Verständnis und Empathie gegenüber dem Kind entstehen können. Wenn die Fachperson gleich die Bestrafung des Vaters abwertet, kann der Kontakt schnell abgebrochen werden. In solchen Situationen ist es sehr wichtig, die Diplomatie nicht aus dem Auge zu verlieren.

Allerdings zeigt dieses Beispiel auch, dass es problematisch ist, jede familiäre Gewaltanwendung mit dem Thema Kinderschutz in Verbindung zu bringen. Die erste Intervention muss auf der Ebene der Thematisierung eines „problematischen Erziehungsverhalten“ erfolgen. Dies löst das oben beschriebene Dilemma nicht auf, eskaliert aber nicht vorschnell.

Bei der Thematisierung von problematischen familiären Situationen spielen die Position und Akzeptanz der Fachperson in der Familie eine wesentliche Rolle. Wenn die Fachperson eine gute Vertrauensbasis geschaffen hat, kann sie solche Themen ohne Bedenken sehr offen ansprechen. Falls die Position innerhalb der Familie wenig sicher ist, braucht die Person unbedingt Kooperationspartner/-innen. Es können interne wie auch externe Personen sein, z. B. der andere Elternteil, Vereinsvorsitzende usw. Hier kann die Fachperson die existierenden Netzwerke der Familie nutzen. Daher ist es immer sinnvoll, sich möglichst früh danach zu erkundigen. So können hilfreiche Kooperationspartner entdeckt werden. Vor allem ist es wichtig, dass der Kooperationspartner als Vorbild anerkannt ist.

Ein gesondert zu behandelndes Feld ist diesbezüglich die Gefährdungseinschätzung im Zusammenhang mit sexuellem Missbrauch.[107]

Wenn man im Rahmen eines Hausbesuches bei einem Grundschulkind mit auffälligem Verhalten mitbekommt, dass dieses Kind immer noch im Bett seiner Eltern schläft, assoziieren nicht speziell geschulte Kollegen unter Umständen schnell sexuellen Missbrauch. Nun ist es aber in manchen Kulturen nicht unüblich, dass sich mehrere Menschen auch über die Generationen hinweg das Bett teilen, schon aus Gründen des zur Verfügung stehenden Wohnraums. Es kann auch sein, dass Eltern, die tagsüber ihren Kindern die Körpernähe und Zeit nicht geben können oder dürfen, die aber selbst in ihrer Kindheit die Körpernähe der Eltern so gespürt haben, versuchen, dies durch das gemeinsame Schlafen nachzuholen. Dieses Wis-

107 ➔ Hintergründe 4.3 und Praxisreflexionen 5.8

sen kann zum einen helfen, die eigene Wahrnehmung zu prüfen, bevor man vorschnell auf eine falsche Fährte gelangt. Dies darf andererseits aber nicht dazu führen, wegzusehen. Zur Überprüfung eines Verdachts auf sexuellen Missbrauch gibt es fachliche Kriterien, die auch hier angewendet werden müssen. Allerdings – wir haben das am Beispiel des gemeinsamen Schlafens deutlich zu machen versucht – müssen diese Kriterien im Einzelfall geprüft werden, ob sie kulturübergreifend eins zu eins übertragbar sind.

Wenn trotzdem ein Verdacht übrig bleibt, muss man ihm nachgehen. Dabei gilt es – und dies bei allen Familien – Ruhe zu bewahren und als ersten Schritt die Kooperation mit dem Jugendamt zu suchen. Die Thematisierung eines Verdachts auf sexuellen Missbrauch sollte man ohnehin einer dafür ausgebildeten Fachperson überlassen. Unbedachtes Verhalten kann hier fatale Folgen haben.

Migration als Querschnittsthema

Das Beispiel Kindeswohlgefährdung zeigt deutlich, dass sich interkulturelle Öffnung nicht darauf beschränken kann, Mitarbeiter/-innen im Rahmen einer Fortbildung für das Thema zu sensibilisieren.

Das Themenfeld „Migration – Kultur – Diskriminierung“ muss bei der Erarbeitung neuer Konzepte als Querschnittsfragestellung immer mit bearbeitet werden. Dabei können folgende allgemeinen Fragen hilfreich sein:

- Wann sind meine eigenen Bilder so mächtig, dass mir manches verborgen bleibt oder ich ein bestimmtes Verhalten falsch interpretiere?
- Wie kann ich sicherstellen, dass die entwickelten diagnostischen Kriterien nicht kulturell vorgeprägt sind und ich damit der Lebensrealität des Gegenübers nicht gerecht werde?
- Inwieweit verhindert meine eigene Unsicherheit gegenüber dem „Fremden“, meine eigene Angst und Befangenheit, etwas falsch zu machen, oder auch eine übertriebene Schonhaltung den Kontakt und die Begegnung, die für eine „normale“ Arbeit mit der eingeführten Methode bzw. dem Konzept notwendig sind?
- Welche Fragen werden eben nicht gestellt, welche Signale nicht wahrgenommen, weil eine bestimmte Dimension gar nicht in meinem Vorstellungsbereich liegt?
- Was wird aber auch von meinem Gegenüber nicht thematisiert, weil es bestimmte Erfahrungen gemacht hat, die nahelegen, eher etwas zu verschweigen oder gar zu verbergen?

In der Praxis der Einführung der Konzepte zum Kinderschutz finden diese Fragestellungen unserer Wahrnehmung nach zu wenig Berücksichtigung. Beschäftigen sich die trägerinternen Arbeitsgruppen, die mit den Jugendämtern Verfahrensweisen zum § 8 SGB VIII vereinbaren, mit diesen Fragestellungen? Werden sie in den dazu angebotenen Fortbildungen thematisiert? Dabei wären das sowohl für die Einrichtungen als auch für die Mitarbeiter/-innen spannende Lernfelder und eine Bearbeitung sowohl hinsichtlich der Aspekte interkultureller Personalentwicklung wie auch Qualitätsentwicklung effektiver als manche Spezialfortbildung.

5 PRAXISREFLEXIONEN

In den folgenden zehn Praxisreflexionen stellen wir verschiedenste Formen und Projekte der Elternbildung vor und reflektieren die Faktoren des Gelingens. Wichtig war uns dabei, den Prozess nicht aus der Außenperspektive zu „bewerten", sondern in einem gemeinsamen Reflexionsprozess mit den Beteiligten.

Daher war auch die Auswahl der hier vorgestellten Projekte abhängig von bestehenden informellen Kontexten.[108] Viele der Beteiligten hatten wir als Teilnehmer/-innen der Weiterbildung „Pädagogisches Handeln in der Einwanderungsgesellschaft" kennengelernt. Wir führten drei Workshops mit je fünf bis sechs Teilnehmenden durch, mit denen wir die Erfahrungen aus den Projekten diskutierten, besuchten verschiedene Praxisprojekte vor Ort und interviewten Fachkräfte sowie Nutzer/-innen. Auch in den Schreibprozess waren einige der Workshopteilnehmer/-innen mit mehr oder weniger großen Anteilen einbezogen. Dabei ging es uns um die Veranschaulichung bestimmter reflexiver Elemente und Haltungen, die wir für diese Arbeit für unerlässlich erachten und die in sehr vielen kleinen, alltäglichen Handlungen zum Ausdruck kommen.

Alle Projekte hätten es verdient, wesentlich umfassender dargestellt zu werden. Aus Gründen der Lesbarkeit haben wir uns jedoch bei jedem Projekt auf zwei bis drei Aspekte konzentriert.

108 Die Auswahl stellt also keine „best practice"-Auswahl baden-württembergischer Elternprojekte dar. In den letzten Jahren ist hier in vielen Regionen innovativ und interessant gearbeitet worden. Eine umfassende Bestandsaufnahme war im Rahmen der Recherchen zu dieser Handreichung nicht möglich.

Zunächst stellen wir fünf Projekte vor, die eher allgemeine Aspekte der Elternarbeit aufgreifen:

- **Elternarbeit ist Alltagsarbeit**: Wie können in einem Gemeinwesen gelingende Zugänge zu Eltern aufgebaut werden? Wie können Mehrheitsangehörige mit Migrantenfamilien arbeiten? Welche Haltungen sind dazu notwendig?
- **Zuhören und Erzählen**: Welche Kraft liegt in der Auseinandersetzung über biografische Erfahrungen – hier am Beispiel einer russischsprachigen Gruppe aufgezeigt. Wie kann das Zuhören für die Elternbildungsarbeit genutzt werden? Und was ist bei öffentlichen Präsentationen zu erwarten?
- **Elternbildung als Empowerment**: Mit welchen Themen und Methoden kann gut mit Eltern zu schulischen Fragen gearbeitet werden? Welche Bedeutung haben interkulturelle Kursleitungen für die Teilnehmer/-innen? Und was verändert sich dadurch im Schulalltag?
- **HIPPY: Elternbildung und Sprachförderung**: Wie können insbesondere im vorschulischen Bereich Sprachkurse und Elternbildung produktiv zusammengebracht werden? Welche Bedeutung haben muttersprachliche Mütter, die als Hausbesucherinnen arbeiten?
- **Elternarbeit in der offenen Kinder- und Jugendarbeit**: Geht das zusammen? Welche Formen gibt es hier bereits? Und wo liegen die Grenzen?

Danach folgen zwei Projekte, die sich mit einer Systematisierung von Ansätzen auseinandersetzen:

- **Ein Landkreis macht sich auf den Weg ...**: Wie können gelingende Ansätze in die Breite gebracht werden? Welche Rahmenbedingungen sind notwendig für die dauerhafte Errichtung von Elterncafés? Welche Faktoren tragen zum Gelingen bei und wo liegen Umsetzungshindernisse? Und wie kann innerhalb von Netzwerkstrukturen eine produktive Verständigung über wesentliche inhaltliche Grundannahmen aussehen?
- **Methodenkoffer Elternbildung an Grundschulen**: Wie sehen gelungene Kooperationen mit Schulen aus? Wie können neue Ansätze der Elternbildung mit Fortbildungselementen für Lehrer/-innen gekoppelt werden?

Und zuletzt drei Projekte, die sich auf den strukturellen Weg der eigenen institutionellen Veränderung gemacht haben:

- **Interkulturelle Öffnung einer Beratungsstelle mit dem Schwerpunkt sexuelle Gewalt**: Wie müssen sich eigene Konzepte und Haltungen weiterentwickeln, damit mit Migranteneltern über das Thema Sexualität gesprochen werden kann? Wie kann sexueller Missbrauch thematisiert werden? Und welche Chancen, aber auch Herausforderungen liegen in der Kooperation mit Migrantenorganisationen?
- **Das Werteprojekt im Elternseminar**: Was bedeutet es, wenn sich alle Haupt- und Nebenamtlichen auf den Weg eines interkulturellen Lernprozesses machen? Welche einrich-

tungsinternen Kommunikationsstrukturen befördern ein solches Vorhaben? Und wie schlägt sich dies in der eigenen Elternbildungsarbeit nieder?

- **Eine Einrichtung macht sich auf den Weg**: Was bleibt nach einem mehrjährigen interkulturellen Öffnungsprozess? Welche Bedeutung haben Weiterbildung und Qualifizierung von Mitarbeiterinnen und Mitarbeitern, welche Rolle spielt die Leitung? Welche Instrumente sind nachhaltig sinnvoll?

Lesehinweis: Bei den kursiven Textpassagen handelt es sich um Zitate aus den Praxisworkshops, die wir im Entstehungsprozess der Arbeitshilfe durchgeführt haben, oder um schriftliche Reflexionen der Workshopteilnehmer/-innen.

5.1 ELTERNARBEIT IST ALLTAGSARBEIT

In unseren Recherchen zur Elternarbeit sind wir immer wieder auf in vielfacher Hinsicht gelingende Elemente von Elternarbeit gestoßen, die selbstverständlich integriert sind in die alltägliche Arbeit – kleine Ansätze und Herangehensweisen, die von den jeweiligen Akteuren oft gar nicht dezidiert mit dem Label „Elternarbeit mit Migrantenfamilien" versehen werden. Und doch stecken in diesen Praxisansätzen viele produktive Impulse, die auch von anderen genutzt werden können. Ein exemplarisches Beispiel für eine solche Herangehensweise ist das gemeinwesenorientierte Projekt der Mobilen Jugend- und Sozialarbeit Goldrain des DRK Kreisverbandes Aalen e. V. in Ellwangen.

In den Stadtteilen Goldrain und Kleffelteich-Hungerberg ist die Mobile Jugend- und Sozialarbeit angesiedelt. Während in Goldrain mehrheitlich Zuwanderer und ihre Nachkommen aus Südosteuropa, arabischen und afrikanischen Ländern leben, wird der jüngere Stadtteil Hungerberg-Kleffelteich überwiegend von Spätaussiedlern bewohnt.

Zielgruppen der Arbeit sind die Jugendlichen und ihre Familien aus den genannten Stadtteilen. Belastende und häufig zur Ausgrenzung führende Sozialfaktoren sind:

- Arbeitslosigkeit eines oder mehrerer erwachsener Familienmitglieder, Abhängigkeit von Sozialleistungen, Schulden
- kein geeigneter Wohnraum – vor allem viel zu kleine Wohnungen ohne die Möglichkeit sinnvoller Haushaltsorganisation und notwendiger Vorratshaltung von Nahrungsmitteln, das Wohnumfeld ist ethnisch gemischt
- körperliche und psychische Erkrankungen, Behinderungen, Gefährdung durch und Abhängigkeit von unterschiedlichsten Suchtmitteln, unzureichende Wahrnehmung von Vorsorgeuntersuchungen und auf die Gesundheit bezogenen präventiven Maßnahmen
- kulturelle Faktoren, unzureichende Integration, nicht angemessene tradierte Erziehungsformen, die nach Geschlecht differenziert werden, Beaufsichtigung weiblicher Familienmitglieder, Zwangsheirat, Heiratsabsprachen oder Nötigung zur Heirat – hiervon sind Mädchen sowie Jungen betroffen
- Analphabetismus, niedriges Bildungsniveau, wenig durchgängige Bildungsbiographien, keine Frühförderung, keinerlei Begabtenförderung, unterschiedlichste Barrieren beim Zugang zu organisierten Freizeitangeboten und Vereinsaktivitäten

Jeder Faktor für sich, aber besonders die Summe mehrerer oder gar aller Benachteiligungsfaktoren machen mobile Sozialarbeit notwendig. Es arbeiten ein Sozialpädagoge (60 Prozent) und eine Sozialpädagogin (50 Prozent) im Projekt. Hinzu kommen zurzeit fünf Honorarkräfte und zwei ehrenamtlich Tätige.[109]

Im Zentrum der Arbeit stehen die unmittelbare Begleitung und Beratung von Kindern, Jugendlichen und Erwachsenen in ihrem alltäglichen Leben. Wichtig ist daher zunächst das eigene Selbstverständnis von Elternarbeit.

— *Elternarbeit ist bei mir Alltagsarbeit. Immer, wenn ich Kinder oder Jugendliche betreue, stehen sehr schnell auch die Eltern in meinem Fokus. Elternarbeit findet immer dann statt, wenn ich Eltern begegne, sei dies bei spontanen Begegnungen auf der Straße oder im Stadtteil oder auch gezielt bei Vereinbarungen oder Hausbesuchen. Elternarbeit umfasst bei mir die gesamte Breite des Alltags: Beratung zu Fragen der Erziehung, Ernährung, Gesundheit und Haushaltsführung ... Fragen zur Frühförderung, schulischen Entwicklung der Kinder, Freizeitgestaltung und zu Betreuungsmöglichkeiten. Es geht um die Begleitung bei Behördengängen, Vorbereitung auf Elterngespräche in Schule und Kindergarten, Nachbarstreitigkeiten etc.* —

Neben diesem alltagsintegrierten Zugehen auf Eltern gibt es in Ellwangen auch dezidierte Bildungsangebote für Frauen und Mütter: Jeweils zweimal wöchentlich (jeweils 60 Minuten) finden Alphabetisierungskurse, Deutschkurse und PC-Kurse statt. Die Kurse sind für die Teilnehmerinnen kostenlos, wohnortnah und werden von geschulten Honorarkräften durchgeführt. Die Bildungsangebote sind vollkommen individuell organisiert und aufgebaut, das heißt, es gibt keine vorgefertigten Module und festgelegten Inhalte, die nacheinander abgearbeitet werden oder in einer bestimmten zeitlichen Abfolge bewältigt werden müssen.

— *Den roten Faden bilden die Alphabetisierung und das Erlernen der deutschen Sprache. Drumherum aber geben uns die Frauen die Themen, die sie bewegen. So möchte eine Frau unbedingt den Einbürgerungstest machen und bat uns um Unterstützung. Nun arbeitet eine Gruppe kontinuierlich im Unterricht die Fragen zur Einbürgerung durch. Dadurch ergeben sich wieder ganz viele andere Themen in der Gruppe. Es wird hier auch ganz viel über die Erfahrungen aus den Herkunftsländern erzählt.* —

Die Teilnehmerinnen können jederzeit einsteigen und aufhören bzw. nach längeren Pausen wieder einsteigen. Es gibt keine zu erreichenden Leistungsstandards. Die Inhalte ergeben sich aus dem Alltag und Lebensumfeld der Frauen, die Frauen werden persönlich eingeladen

---

109 Wir danken Zita Forster für ihre aktive Mitarbeit in den Workshops und die Bereitstellung von Arbeitsberichten und schriftlichen Reflexionen.

(direkte Ansprache, Hausbesuche). Diese Herangehensweise hat sich als sehr effektiv und nachhaltig herausgestellt.

— *Es kommt häufig zu Fehlzeiten bei einzelnen Frauen, sodass ein Vorwärtskommen auf gleichem Niveau in der Gruppe nicht möglich ist. Durch diese unkonventionelle Vorgehensweise (die von uns viel Flexibilität und Kreativität erfordert, da wir nie wissen, wer zum Unterricht erscheint) können wir die Bereitschaft der Frauen, an den Bildungsangeboten teilzunehmen, erhalten. Wir haben Frauen, die neben der Erziehung der eigenen Kinder und der Haushaltsführung noch Schicht arbeiten. Solche Frauen fehlen oft vier Wochen und kommen dann wieder, um weiterzumachen. Eine 40-jährige Frau – Mutter von fünf Kindern und Schichtarbeiterin mit vielen Fehlzeiten im Unterricht – meinte, dass sie nicht glaubt, dass sie noch Lesen und Schreiben lernen könnte. Heute, nach zwei Jahren, kann sie lesen und schreiben. Sicher noch nicht perfekt. Aber sie kann jetzt mehr als zuvor!* —

Das Entscheidende an der Gestaltung der Bildungsangebote ist die Grundhaltung, mit der diese angeboten werden – im Mittelpunkt steht nicht das, was den Frauen fehlt, sondern die Stärkung dessen, was sie mitbringen:

— *Alle unsere Frauen bringen sehr unterschiedliche Qualifikationen mit, die es zu entdecken und anzuerkennen gilt. Mein Ziel ist es, den Frauen durch die Bildungsangebote nicht aufzuzeigen, was sie nicht können, sondern zu ergänzen, was sie für sich, ihre Kinder und ihre Familie hier benötigen. Dies ist ganz wichtig, da die Frauen immer wieder viel Scham zeigen, unsicher sind, sich nicht viel zutrauen. Es ist ihnen zu wenig bewusst, dass auch sie Wissen und Fähigkeiten haben, die für uns von Bedeutung sind. Ich lege großen Wert darauf, auch selbst von den Frauen zu lernen.* —

Uns interessieren an diesem Praxisbeispiel vor allem die Fragestellungen:

- ? Was sind Erfolgsfaktoren, um einen Zugang zur Zielgruppe zu bekommen?
- ? Unter welchen Voraussetzungen können Mehrheitsangehörige gelingend mit Migrantenfamilien arbeiten?
- ? Und wo schleichen sich doch wieder Zuschreibungen und Stereotypisierungen in die Arbeit ein?

Zugang zur Zielgruppe[110]

Der erste Schritt ist das unverfängliche Gespräch, der kleine **Small Talk**.

---

110 → Planungshilfen 3.4

— *Menschen, die mir im Stadtteil häufiger begegnen, spreche ich irgendwann einfach an. Zuerst vielleicht über das Wetter oder den Säugling im Kinderwagen, danach über den Stadtteil, die Nachbarschaft. Ich biete an, die schwere Einkaufstasche auf meinem Gepäckträger zu transportieren, dazu steige ich von meinem Rad und laufe dann nebenher mit. Das Aldi-Angebot ist ein gutes Thema – hier kennen sich die Leute meist besser aus als ich! Es gibt immer etwas, über das ich mich unterhalten kann! Fremde Menschen im Stadtteil spreche ich ganz ähnlich an, wenn sie mir wiederholt begegnen, hier frage ich dann auch sehr direkt nach dem Namen und der Adresse und stelle mich selbst vor. Oder ich sehe, wie Mütter die Schulranzen ihrer Kinder zur Schule und später wieder nach Hause tragen. Ist das Kind zu müde, der Ranzen zu schwer oder die Mutter zu überbesorgt? Ich frage einfach! Die Antworten sind interessant: Das Kind muss immer so viel mitschleppen. Ich schaue noch auf dem Weg den Ranzeninhalt mit der Mutter an und erkläre der Mutter, was hier eventuell anders geht. Oder das Kind ist einfach zu faul – solange das die Mutter unwidersprochen tut! Oder ich erfahre, dass das Kind immer wieder auf dem Schulweg gehänselt wird. Hier kann ich intervenieren.* —

Der **Zugang über die Kinder** ist eine weitere Möglichkeit: Die Teilnahme an einer Freizeitaktivität muss geklärt werden, schulische Unterstützung steht an, eine Erlaubnis für etwas muss eingeholt werden. *„Hier gehe ich immer direkt zu den Eltern, wenn ich sie noch nicht kenne."*

Auch der **Zugang über die Schule** ist ein möglicher Weg.

— *Ich werde vonseiten der Schule um Kontaktaufnahme mit den Eltern gebeten. Hier gehe ich direkt zur Familie und vereinbare einen Termin. Das Anliegen benenne ich kurz. Ich falle nicht mit dem Anliegen gleich über die Eltern her. Somit haben die Eltern Zeit, sich auf mich vorzubereiten, sich Informationen über mich oder das anstehende Thema (bei den meisten bin ich bekannt) im Stadtteil oder bei Bekannten zu holen.* —

Grundsätzlich wird versucht, in der Elternarbeit immer **Vater und Mutter** gleichermaßen anzusprechen – dies ist nicht einfach, doch kann bei der Vereinbarung von Terminen darauf geachtet werden, dass beide Elternteile daran teilnehmen können. Darüber hinaus wird versucht, sehr rasch die von Eltern geäußerten Interessen aufzugreifen.

— *Zum Beispiel hat mir ein Vater signalisiert, dass er gerne mal dabei sei, wenn ich mit den Kindern zur Kletterhalle fahre. Ich hatte ihm bei einer Begegnung erzählt, wie toll seine achtjährige Tochter klettert. Nun geht er beim Pfingstferienprogramm mit zum Klettern.* —

Ein wesentliches Arbeitsprinzip besteht darin – auch jenseits von Problemanlässen –, zu den Familien Kontakt zu halten und **in Beziehung** zu gehen. *„Ich mache auch viele Hausbesuche, nur zur Kontaktpflege, um mit ihnen im Gespräch zu bleiben, auf dem Laufenden zu sein und um sie verstehen zu lernen."* Dadurch wird Interesse an den jeweiligen Lebenswelten signalisiert und ein Vertrauensverhältnis baut sich auf.

— *In einem anderen Fall habe ich ganz bewusst mit zwei Familien und ihren Kindern einen Tag im Tierpark verbracht. Durch solche Aktionen kommen die Familien und wir uns näher. Wir haben ein gemeinsames Erlebnis, auf das wir dann im Alltag immer wieder mal zu sprechen kommen. Solche Erlebnisse geben die Frauen untereinander weiter und dadurch entwickelt sich eins ums andere, besonders aber das Vertrauen zueinander. Ich selber erfahre in diesen Situationen sehr viel darüber, was die einzelne Familie beschäftigt, wo ihre Sorgen und Freuden liegen.* —

Dies ist ein sehr **individueller Zugang**, der sich weniger an öffentlich wirksamen Aktionen misst.

— *Meine Elternarbeit besteht sehr wenig aus gemeinsamen Aktionen oder Feste feiern. Hier würden sich (wie überall) immer nur die gleichen wenigen Familien beteiligen. Ich möchte aber möglichst viele Eltern erreichen und gehe daher sehr gezielt auf die Eltern zu.* —

Mehrheitsangehörige und der Zugang zu Migrantenfamilien

Immer wieder begegnet uns in der pädagogischen Arbeit das Delegationsprinzip: Pädagoginnen sind qua Geschlecht zuständig für die Mädchenarbeit, Pädagogen und Pädagoginnen mit Migrationshintergrund sind qua Biografie zuständig für Migrantenfamilien. Das Ellwanger Beispiel ist nun ein schöner Beleg für eben einen anderen Weg – auch Mehrheitsangehörige können anerkennende und unterstützende Beziehungen zu Migrantenfamilien aufbauen, bekommen Zugang, werden angefragt. Welche Haltung und Qualifikation sind hierfür notwendig?

Das Wichtigste zunächst: **zuhören, wahrnehmen, aufnehmen, verlässlich da sein**.

— *Diese Arbeit ist für mich voller Abwechslung und Herausforderung. Ich kann mich nicht wirklich darauf vorbereiten. Ich weiß ja nie, was auf mich zukommt. Zuhören, offen sein, schwebende Aufmerksamkeit, viel beobachten – auch über längere Zeiträume, keine Antworten oder Lösungen parat haben. Ich weiß oft wirklich nicht, was ich tun kann, und genau das ist es, was mir hilft. Ich sage das den Frauen, den Eltern und wir suchen gemeinsam nach Lösungen und Wegen. Manchmal dauert das lange, manchmal muss ich den Frauen, den Eltern sagen, dass ich mich selbst erst kundig machen muss. Aber ich verspreche, zeitnah wieder auf sie zuzukommen, und das tue ich auch. Zur Vertrauensbildung ist die Zuverlässigkeit sehr wichtig.* —

In den Blick genommen werden die jeweils individuelle Biografie und Lebensgeschichte, vermieden werden stereotypisierende und verallgemeinernde **Zuschreibungen**.

— *Ich sehe weniger die Migrantin als mehr die Frau, die in irgendeiner Weise auf mich angewiesen ist, meine Unterstützung benötigt. Ich bin nicht die Migrantenversteherin. Aber ich verstehe Frau A und Frau B, ich verstehe die Eltern C und bei Familie D klappt gar nichts! Aber dann bleibe ich dran, immer wieder sehr geduldig. Manchmal muss man Familien bzw. die Frauen in Ruhe lassen. Warten können.* —

Dabei ist Elternarbeit ganz zentral **Anerkennungsarbeit**:

— *In erster Linie ist dies eine Haltung den Eltern gegenüber. Zu erleben, wie diese Eltern ihren Alltag bewältigen, obwohl sie von vielfältigen Nachteilen betroffen sind, das ist schon bewundernswert. Kein Auto – jede Einkaufstasche muss aus der Stadt in den Stadtteil getragen werden (man bedenke schon allein die Windeln für die Kleinkinder). Wegen zu kleiner Wohnungen keine Vorratshaltung – das bedeutet mehrmals hintereinander einkaufen. Es werden enorme Strecken zurückgelegt. Oder es wird ein Fahrdienst aus der Nachbarschaft organisiert. Die Wege zu Behörden und Ärzten (bei mehreren Kindern muss die Familie häufig zum Arzt) müssen organisiert und gemeistert werden. Nicht lesen können bedeutet, sich Termine nicht notieren können – also anderswie merken.*

Dies muss ich mir in der Arbeit mit den Eltern klarmachen. Ich mache den Müttern oft deutlich, was sie hier leisten. Wenn es Eltern dann zunehmend schaffen, Kinder pünktlich zur Schule zu schicken, Elterngespräche oder Elternabende besuchen, bemüht sind, dass ihre Kinder regelmäßig die Hausaufgaben machen oder zur Hausaufgabenbetreuung geschickt werden, äußere ich das wertschätzend gegenüber den Eltern. (Einfach formuliert und in der Praxis von mir so gemacht: Ich lobe die Eltern!)

Ich anerkenne also ihre Arbeit und Anstrengung und schaue dann, wo sich etwas verändern oder erleichtern lässt. Veränderungen durch verändertes Verhalten der Eltern, das sich positiv auf die Familie oder den Einzelnen auswirkt, mache ich deutlich, stelle so für die Eltern einen erfahrbaren Zusammenhang dar. Zeige den Eltern ihren eigenen Erfolg. Das zieht sich durch die gesamte Arbeit. Es ist mir wichtig, den Eltern zu zeigen, wo sie stark sind, wo sie gut sind!

Den Maßstab einer positiven Veränderung oder Entlastung sehe ich individuell. Er orientiert sich nicht an meinen Zielen, sondern an den Schritten, die Eltern gegangen sind. —

Es gibt auch **Grenzen in der Arbeit** – sei es aufgrund von Sprachbarrieren, der Grenzen eigener Fachlichkeit, sei es aufgrund eigener Wertvorstellungen, die anderen Wertvorstellungen unversöhnlich gegenüberstehen.

— *Grenzen gibt es, wenn Verständigung rein sprachlich nicht möglich ist und keine Übersetzungshilfe besteht. Grenzen sind schnell erreicht, wenn die Autorität des Familienclans umfassend und unumstößlich ist, wenn Traditionen fundamentalistisch praktiziert werden. Grenzen gibt es besonders dann, wenn Frauen aus der Situation ihres belastenden Alltags ausbrechen wollen und dadurch ihre gesamte Familie verlieren, weil sie ausgestoßen werden. Ich kann Familie nicht ersetzen. Grenzen gibt es bei psychischen Erkrankungen (nehmen rapide zu!), wenn in der Herkunftskultur psychische Erkrankungen nicht akzeptiert werden.* —

Wie können solche Grenzen mit den Eltern kommuniziert werden, ohne dass dadurch der Kontakt zu den Familien abbricht?

— *Ich bespreche die Probleme so weit als möglich. Zeige einen Weg der Hilfe oder Entlastung auf, verweise auf andere Fachstellen. Zuweilen gehe ich mit zu anderen Beratungsstellen. Dort wo Widerstände deutlich werden, wurden diese bisher immer an- oder ausgesprochen. Ich sage ganz klar, dass meine Möglichkeiten erschöpft sind. Wichtig ist mir, dass die Frauen bzw. die Eltern spüren, dass sie akzeptiert sind. Ich lasse aber die Möglichkeit offen, immer wieder auf mich zuzukommen, wenn erneut der Wunsch danach besteht.*

Ganz viel geht bei mir auch über die nonverbale Kommunikation. Besonders wenn sprachlich keine oder nur wenig Verständigung möglich ist. Die Migranten müssen oftmals ohne Sprachkenntnisse hier zurechtkommen, warum sollte ich das nicht ihnen gegenüber ebenso versuchen? Und ein Mittel ist hier die nonverbale Kommunikation: Blickkontakt, Begrüßungsformen, Lachen, Körperkontakt durch Händedruck, Gestik und Mimik zu unterschiedlichen Anlässen …

In Einzelfällen begleite ich meine Klientinnen durch schwebende Aufmerksamkeit. Oftmals über Jahre hinweg! Das heißt, ich verliere sie und ihre Not nicht aus dem Blick. Spreche sie immer dann an, wenn ich weiß, dass sie ohne Beobachtung durch ihre Familienmitglieder sind.

Beispiel: Eine Frau konnte nicht zu mir und ich nicht zu ihr in die Familie kommen. Sie war aber nahezu täglich großen psychischen Belastungen ausgesetzt. Sie litt und mit ihr die vier kleinen Kinder. Ich traf sie sehr häufig, wenn sie ihre Kinder in den Kindergarten brachte. Auf diesem Weg erzählte sie mir immer wieder von ihrer Not. Ich war immer über ihre Situation informiert. Ich beriet sie auf diesem Weg. Wir fanden gemeinsam auf diesen „Weggesprächen" Lösungen, um die Frau unabhängiger und stark zu machen. Es gelang in diesem Fall. Nach zwei Jahren „Weggesprächen" hatte diese Frau ihren Führerschein gleich auf Anhieb geschafft. Sie konnte sich in der Familie gegenüber ihrem sehr herrschsüchtigen Mann durchsetzen. Dadurch hat sie einen großen Freiraum dazugewonnen. Jetzt ist ihr Mann (ohne Führerschein) auch von ihr abhängig. Und da, wo ich nichts machen kann, sage ich es genauso meinen Klienten! —

Heimliche Zuschreibungen und Stereotypisierungen

Ein großes Dilemma ist die Tatsache, dass Förderprogramme und Bezuschussungsmöglichkeiten an Defiziten orientiert sind. Das heißt, um Gelder für die Absicherung der eigenen Arbeit zu bekommen, muss in vielen Fällen eine drastische Problematik geschildert werden – dies läuft dem eigenen ressourcenorientierten Blick auf die jeweiligen Lebensgeschichten zuwider. Und dennoch werden auch von den Fachkräften in Anträgen, Jahresberichten, vor lokalen Ausschüssen eben solche Bilder und Zuschreibungen bedient.

— *Dieses Dilemma ist einfach da und das muss ich aushalten. Ich kann nicht immer überall aufklären.* —

5.2 | ZUHÖREN UND ERZÄHLEN BIOGRAFISCHE ZUGÄNGE IN DER ELTERNBILDUNG[111]

Das Projekt wurde über einen Zeitraum von acht Wochen im Rahmen eines wöchentlich stattfindenden Sprachtreffs in Rastatt durchgeführt. Der Sprachtreff wird besucht von Frauen im Alter zwischen 35 und 60 Jahren mit einem sehr unterschiedlichen Sprachniveau. Manche kommen sehr regelmäßig, andere nehmen nur sporadisch teil.

Das Projekt beinhaltet drei Bausteine. Im ersten Teil geht es um die Auseinandersetzung mit der Herkunft und der Vorstellung eines selbst gewählten Ausschnitts (Land, Region, Dorf) in der Gruppe. Daran knüpft die Reflexion der Teilnehmerinnen mit Bestandteilen der eigenen Migrationsgeschichte und dem Umzug nach Deutschland an (zweiter Baustein). Anschließend setzen sich die Teilnehmerinnen mit der Gegenwart, ihrem Leben hier in Deutschland und ihrem Wohnort, auseinander. Unter der Überschrift „Mein Platz in Rastatt" bekommen sie im dritten Teil eine Gelegenheit, über ihre Erfahrungen zu berichten, sich auszutauschen und kritisch zu hinterfragen, inwiefern sie sich mit ihrem Wohnort bzw. dem Stadtteil identifizieren können. Abgeschlossen wird das Projekt mit einer Ausstellung und einer internen Auswertung mit den Teilnehmerinnen.

Das Ziel war die Verbindung einerseits der wertschätzenden Thematisierung von Herkunft und Kultur mit andererseits der Auseinandersetzung über die Erfahrungen in der Aufnahmegesellschaft. Die Teilnehmerinnen sollen dadurch die Möglichkeit haben, ihr Wissen und ihre Erfahrungen als Ressourcen wahrzunehmen.

Durch die Präsentation der Ergebnisse im Rahmen der Gemeinwesenarbeit können sich die Frauen so von einer ganz neuen Seite präsentieren. Gegen das Klischee vom „russischen Kaffeeklatsch" zeigen sie sich mit differenzierten Darstellungen ihrer Biografien und darin liegenden Ressourcen, aber auch in ihrer ambivalenten Identifikation mit dem Stadtteil, ihrem Interesse an ihrem neuen Lebensumfeld und ihrem Ärger über Erfahrungen von Ausschluss.

Für die beteiligte Sozialarbeiterin ging es auch darum, über die Gespräche Anknüpfungspunkte für die zukünftige über den Sprachtreff hinausgehende Zusammenarbeit zu finden und so die Gemeinwesenarbeit im Stadtteil weiterzuentwickeln.

111 Wir danken Karin Hub dafür, dass sie uns ihre Projektberichte zur Verfügung gestellt hat, und für die Mitarbeit am Text.

„Woher komme ich?"
Immer zwei Frauen präsentierten ihre Vorstellungen bei einem Treffen.

Aufgrund der unterschiedlichen Deutschkenntnisse und der Unsicherheit vieler Frauen, ob sie genug zu sagen hätten, musste die Sozialarbeiterin von Beginn an die Balance halten zwischen Offenheit und Sicherheit. Sie wollte die Teilnehmenden nicht zu sehr beeinflussen und hat die Vorgabe („Was möchte ich anderen von meiner Heimat mitteilen?") sehr offen gehalten und signalisiert, dass alles, was sie einbringen und erzählen möchten, das Richtige ist. Anderseits brauchten manche Frauen Vorgaben und Ideen, wie sie ihre Präsentationen gestalten können.

Es wurde schnell deutlich, dass die Teilnehmerinnen so etwas noch nicht gemacht hatten. Zumindest war es neu für sie, dass sie ihr Land nicht als Expertinnen, gestützt auf äußere Daten, vorstellen, sondern ihre persönlichen Eindrücke und Beschreibungen im Mittelpunkt stehen.

Nach anfänglicher Unsicherheit und Zweifel der Teilnehmerinnen haben alle großes Engagement bei der Vorbereitung gezeigt und nicht nur mündlich referiert, sondern durch Fotos, Gedichte und Lieder ihren Beitrag zu einer persönlichen Vorstellung geleistet. Die Präsentationen waren sehr individuell. Neben gezeigten Fotos vom Dorf und der Familie wurde z. B. von einer ehemaligen Musiklehrerin ein Lied vorgesungen und eine Frau, die als Köchin tätig war, brachte eine Spezialität zum Probieren mit.

Manche berichteten über die Geschichte der Sowjetunion und die Auswirkungen auf den Lebensalltag, über religiöse Bräuche, das reiche kulturelle Leben mit großen Theater- und Musikveranstaltungen bis hin zu traditionellen Festen in ländlich geprägten Regionen, über Erinnerungen an den Schulweg oder an Discobesuche in der Jugendzeit, die wegen der in der Nacht schließenden Brücken zu durchgemachten Nächten führten, über Kirchen, die als Museum oder Sporthalle genutzt wurden, über Nachbarjungs, die man heute als Großunternehmer an der Seite von Präsident Medwedew im Fernsehen sieht.

Aber auch Schwierigkeiten wurden deutlich, z. B. die Diskriminierung von russisch Sprechenden in der Ukraine und die damit verbundenen Ängste, in der Gesellschaft „erkannt" zu werden, sich durch seine Sprache oder durch die Eintragung „Jude" im Personalausweis „zu verraten".

Als markant problematisches Erlebnis wurde von einigen das Hin-und-her-Gerissensein zwischen der Herkunft der Eltern (z. B. Sowjetunion) und dem Land, in dem sie aufgewachsen sind (z. B. der Ukraine), geschildert. Hier wurden Parallelen deutlich zum Aufwachsen ihrer Kinder in Deutschland nach dem Herzug aus einem osteuropäischen Land.

In den Berichten wurden auch die Differenzen deutlich zwischen Personen, die aus Metropolen, und Personen, die aus ländlichen Gebieten kommen. Gerade diejenigen, die nicht über berühmte Bauwerke berichten konnten, auch keine Bilder im Internet fanden, stellten eine sehr persönliche Präsentation vor.

— *Durch die persönlichen Schilderungen habe ich nicht nur mein Wissen über Geschichte, Land und Regionen erweitert. Obwohl ich die Teilnehmerinnen schon über einen längeren Zeitraum kenne, hatte ich nur mit wenigen bisher über ihre Zeit vor dem Umzug nach Deutschland gesprochen. Das war sicherlich auch ein Grund, warum es anfangs Unsicherheiten gab – auf beiden Seiten, versteht sich. So wie die Teilnehmerinnen wohl abschätzen mussten, wie persönlich der Rahmen für die Präsentation werden kann, so war mir oft nicht klar, ob ich an bestimmten Punkten der Erzählungen nachfragen kann oder damit Grenzen überschreite. Dies ging nicht nur mir so. Auch die Teilnehmerinnen untereinander kannten sich nicht alle gleich gut und so gab es Momente der Befangenheit, in denen wir abwarteten, statt nachzufragen, und Augenblicke, in denen sich jemand traute, die Frage, die auf der Zunge brannte, zu stellen.*

Als sehr positiv habe ich erlebt, dass die Fragen meist dazu führten, die Gesprächsatmosphäre sehr offen und vertrauensvoll zu gestalten, und ich trotz der Unsicherheiten kein Unwohlsein wahrgenommen habe. Im Gegenteil, die Begeisterung und das Engagement stiegen und die Teilnehmerinnen entwickelten immer mehr Interesse. Dies zeigte sich zum einen in der Vorbereitung und zum anderen auch in den gegenseitigen Ermunterungen und Lobesworten. —

„Ich lebe hier, weil …"

Der zweite Teil des Projekts war eng mit dem ersten verwoben. Die Präsentationen lieferten nicht nur Gesprächsstoff oder Diskussionsthemen. Es wurden sowohl von den Teilnehmerinnen als auch von der Sozialarbeiterin Nachfragen gestellt. So kam man auch auf Gründe zu sprechen, die zur Migration führten. Der Satz „Ich lebe hier, weil …" ließ sich meist vervollständigen.

Bei den Präsentationen wurden teilweise schon Anmerkungen gemacht und es wurde deutlich, dass diese Erlebnisse für viele mit großen Verlusterfahrungen einhergehen.

— *Ich hatte den Eindruck, dass hier noch Gesprächsbedarf herrscht. Allerdings wusste ich anfangs nicht, wie ich den Bogen schlagen kann. Ich überlegte, ob ich die Anmerkungen Einzelner aufgreifen kann, hatte aber Bedenken, dass es jemand unangenehm sein könnte, und außerdem wollte ich alle gleichermaßen zu Wort kommen lassen.* —

Die Sozialarbeiterin hat dann mit der Gruppe veröffentlichte Erfahrungsberichte anderer Aussiedler/-innen gelesen.[112] Schon nach den ersten Abschnitten kommentierten Teilnehmerinnen das Gelesene. Es entwickelte sich eine lebhafte Diskussion und jede Frau berichtete dann, wie sie die Ankunft in Deutschland erlebt hat.

— *Für mich war das ein tolles Erlebnis. Zum einen gefiel mir die Offenheit, mit der die Frauen erzählten. Da der Umzug und die Ankunft sehr subjektive Erlebnisse waren, richtete sich die Erzählung der Frauen auch an alle gleichermaßen und ich fühlte mich nicht in der Rolle der Außenstehenden. Die Frauen hatten ein großes Bedürfnis, sich auszutauschen, und ich wollte ihnen den Raum geben.* —

Im Anschluss setzten sich die Frauen damit auseinander, wie sich ihr Leben seit dem Umzug verändert hat, was ihnen hilft, sich hier wohlzufühlen, was ihnen gut gefällt und was ihnen schwerfällt. Somit sollten sie Gelegenheit haben, Kritik zu äußern, aber auch ihre Ressourcen wahrzunehmen. Durch die kurze Sammlung und Vorstellung in der Gruppe wurden viele Gemeinsamkeiten sichtbar.

„Mein Platz in Rastatt"

Ziel des letzten Teils ist, zu reflektieren, wo sich die Teilnehmerinnen gerne aufhalten, und soll zeigen, inwieweit sie sich mit ihrem Stadtteil identifizieren können. Dafür fotografierten alle einen Platz, an dem sie sich besonders wohlfühlen. Diese Fotos und die für die Präsentation angefertigten Collagen wurden dann im GWA-Haus ausgestellt und in einer Vernissage eröffnet, bei der die Frauen selbst Gäste einluden. Kollegen der Sozialarbeiterin wurden ebenfalls eingeladen.

In der überschaubaren Runde von 20 Gästen konnten die sieben teilnehmenden Mütter ihre Arbeiten präsentieren und kamen darüber in interessante und überraschende Gespräche mit den Gästen.

Uns interessiert an dem Projekt:

- Welches Potenzial hat ein solches Projekt für die beteiligten Frauen?
- Welche Bedeutung hat das Zuhören in der Arbeit mit Menschen mit Migrationshintergrund?
- Wie gelingt diese Arbeit in einer russischsprachigen Frauengruppe mit einer nicht russischsprachigen Leitung?
- Wie kann man Persönliches in die Öffentlichkeit tragen?

112 Lernwerkstatt der FH Köln, Studenten aus dem „Seminar für Russlanddeutsche", zum größten Teil Spätaussiedler/-innen aus dem Gebiet der ehemaligen Sowjetunion, haben Erfahrungsberichte geschrieben und ins Netz gestellt. www.sw.fh-koeln.de/Lernwerkstatt

Die Idee der Mehrfachzugehörigkeit

Im hier vorgestellten Projekt wird vor allem mit der Frage nach der Heimat deutlich, wie vielschichtig die Frauen ihre Lebenssituation reflektieren. Heimat muss nicht hier oder dort sein, sie hat mit Menschen zu tun, mit Räumen, in denen man sich zu Hause fühlt.

Besonders hilfreich zeigt sich hier die dreifache Fragestellung des Projektes von der Herkunft über die Migration hin zu den Erfahrungen im Aufnahmeland. Damit lernen auch die Frauen, ihre Geschichte mit unterschiedlichen Brillen zu reflektieren. Dies bietet ihnen eine Auseinandersetzung mit ihrer Lebenssituation, die von der Idee der Mehrfachzugehörigkeit ausgeht und nicht von dem Bild einer unlösbaren Zerrissenheit. Solange Migranten das Gefühl haben, sich entscheiden zu müssen, sich entweder als „Russin",„Spanier" etc. und damit als „Gast" zu positionieren oder aber als Deutscher oder Deutsche, wird dies angesichts der vielfältigen Erfahrung von Besonderung und Ablehnung meist zugunsten der Nichtzugehörigkeit entschieden. Diese Gesellschaft als „ihre" Gesellschaft wahrnehmen zu können, setzt oft voraus, die anderen Teile der eigenen Geschichte ins Selbstbild und in die Selbstdarstellung integrieren zu können.

Die Kraft des Zuhörens

Manche der Eltern, mit denen wir im Rahmen der pädagogischen Arbeit mit deren Kindern zu tun haben, erhalten oft eher negative Aufmerksamkeit, bereiten eher Sorgen oder werden eher übersehen, wenn sie nicht auf sich aufmerksam machen. Ihnen fehlt neben reellen Zukunftsperspektiven vor allem Anerkennung.

Um jemanden anerkennen zu können, muss ich ihn erkennen, also wahrnehmen. Das vielleicht unmittelbarste, naheliegendste Mittel dafür, das wir Fachkräfte viel zu selten nutzen, ist das Zuhören. Zuhören nicht im Sinne einer Unterhaltung, sondern als eigenständige Tätigkeit, ohne zu kommentieren, ohne zu belehren, ohne Ratschläge zu erteilen.

Dies hat einen doppelten Nutzen: Die Zuhörerin oder der Zuhörer erfährt die Perspektive des Gegenübers, lernt etwas über dessen Lebenssituation, kann dies den eigenen Bildern und Interpretationen gegenüberstellen und erhält – besonders in einem professionellen pädagogischen Kontext – auch wichtige Informationen über die Handlungsgründe des Gegenübers. Das Gegenüber erhält einen Raum, über den es verfügen kann. Es macht die Erfahrung, als Subjekt gehört zu werden, und es kann sich mit der eigenen Situation auseinandersetzen. Diese Art des Zuhörens ist ein Beziehungsangebot auf zumindest zeitweise gleicher Augenhöhe.

Im Alltag sind Situationen für dieses *einfache* Mittel schwer herzustellen, da es meist einen vorübergehenden Ausstieg aus der Alltagsinteraktion voraussetzt. Vielleicht „passieren" solche Situationen auch unerwartet und informell. In der Regel müssen solche Räume bewusst hergestellt werden.

Verunsicherung als Chance

Die Sozialarbeiterin beschreibt ihre Rolle als ein spannendes Ringen um Nähe und Distanz.

— *Meine eigene Rolle hatte auch unterschiedliche Facetten. Zum einen war ich die Initiatorin des Projekts und legte die Rahmenbedingungen fest. Zum anderen war die Gestaltung sehr offen und wir überlegten als Gruppe, wie wir sowohl die Präsentationen als auch die Einheiten gestalten wollen. Während den Präsentationen und bei Gesprächen und Diskussionen war ich eher außenstehend. Zum einen waren Herkunftsorte Einzelner den meisten anderen bekannt, mir jedoch fremd, zum anderen stellte ich auch Nachfragen, die mein Nichtwissen über bestimmte Normalitäten, z. B. im Leben in der ehemaligen Sowjetunion, preisgaben. Somit ließ es sich nicht vermeiden, dass die Vortragenden auch zum Teil zu Experten wurden und ich die „Nichteingeweihte" war. Wenn ich das Gefühl hatte, eine Frau spricht in erster Linie zu mir, um mir als Außenstehender Dinge zu erklären, versuchte ich, das Gespräch immer wieder in die Gruppe zurückzugeben.* —

Als einzige nicht russisch Sprechende musste die Sozialarbeiterin immer wieder Situationen aushalten, in denen sie vom Gespräch ausgeschlossen war, weil die Frauen untereinander auf Russisch zu diskutieren begannen, wie ihr eine Sachlage nun richtig erklärt werden müsste.

— *Auch waren Situationen, in denen die Frauen auf Russisch diskutierten, nicht leicht für mich auszuhalten. Zum einen finde ich es gerade bei persönlichen Berichten nachvollziehbar, dass sich jemand in seiner Muttersprache ausdrücken möchte, wenn die Worte auf Deutsch nicht ausreichen. Ich hielt es deshalb für hilfreich, wenn sie sich bei jemand aus der Gruppe Unterstützung holten. Allerdings entwickelte sich dadurch das Gespräch manchmal als Selbstläufer und ich musste irgendwann unterbrechen, da ich nicht mehr mitgekommen bin. Trotz Nachfragen habe ich wahrscheinlich nicht alle Nuancen verstanden. Die können auch bei einer Übersetzung aus der Gruppe verloren gehen. Diese Schwierigkeit lässt sich jedoch nicht vermeiden, wenn nicht alle die gleiche Sprache sprechen, und in diesem Fall war ich diejenige, die Schwierigkeiten hatte. Aber ich denke, für das Projekt war dies kein Nachteil. Auch wenn ich teilweise nicht alles verstanden habe, ist es mir wichtiger, dass die Frauen zu Wort gekommen sind und sich austauschen konnten, ohne aufgrund der Sprache zensiert zu werden.* —

Für die Frauen war dies sicherlich eine ungewohnte Erfahrung, dass sich jemand dieser Dynamik aussetzt und es aushält, nicht alles zu verstehen.

Der Effekt für das Deutschlernen wird durch das Zulassen der russischen Kommunikation – so ist zu vermuten – verstärkt. Die Sozialarbeiterin berichtet von dem großen Engagement bei den Präsentationen und den daraus entstehenden Diskussionen. Die Anerkennung der muttersprachlichen Kommunikation stärkt die emotionale Sicherheit und ermöglicht erst den Mut, auch in der deutschen Sprache „loszulegen".

Die Frage der öffentlichen Präsentation

Die Sozialarbeiterin hatte die Idee der Präsentation schon von Beginn an im Hinterkopf. Sie erhoffte sich dadurch eine öffentliche Anerkennung der Frauen. Die Ausstellung der Collagen ermöglicht die Chance,

... dass die Frauen nicht nur als „Russlanddeutsche" wahrgenommen werden, sondern als Personen mit einer Geschichte, mit einem Leben, in dem sie als Lehrerinnen oder Ingenieurinnen gearbeitet haben, als Personen, die vieles auf sich genommen haben und zu leisten bereit sind, um sich in einem neuen Land zurechtzufinden, und sich sehr bewusst mit dem neuen Wohnort auseinandersetzen, der für manche zu einer neuen Heimat geworden ist. Und es zeigen sich dabei auch die Schwierigkeiten, mit denen die Frauen hier zu kämpfen haben.

Doch: Welchen Preis bin ich bereit, für diese „Außenwirkung" zu zahlen? Die Collagen enthalten Fotos aus dem Familienalbum, zeigen Einblicke in die privaten Lebensverhältnisse. Darf man diese privaten Dinge „zur Schau stellen"? Teile der Collagen sind handschriftlich und zeigen somit auch die unterschiedlichen Sprachkenntnisse oder offenbaren mangelnde Rechtschreibkenntnisse, was für manche sehr schambesetzt ist.

Die Frage des Rahmens der öffentlichen Präsentation konnten also nur die Frauen selbst beantworten. Sie einigten sich auf einen halböffentlichen Rahmen mit Freunden und Familie sowie Kollegen aus dem Stadtteil und Gruppen, die sich im Haus treffen. Offizielle Vertreter/-innen der Stadt oder der Presse wurden bewusst nicht eingeladen.

Bei einer Auswertung eine Woche später waren die Frauen sehr zufrieden mit dem Verlauf und hätten sich sogar doch noch mehr Besucher/-innen gewünscht.

Bei dem Treffen war offenbar etwas passiert, was den Frauen gut getan hat. Die Gäste hatten die Ausstellung gleich zu Beginn mit großem Interesse betrachtet. Es kamen schnell auch

Nachfragen, die die Frauen als positives Interesse erlebt haben und bei denen sie auch das Gefühl hatten, dass sie es selbst steuern konnten, was sie von sich erzählen wollen.

Es entstand dann eine interessante Dynamik,

— *...als auch die von mir eingeladenen Gäste (sowohl aus anderen Gruppen als auch eine Kollegin) von ihrem Migrationshintergrund berichteten. Die Frauen des Sprachtreffs erkannten Gemeinsamkeiten mit den Frauen, die sie bisher als die „anderen", die „Deutschen" oder die „Einheimischen" wahrgenommen haben. Es war interessant zu beobachten, wie sich die Atmosphäre spontan veränderte, die Anspannung der Frauen von ihnen abfiel und sich lockere Gespräche entwickelten. Diese führten auch dazu, dass einzelne Frauen aufstanden, um ihre Präsentation zu zeigen. Man tauschte sich also nicht nur über die Herkunft aus, sondern die Gäste nahmen die Frauen nun sichtlich anders wahr.* —

Als die Frauen berichteten, dass sie auf der Suche nach Arbeit sind, äußerten die Gäste ihr Erstaunen angesichts der beruflichen Qualifikationen der Frauen. Sie spürten,

— *...dass die Frauen mit ihrer Situation unzufrieden sind und das Bekenntnis „arbeitslos zu sein" mit Schamhaftigkeit besetzt ist. Dies rief bei den Gästen eine gewisse Betretenheit hervor, aber auch ein Gefühl der Solidarität mit den Frauen des Sprachtreffs. So erfolgten daraufhin Einladungen zur Malgruppe, zum Kirchenchor etc.* —

Das wirklich Besondere an dieser Präsentation ist aus unserer Sicht,

- dass es gelungen ist, die Frauen nicht zu Objekten zu machen, sondern ihnen zu jeder Zeit die Entscheidung über jeden einzelnen Schritt zu überlassen,
- dass dadurch eine Atmosphäre geschaffen wurde, in der Ausgrenzungserfahrungen thematisierbar wurden, und
- dass die Frauen einen Rahmen hatten, sich selbst unter den verschiedenen Perspektiven wahrzunehmen und nach außen zu zeigen.

Ein spannender Nebenschauplatz war in der internen Auswertung die Frage, warum nur ein einziger Ehemann zur Präsentation mitgekommen sei. Die Sozialarbeiterin, den institutionellen Auftrag im Nacken, „mehr Angebote für Männer" zu machen, hatte sich eine größere Beteiligung und darüber den Kontakt zu den Männern erhofft. Die Frauen hatten damit kein Problem. „Die Männer gehen nicht gerne dorthin, wo wir Frauen uns zum Reden treffen."

Die Frage, *„wie wir mehr Männer erreichen können"*, ist damit noch nicht beantwortet.

Die Antwort der Frauen auf meine Frage zeigte mir jedoch, dass das Fehlen der Männer nicht unbedingt ein negatives Zeichen ist. Vielleicht möchten sie auch gerade diesen Platz als „ehemännerfreie Zone" behalten.

Zuhören

Zuhören drückt aus, dass andere mich etwas angehen. Es signalisiert Interesse an den anderen. Zuhören ist eine Metapher für die Offenheit, das Offenstehen der Person, die innere Gastfreundschaft. Wer zuhört, macht sich zugänglich und verwundbar, will von anderen wissen, ist von anderen beunruhigt, will anderen antworten. Zuhören widerspricht dem monologischen Bewusstsein, ist kein bloßer Empfang, sondern Zuwendung und Irritation. Wie ein Raum sich verändert, in den jemand eingetreten ist, lässt die Aufnahme des anderen die aufnehmende Person nicht als die gleiche zurück, die sie vorher war. Zuhören bedeutet Bejahung der anderen, Angewiesenheit auf ihre Existenz.

Christina Thürmer-Rohr

5.3 | ELTERNBILDUNG ALS EMPOWERMENT[113]

Die Weiterentwicklung der Elternarbeit an Schulen ist mittlerweile an vielen Orten gängige Praxis: Elterncafés, spezielle Themennachmittage oder -abende, Mütterfrühstücke und weitere Angebote sind an der Tagesordnung. Wir wollen exemplarisch ein Projekt aus diesem Kontext vorstellen, das die Elternbildungsarbeit konsequent mit einem Empowermentansatz verbindet.

Die Justinus-Kerner-Schule im Landkreis Böblingen ist eine der Grundschulen mit dem höchsten Migrantenanteil im Kreis (70 Prozent). Schon lange bemüht sie sich gezielt um die Gruppe der Eltern mit Migrationshintergrund. Seit 2002 kooperiert die Schule unter anderem auch mit der Elternstiftung Baden-Württemberg im Zusammenhang mit deren Kurskonzept „Wie funktioniert die Schule?". Diese Arbeit wurde 2008 in Kooperation mit dem Sozialtherapeutischen Verein Holzgerlingen e. V. durch thematische Elternfrühstücke „Guter Start in den Ernst des Lebens" erweitert. Zum Auftakt des Schuljahres 2008/2009 fand ein spezieller Elternabend statt mit verschiedenen muttersprachlichen Lehrer/-innen, um alle Inhalte übersetzen zu können. Mittlerweile verfügt die Schule über ein mehrstufiges Modell, um Eltern mit Migrationshintergrund erreichen zu können – alle Angebote werden wesentlich von einer türkeistämmigen Sozialpädagogin koordiniert und moderiert:

- Elternfrühstücke: drei thematische Einheiten „Guter Start in den Ernst des Lebens", um den Übergang vom Kindergarten in die Grundschule zu erleichtern
- Elterntreffen: wöchentliche bis 14-tägige Elterntreffen in Kooperation mit der Elternstiftung zum Thema „Wie funktioniert die Schule?"
- Einzelfallhilfe: Einzelberatungen und konkrete Unterstützungsleistungen, die sich aus den Gruppenangeboten bzw. schulischen Konfliktsituationen ergeben

Die Elternangebote werden schon frühzeitig direkt beworben: Gerade der Tag der Schulanmeldung eignet sich besonders, um viele Eltern persönlich zu erreichen. Der Sozialtherapeutische Verein und die Elternstiftung stellen ihre jeweiligen Projekte an einem Informationsstand vor, ausgestattet mit einem Schulranzen und einer Schultüte mit ihren Inhalten. Eltern und Kinder werden einzeln angesprochen und über das Elternfrühstück und den Elternkurs informiert. Eine kleine Schultüte (Inhalt: Traubenzucker), auf der die ersten Termine der Treffen notiert sind, wird den Kindern ausgehändigt. Türkeistämmige Eltern werden in ihrer Muttersprache angesprochen.

---

113 An diesem Projekt war Melahat Altan selbst aktiv beteiligt. Darüber hinaus danken wir Petra Pfendtner vom Sozialtherapeutischen Verein Holzgerlingen e. V. und Gaby Heydkamp von der Elternstiftung für ihre Auswertungsberichte bzw. ein Interview.

Zwei thematische Elternfrühstücke finden statt, solange die Kinder noch im Kindergarten sind, das dritte dann zu Beginn des ersten Schuljahres. Themen der Treffen sind:

- *Eine erfolgreiche Schulzeit für mein Kind – wie gelingt das gut?*
- *„Jedem Anfang wohnt ein Zauber inne" – die Vorbereitung und der Start in die Schule und in das neue Schuljahr*
- *Wie unterstütze ich mein Schulkind zu Hause? Rituale, Spiele und andere Hilfeangebote*

Zu den ausgewählten Themen werden kurze Vorträge gehalten mit anschließender Gruppenarbeit zum Erfahrungs- und Erwartungsaustausch. Als wichtig stellen sich Visualisierungen der Fragen heraus wie auch Handouts, *„weil dadurch die Teilnehmer/-innen einen Beweis und Nachweis für den Besuch hatten, um z. B. auch weitere Bekannte für den Kurs anzuwerben"*. Für die Elternfrühstücke wurden Flyer in Deutsch, Türkisch, Russisch und Albanisch erstellt, die über die Schulleitung an die Eltern verschickt werden.

Die anschließenden regelmäßigen Elterntreffen orientieren sich teilweise an den standardisierten Arbeitsmaterialien der Elternstiftung „Wie funktioniert die Schule?", zum anderen werden aber auch die Fragen und Themen der Eltern aufgegriffen. An den Elterntreffen nehmen neben dem interkulturellen Leitungstandem (eine Kursleiterin der Elternstiftung sowie eine türkeistämmige Sozialpädagogin) auch eine deutsche Vertreterin des Elternbeirats an der Schule teil, bei Bedarf kommen die Schulleitung oder einzelne Lehrer/-innen zu den Treffen dazu.

Uns interessiert nun an diesem Projekt vor allem:
- Welche Dynamik entwickelt sich besonders in den langfristig angelegten Elterntreffen?
- Welche Bedeutung hat ein interkulturelles Tandem für den Verlauf der Angebote?
- Wie wirken diese Angebote in den Schulalltag zurück?

Dynamik der Elterntreffen

Im Mittelpunkt der Elterntreffen steht die Auseinandersetzung mit schulischen, erzieherischen und persönlichen Fragen. Dabei ist den beiden Kursleiterinnen wichtig, eine angenehme, informelle Gesprächsatmosphäre zu schaffen (Tee, etwas Gebäck), ohne dies jedoch in den Mittelpunkt zu stellen oder gar den Besuchern solche Aufgaben zu übergeben. Wie bei den Elternfrühstücken sind die Methoden der Gruppenarbeit und der Visualisierung von entscheidender Bedeutung. Themen und Inhalte, die bislang bearbeitet wurden, sind:[114]

---

114 → Planungshilfen 3.5

- Transparenz über schulische Abläufe herstellen (z. B.: Welche Bedeutung haben Abkürzungen (wie z. B. HUS für „Heimat- und Sachkunde". Wie sind die Zeugnisbeurteilungen in den ersten beiden Klassen zu lesen? Welche Bedeutung haben Noten? Was ist der Unterschied zwischen Hausaufgabenbetreuung und Nachhilfeunterricht? etc.)
- Welche Möglichkeiten der Mitarbeit und Mitgestaltung gibt es in der Schule (z. B. Teilnahme an einem Arbeitskreis, Ideen für die Umgestaltung des Eingangsbereichs der Schule)?
- Schule und Schulleitung als Kooperationspartner verstehen und wahrnehmen
- Missverständnisse, Hemmungen, Vorurteile abbauen
- Ressourcen: Die kulturelle Vielfalt der Schüler/-innen als Stärke sehen und stolz darauf sein können
- Wer bin ich? Meine Stärken und Schwächen

Zur Veranschaulichung ein kleines Praxisbeispiel zum Thema „Auseinandersetzung mit der Muttersprache":

Die Forderung, zu Hause deutsch zu sprechen, obwohl viele Eltern über nur ungenügende Sprachkenntnisse verfügen, bewirkt, dass Familien wenig in ihrer Muttersprache kommunizieren, was wiederum bedeutet, dass sie sich insgesamt wenig mit ihren Kindern austauschen. Eltern empfinden es als eine Abwertung, wenn permanent die Sprache als Problem dargestellt wird. Weil die Sprachkenntnis unzureichend ist und nicht gleich Sprachkompetenz erreicht werden kann, sehen sich viele Eltern als minderwertig und unfähig. Durch den Austausch im Elterntreff lernen sie, dass die Muttersprache bei der Sprachentwicklung des Kindes eine zentrale Rolle spielt. Wer seine Muttersprache gut beherrscht, kann eine weitere Sprache besser lernen. Die Ermutigung, dem Kind in der eigenen Muttersprache Geschichten vorzulesen oder das Kind ausgewählte Kindersendungen anschauen zu lassen, macht sie wieder handlungsfähiger.[115]

Zunehmend geht es nicht mehr nur darum, Informationen über bestimmte schulische Abläufe zu bekommen, sondern die Teilnehmenden haben einen Grad der Vertrautheit erreicht, der es ermöglicht, auch über persönliche Schwierigkeiten und Gefühle zu sprechen.

Früher waren das die Themen: Wie kann ich eine Entschuldigung schreiben, wie kann ich mit meinem Kind Hausaufgaben machen? Das waren auch wichtige Themen, aber jetzt geht man ein bisschen mehr in die Tiefe und versucht andere Lösungen zu finden, wo man dann auch ein bisschen erleichterter rausgeht. Dass es hier wirklich nicht verborgen bleibt

115 → Grundsätze 1.9

oder dass man mit Belastungen hierher kommt und die nicht loswerden kann, sondern es ist ein Ort geworden, an dem man alles besprechen kann und auch Lösungen entwickelt, die auch wirklich ins Leben gerufen werden. Früher war es eher so, dass man sich darüber unterhalten hat, wie kann ich meinem Kind helfen, dass es in der Schule erfolgreicher wird, wie kann ich Gespräche mit dem Lehrer führen, es war immer eher auf der Ebene, dass alles gut funktioniert. Aber hier hat sich das so weit verändert, dass man sagen kann: Ich habe jetzt ein Lehrergespräch geführt, aber das ist nicht so gut gelaufen, und hier kann man dann das alles loswerden. Und dann auch gemeinsam nach Lösungen gucken, dass man aus dem Problem rauskommt.[116] —

Einen wichtigen Raum nimmt die Auseinandersetzung mit gegenseitigen Vorurteilen und Stereotypisierungen ein, die als blockierend für eine vertrauensvolle Kooperation gesehen werden. (vgl. Kasten Seite 171):[117]

Bei den Elterntreffen werden eben diese Zuschreibungen, aber auch die dahinter stehenden Erfahrungen der Eltern thematisiert. Hier wird deutlich, welches Potenzial in der Heterogenität der Gruppe liegt: Dadurch, dass sowohl ein interkulturelles Tandem den Kurs leitet als auch eine deutsche Elternbeirätin kontinuierlich teilnimmt, können die Frauen sich über eben diese Zuschreibungen austauschen: Was sind reale Ausgrenzungs- und Rassismuserfahrungen, was sind unzulässige Verallgemeinerungen? Voraussetzung dafür ist es, eine Atmosphäre der gegenseitigen Wertschätzung und des Vertrauens zu schaffen, sodass entsprechende Erfahrungen und Gefühle überhaupt geäußert werden können. Auf dieser Grundlage kann dann weiter damit gearbeitet werden.

— *So lernen Eltern aus erster Hand die Arbeit der Elternvertretung kennen und Fragen zu bestimmten Themen werden ohne Umwege beantwortet. Außerdem lernt man durch diese Konstellation die gegenseitigen Denk- und Handlungsansätze kennen. Es entstehen Aha-Erlebnisse, bewusste und unbewusste Berührungsängste werden langsam abgebaut. Es wächst eine gegenseitige bessere Annäherung und Akzeptanz, auch wenn diese noch in den Anfängen ist. Weiterhin baut die Anwesenheit der deutschsprachigen Elternvertreterin bei manchen Teilnehmenden die Hemmungen, in Deutsch zu kommunizieren, ab.* —

Und auch bei der deutschen Elternbeirätin oder den Lehrern entsteht über diese Auseinandersetzungen einerseits *„ein anderes Verstehen"* der Lebensrealitäten von Migranten,

116 Die Zitate der Mütter stammen aus einem von uns durchgeführten Gruppeninterview.
117 → Kapitel 2 Die Akteure

Vorurteile der Mehrheitsgesellschaft (Schulen und Kindergärten) gegenüber den Migranteneltern	**Vorurteile der Migranteneltern über die Bildungseinrichtungen**
• Sie kümmern sich nicht genügend um ihre Kinder. • Sie stehen der Bildung distanziert gegenüber. • Durch die mangelnden Sprachkenntnisse können sie ihre Kinder nicht ausreichend unterstützen. • Sie interessieren sich nicht für das Schulgeschehen. • Zu Hause wird nicht auf Deutsch kommuniziert. • Der Fernseh- und Computerkonsum ist sehr ausgeprägt. • Es gibt wenig Tagesstruktur. Die Kinder kommen unausgeschlafen zum Kindergarten/zur Schule. • Eltern wollen kein Deutsch lernen. • Migranten wollen sich nicht integrieren. • Migranteneltern sind bildungsschwach. • Es wird generell auch in der Muttersprache zu wenig kommuniziert.	• Die Lehrer/-innen wollen nicht, dass unsere Kinder erfolgreich sind. • Wenn ich offen meine Beobachtungen und Wahrnehmungen äußere, wird es negative Auswirkungen auf mein Kind haben. Es wird dann schlechte Noten bekommen, daher ziehe ich mich bei Schwierigkeiten zurück. • Ich darf Lehrer/-innen nicht kritisieren. • Es gibt konkrete Beispiele, die belegen, dass unsere Kinder schlechter benotet werden als Deutsche. • Erzieherinnen und Lehrer/-in sagen, dass ich mit meinem Kind nicht zusätzlich lernen soll, z. B. darf ich ihm die Buchstaben nicht beibringen. • Was dürfen wir und was nicht? Es gibt keine klaren Antworten. Daher wissen wir oft nicht, wie wir zu Hause mit unseren Kindern lernen sollen. • Wir versuchen für unsere Kinder das Beste zu geben. Aber es wird so nicht gesehen. • Ich war in meiner Heimat ein guter Schüler, aber hier habe ich das Gefühl, dass mein ganzes Können und Wissen keinen Wert hat. • Die Erzieher/-innen fördern nicht genügend die Sprachentwicklung.

gleichzeitig kann aber auch vermittelt werden, dass manche der Schwierigkeiten, mit denen Migranteneltern zu kämpfen haben, nicht kulturell, sondern strukturell bedingt sind.

— *Ich habe da auch Probleme mit Lehrern, viele Probleme haben wir genauso und die haben nichts, aber auch gar nichts mit dem Türkischen zu tun.* —

Dem Angebot liegt ein Integrationsverständnis zugrunde, das auf Teilhabe und Qualifikation setzt.

— *Fast alle Teilnehmerinnen werden beim nächsten Projekt des Sozialtherapeutischen Vereins Holzgerlingen mitmachen. Sie werden als Mentorinnen ausgebildet, sodass sie befähigt werden, ein Elternfrühstück zu organisieren und zu leiten. Mit dieser* ***Qualifikation*** *werden sie am schulischen und am gesellschaftlichen Leben* ***teilhaben****. Einige Frauen haben jetzt schon angekündigt, ihre Deutschkenntnisse aufzubessern. Mit solchen Entwicklungen kann eine wertschätzende, gleichberechtigte und ressourcenorientierte* ***Integration*** *erreicht werden. Diese kann dann für alle ein bereicherndes Zusammenleben und für die Kinder den Lernerfolg bringen.*[118] —

Interkulturelles Tandem

Eine entscheidende Ressource dieses Angebots ist das interkulturelle Tandem in der Leitung. Dabei müssen einige Voraussetzungen beachtet werden.

Die muttersprachliche Fachkraft muss
- beide Sprachen beherrschen,
- nicht nur wortwörtlich übersetzen können, sondern Sinn und Feinheiten verstehen,
- die verschiedenen Lebenswelten, Gesellschafts- und Schulsysteme kennen,
- gute Kenntnisse über verschiedene Kulturen haben,
- eine Brückenfunktion einnehmen können,
- die Erwartungen, sowohl der Schule als auch der Migranten, transparent machen können,
- verhindern, dass Migranten in eine Erklärungs- und Rechtfertigungssituation kommen.

Die deutschsprachige Fachkraft muss
- sich auf neue Perspektiven einlassen können,
- eine neugierige und wertfreie Haltung einnehmen,
- geduldig sein während der Übersetzungs- und Austauschzeit,
- mit Widersprüchen und Vorurteilen umgehen können,
- den Teilnehmenden das Gefühl geben können, dass sie willkommen sind,
- nicht zu dominant wirken.

Im Interview beschreibt die deutschsprachige Kursleiterin, was sich für sie durch die Kooperation mit ihrer türkeistämmigen Kollegin verändert hat – manche Themen und Fragestellungen waren für sie bis dato gar nicht zugänglich.

118 → Grundsätze 1.6

Es ist jetzt sehr viel interaktiver. Früher hatten wir auch eine Übersetzungshilfe, aber keine aktive Kursleiterin. Und es konnte recht wenig zurückkommen, weil dann die Sprache irgendwann eine Barriere darstellte. Es war auch für mich unbefriedigend, es blieb so vieles unerkannt. Und erst jetzt in dieser Form erfahre ich mehr, was Eltern denken und fühlen. Und wie wichtig das auch ist, um überhaupt die Probleme, die auf dem Tisch sind, anzugehen. Sonst bleibt alles zu oberflächlich, man handelt mal schnell in zehn Terminen die Thematik ab, aber letztendlich ist es keine tatsächliche Hilfe für die Eltern. Wenn meine Kollegin mal nicht da ist und ich bin alleine, dann wird es halt mehr deutsch. Dann wird es sehr deutsch und ich brauche immer jemand aus der Gruppe, der übersetzt. Und da kann ich dann auch immer nur ganz bestimmte Thematiken ansprechen. Dann ist es eine Stunde zum Deutschüben oder um etwas zu wiederholen und die deutsche Sprache zu üben, aber wenn wir wieder etwas ergründen möchten, dann ist die Übersetzung – und zwar die aktive, nicht nur die Wiederholung dessen, was eine Deutsche gesagt hat – wichtig.

Auswirkungen auf den Schulalltag

Aus der Sicht der Schule besteht eine der wesentlichen Schwierigkeiten im Umgang mit Migranteneltern darin, Zugang zu den Eltern zu finden – aus einer doppelten Perspektive: Migranteneltern ihrerseits haben nach Ansicht der Schulleiterin eine sehr große Scheu, sich bei offenen Fragen an die Institution Schule zu wenden.

Unsere ausländischen Eltern, die wissen sehr wenig über das Schulsystem, und da sind auch immer ganz, ganz große Ängste, wenn die Kinder hier in die Schule kommen. Und die Zusammenarbeit mit den Eltern ist sehr, sehr schwierig, weil sie einfach Angst haben, in die Schule zu kommen und den Kontakt auch mit den Lehrern aufzunehmen. Die würden nie (!) von sich allein einen Termin mit dem Lehrer ausmachen.

Auf der anderen Seite sind die Lehrkräfte so eingedeckt mit Arbeit, dass alle Zusatzarbeiten – und als solche werden neue Wege der Elternarbeit wahrgenommen – nur im Notfall oder eben bei Krisen und Konflikten angegangen werden. Wenn es dann zum Kontakt zwischen Lehrern und Eltern kommt, geht es meist um Schwierigkeiten, Konflikte, Unangenehmes. Dies ist für den Vertrauensaufbau nicht förderlich, Eltern fühlen sich in die Schule „zitiert", die eigene Erziehungskompetenz steht auf dem Prüfstand.[119]

Hier zeigen die regelmäßigen Elterntreffen erste positive Effekte: Es sind Gesprächsanlässe über schulische Fragen jenseits konkreter einzelner Konflikte. Offene Fragen und Unklarheiten

119 → Grundsätze 1.2

können in einer vertrauten Gruppe vorbesprochen und der Schulleitung oder Lehrern und Lehrerinnen vorgelegt werden. So haben die Teilnehmer/-innen beispielsweise einen Fragenkatalog an die Schulleitung formuliert, der mittlerweile als allgemeine Vorlage zur Durchführung der ersten Elternabende an der Schule dient.

Darüber hinaus beteiligen sich die Eltern in vielfältiger Form am Schulleben, sodass auch die Schulleiterin deutlich spürt: *Der Wille ist da, sich für die Schule einzusetzen. Und ich denke, dass die Eltern die Schule ein bisschen positiver sehen.*

- Einige Mütter (mindestens drei) nehmen am Arbeitskreis der Elternvertretung teil.
- Eine Teilnehmerin der Elterntreffen wurde als Dolmetscherin für Elterngespräche gewonnen.
- Eine Gruppe (vier Personen) stellt sich für schriftliche Übersetzungen (türkische Sprache) zur Verfügung.
- Für ein besseres Willkommen wollen die Eltern den Eingangsbereich verschönern. Vor allem wollen sie die Vielfalt der Kulturen sichtbarer machen und als die Stärke der Schule hervorheben.
- Um das Selbstwertgefühl der Schüler/-innen zu stärken, werden in regelmäßigen Abständen gemalte Bilder mit Namensschildern von Kindern im Eingangsbereich aufgehängt, sodass von allen Schülern und Schülerinnen einmal ein Kunstwerk ausgestellt wird. Die Mütter des Elternkurses übernehmen die gesamte Verantwortung und Durchführung.

Über diese neu geschaffenen Gesprächsanlässe verändert sich auch die Wahrnehmung auf Seiten der Schulleitung und der Lehrer/-innen und hinderliche Missverständnisse können ausgeräumt werden.

— *Also wir haben z. B. seit zehn Jahren hier jahrgangsgemischte Klassen. Eine Kollegin macht jedes Jahr im Kindergarten einen Elternabend und erklärt, was ist Jahrgangsmischung, wie funktioniert das? Dennoch steckt nach dieser Zeit immer noch in den Köpfen der ausländischen Eltern, an der Kerner Schule gibt es Jahrgangsmischung, weil das billiger ist. Weil es hier so viele Ausländer gibt, wird hier gespart. Und da ist der Elterntreff natürlich eine ganz große Hilfe für uns. Ich habe dann auch von den Eltern eine positive Rückmeldung, aha, jetzt verstehen wir endlich, was ihr hier macht. Und das war schon eine Erleichterung.* —

Was bleibt, ist der Wermutstropfen, dass die Umsetzung dieser erfolgreichen Ansätze nebenher läuft und nicht ausreichend Zeitressourcen zur Verfügung stehen, um vertiefend im schulischen Alltag damit zu arbeiten.

Es läuft schon ein bisschen nebenher, aber da sind wir halt wieder beim Zeitfaktor. Es gibt eben auch so viel Neues an der Schule, das wir auch noch machen sollen, und jetzt noch die ganze Evaluation. Also ich hab wirklich fleißige Lehrer, die sich Zeit nehmen, sich stundenlang vorbereiten und sich absprechen. Und auch wirklich versuchen, viele Elterngespräche zu führen. Aber es ist ja nicht nur so, dass wir mit Eltern sprechen, wir haben auch wahnsinnig viel mit der Polizei zu tun, mit dem Jugendamt, dem Psychologen. Ganz viele Dinge, die außerhalb noch laufen, und die schaffen das einfach gar nicht. Da geht es dann schon ein bisschen unter.[120]

120 → Grundsätze 1.12

5.4 HIPPY: ELTERNBILDUNG UND SPRACHFÖRDERUNG[121]

In der Arbeit mit Migrantenfamilien gibt es einige Ansätze, die darauf setzen, Familien in ihrem unmittelbaren Lebensumfeld aufzusuchen und zu Hause mit ihnen zu arbeiten – im Mittelpunkt stehen Fragen der Erziehung und kindlichen Entwicklung. Dabei werden meist Eltern, in der Regel Mütter, ähnlicher Lebenssituationen dahingehend qualifiziert, vorgegebene Module mit Eltern gemeinsam zu erarbeiten (z. B. „Elterntalk“ in Bayern, Stadtteilmütter in Berlin[122]), um so deren Erziehungskompetenzen zu stärken. Ein Beispiel, das mit diesen Ansätzen arbeitet, ist das HIPPY-Programm, ein weltweit verbreiteter Ansatz der Familienbildung.

HIPPY ist ein besonders auf bildungsbenachteiligte Familien ausgerichtetes Familienbildungsprogramm mit dem Ziel der frühen Förderung der drei- bis sechsjährigen Kinder, um sie auf die Schule vorzubereiten. HIPPY versteht sich als Präventions- und Integrationsprogramm mit dem Schwerpunkt der Sprachförderung, Hauptakteure sind die Eltern.

Zur Durchführung von HIPPY werden Stadtteilgruppen von 12 bis 15 Familien mit Kindern im Alter von ca. vier Jahren aufgebaut. HIPPY dauert zwei Jahre und findet im Wesentlichen zu Hause statt. Ein Programmjahr besteht aus 30 Wochen. Während dieser Zeit werden die Familien wöchentlich mit einem Paket von Spiel- und Lernaktivitäten ausgestattet und in den Umgang damit eingewiesen. Jede zweite Woche werden die HIPPY-Aktivitätenhefte von einer Hausbesucherin (Para-Professionals/Laienhelferinnen) zu den Familien nach Hause gebracht und im Rollenspiel eingeübt. Nachdem die Eltern im Umgang mit den Spiel- und Lernaktivitäten geübt sind, führen sie diese mit ihren Kindern zu Hause durch. Zur Durchführung aller Aktivitäten ist es erforderlich, fünfmal in der Woche ca. 15 bis 20 Minuten gemeinsam zu spielen und zu lernen. Die Ergebnisse dieser Arbeit werden in der darauffolgenden Woche besprochen und entstandene Fragen werden geklärt.

Die zweimal monatlich stattfindenden Gruppentreffen mit allen Programmteilnehmerinnen einer Stadtteilgruppe werden von einer pädagogischen Fachkraft (Koordinatorin) geleitet. Hierbei kommt es zu einem Erfahrungsaustausch zwischen den Programmteilnehmerinnen. Das Wissen über Inhalte und Ziele der HIPPY-Aktivitäten wird vertieft. Ein weiteres Element der Gruppentreffen ist die Bearbeitung eines Themas aus den Bereichen Erziehung, Gesundheit, Ernährung etc. mit den Müttern. Die Auswahl der Themen wird mit den Teilnehmerinnen abgestimmt.

---

121 Wir danken Beatrix Kayser für die Workshopteilnahme und die aktive Mitarbeit an diesem Praxisbericht.

122 Links zu anderen Programmen und Projekten im Anhang

Die eigens für HIPPY entwickelten Spiel- und Lernmaterialien bestehen im Wesentlichen pro Programmjahr aus neun Geschichtenbüchern und 30 Aktivitätenheften. Weitere Elemente sind geometrische Formen in den vier Grundfarben, Buntstifte, Wachsmalkreiden, Schere und Kleber. Für viele Aktivitäten werden Gegenstände aus der Natur oder aus dem Haushalt eingesetzt. Die Aktivitäten im HIPPY-Programm fördern die kognitive, soziale und emotionale Entwicklung der Kinder.

Die Anstellung von Hausbesucherinnen ist eine Voraussetzung zur Durchführung von HIPPY. Sie sind das Bindeglied zwischen den Familien und der Koordinatorin. Die wichtigsten Anforderungen an eine Hausbesucherin sind, dass

- sie aus der Zielgruppe kommt,
- sie selbst Mutter ist und das Programm auch mit ihrem Kind durchführt beziehungsweise durchgeführt hat,
- sie Freude am Umgang mit Menschen hat,
- sie ein hohes Maß an Verantwortungsbewusstsein zeigt,
- sie über gute deutsche Sprachkenntnisse und gute Lesefähigkeit verfügt,
- sie bereit ist, über Erziehungsfragen zu reflektieren und sich Wissen darüber anzueignen.

Hausbesucherinnen sind Laien, die vor ihrem Einsatz im Programm geschult werden. Während ihres Einsatzes werden sie in wöchentlichen Anleitungen durch die Koordinatorin auf die Aufgaben der kommenden Woche vorbereitet und die Arbeit der vorangegangenen Woche wird besprochen. Zur fachlichen Weiterbildung der Hausbesucherinnen finden zweimal im Programmjahr mehrtägige Fortbildungsveranstaltungen statt. Die Teilnahme ist für die Hausbesucherinnen verpflichtend. Hausbesucherinnen besuchen die Familien, die am Programm teilnehmen, jede zweite Woche zu Hause, bringen das HIPPY-Material der Woche und weisen die Eltern in den Umgang damit ein. Die Lehrmethode ist das Rollenspiel. Die Zweisprachigkeit (Herkunftssprache der Zielgruppe und Deutsch) und die Vertrautheit der Hausbesucherinnen mit der Alltagskultur der Zielgruppe sind die wichtigsten Komponenten der interkulturellen Kompetenz eines HIPPY-Teams.

Hausbesucherinnen sollten über die gesamte Laufzeit einer HIPPY-Gruppe (18 Monate) angestellt werden. Die Wochenarbeitszeit richtet sich nach der Größe der Gruppe. Bei 16 Wochenstunden können 12 bis 15 Familien betreut werden. Gegenwärtig werden Hausbesucherinnen als geringfügig Beschäftigte, auf Stundenbasis nach Tarifvertrag oder als sozialversicherungspflichtige Praktikantinnen (für den Berufs- oder Ausbildungseinstieg – dann gehören allerdings PC-Kurse und Bewerbungstrainings mit dazu) angestellt.

Uns interessiert an diesem Praxisbeispiel nun vor allem:

- Wie kann man mit klaren inhaltlichen Vorgaben arbeiten, ohne abzuwerten? Wie reagieren die Eltern?
- Welche Chancen und welche Risiken liegen in der Gewinnung von Müttern mit Migrationshintergrund als Hausbesucherinnen?

Elternbildung mit klaren Vorgaben

Wir haben in den „13 Grundsätzen"[123] formuliert „Keine Fragen beantworten, die niemand gestellt hat!" Mit anderen Worten, unsere Unterstützungs- und Bildungsangebote sind an den Themen und Interessen der Migranteneltern auszurichten.[124] Hier verfolgt nun das HIPPY-Projekt einen dezidiert anderen Ansatz – und diesen durchaus mit sehr positiver Resonanz und gutem Erfolg! HIPPY ist von seiner Grundstruktur her so angelegt, dass es klar definierte Bildungsinhalte gibt, die den Eltern vermittelt werden sollen, da sie von Experten als relevant erachtet werden. Das heißt, es ist kein Bildungsverhältnis auf Augenhöhe, sondern der Vermittlungsaspekt steht im Zentrum: Wir wissen, was euch fehlt, wir wissen, was euch gut täte.

Gleichzeitig wird aber angesetzt an der Kompetenz der Eltern: Eltern werden als die „natürlichen" Lehrer ihrer Kinder angesehen und in dieser Rolle gestärkt. Daher wird auf die Methode des Rollenspiels so großen Wert gelegt. Und es wird davon ausgegangen, dass die Eltern die Personen sind, die ihr Kind am besten kennen.[125] Auch werden bei der Bearbeitung von Erziehungsthemen während der Gruppentreffen die Themen nicht vorgegeben. Hier steht der Austausch „Wie handelt jede Mutter in dieser Erziehungssituation?" im Mittelpunkt.

Wie reagieren Eltern auf diese eher direktive Anlage des Projektes? Den ersten Kontakt mit HIPPY haben sie, wenn sie in der Regel von einer Erzieherin oder durch eine aktive Hausbesucherin direkt auf eine potenzielle Teilnahme an HIPPY angesprochen werden.[126]

Nach Aussage der Koordinatorin reagieren manche Eltern durchaus ablehnend, wenn sie gefragt werden, ob sie an dem Programm teilnehmen möchten. Sie empfinden es als defizitäre Zuschreibung, die bei ihnen Widerstände auslöst: *„Warum sprechen die gerade mich an? Warum soll ich das brauchen?"*

---

123 → Grundsätze 1.5

124 → Planungshilfen 3.5

125 → Grundsätze 1.3

126 An den Standorten, an denen das HIPPY-Programm schon länger durchgeführt wird, gibt es auch Wartelisten, da sich Familien selbst melden und mitmachen möchten. Hier greift die Mund-zu-Mund-Propaganda.

Der überwiegende Teil der Eltern empfindet HIPPY jedoch als förderliche Unterstützung, als konkrete Hilfestellung für den eigenen Erziehungsalltag:

- Die Hauptmotivation, an HIPPY teilzunehmen, ist: *„Ich möchte mein Kind fördern und weiß nicht wie!"*
- Das klar vorstrukturierte Arbeitsmaterial empfinden die beteiligten Eltern als übersichtlich und konkret – im Gegensatz zu offenen kreativen Angeboten, die für manche Eltern auch überfordernd sein können.
- Die beteiligten Eltern empfinden HIPPY als klares Entlastungsangebot, das ihnen darüber hinaus wichtige Impulse zur Entwicklung ihrer Deutschkenntnisse bringt: *„Die Arbeit bringt mir auch fürs Deutschlernen mehr als ein Sprachkurs."*
- Insofern ist die Teilnahme an dem Programm für die Eltern mit klaren und spürbaren Erfolgserlebnissen verbunden, was für sie zu einer Stärkung ihres Selbstbewusstseins beiträgt: *„Ich komme raus, da tut sich was."*

Was ist nun notwendig, damit ein solches Konzept nicht kippt, dass Eltern nicht doch bevormundet und in bestimmte normative Muster gedrängt werden? Welche Haltung ist notwendig, um das Potenzial dieses Ansatzes ausschöpfen zu können und mögliche Widerstände von Eltern zu vermeiden? Von zentraler Bedeutung ist eine permanente Reflexion des *„eigenen Entwicklungshilfedenkens"*.[127]

Die Koordinatorin:

— *Grundsätzlich gehen wir davon aus, dass Eltern kompetent sind, ihr Kind am besten kennen und für ihr Kind das Beste wollen. Wichtig ist weiter, dass ich mir immer wieder bewusst mache und das auch den Müttern gegenüber deutlich vermittle: Das, was ich als Fachkraft vermittle, ist die Theorie, die Praxis kann anders aussehen. Die Aufgabe des Programms ist es, den Eltern Werkzeuge zu geben im Sinne von „Hilfe zur Selbsthilfe" oder „Empowerment".* —

Auch methodisch gibt es hier immer wieder „Zwischenwege". Gute Erfahrungen macht die Koordinatorin beispielsweise damit, vorstrukturierte Inhalte mit offenen Themenfeldern zu kombinieren.

— *Bei einer ganz offenen Themenwahl sind die Mütter oft überfordert. Sie wissen ja auch gar nicht, was sie alles fragen können. Also mache ich verschiedene Vorschläge und lasse diese bepunkten. So lernen die Mütter Neues kennen und können trotzdem selbst entscheiden, welche Themen für sie interessant sind.* —

---

127 ➔ Akteure 2.3

Mit der hier beschriebenen Haltung der Koordinatorin kann auch mit einem eher direktiv angelegten Ansatz so gearbeitet werden, dass er nicht abwertend wirkt. Dies hängt aber eben stark von der Reflexionsbereitschaft der jeweiligen Person ab.

Die Arbeit mit Hausbesucherinnen

Ein wichtiger Erfolgsfaktor von HIPPY ist die Arbeit mit den Hausbesucherinnen[128] – Frauen, die aus der gleichen Zielgruppe kommen. Das heißt: ähnliche Lebenssituationen, ähnliche Sprache, ähnlicher kultureller Hintergrund. Dieses Prinzip „von Gleichen für Gleiche" trägt wesentlich dazu bei, das oben angesprochene Dominanzverhältnis zu reduzieren.

Über welche Zugänge wurden die Hausbesucherinnen in Sindelfingen ausgewählt?

- Erzieher/-innen und/oder Lehrer/-innen empfahlen engagierte Mütter, die in der Kindertagesstätte oder der Schule durch die Tätigkeit als Elternbeirätin oder ein anderes ehrenamtliches Engagement „positiv aufgefallen" waren.
- Über die Vermittlung des städtischen Integrationsbeauftragten wurde Kontakt zu Frauen aus Migrantenorganisationen aufgenommen, auf diesem Weg wurde eine Hausbesucherin gefunden.
- Auch wurden einige Mütter, die zunächst als Teilnehmerinnen mit dem Programm gearbeitet haben, nach Abschluss des Programms als Hausbesucherinnen übernommen.

Die Hausbesucherinnen werden als Vorbilder erlebt und wahrgenommen, sodass die Auswahl zur Hausbesucherin von den angefragten Frauen als Wertschätzung empfunden wird. Die damit verbundene „Ausbildung" ist eine Qualifizierungsmöglichkeit, die an den jeweiligen Möglichkeiten und Ressourcen von Frauen anknüpft und ihnen darüber hinaus Neues bietet.

Wie gewinnbringend der Einsatz der Hausbesucherinnen für die beteiligten Frauen ist, haben wir oben beschrieben.

Gleichzeitig kann es dabei in der Zusammenarbeit von Hausbesucherinnen und den beteiligten Müttern auch zu problematischen oder konflikthaften Situationen kommen:

- So können bei den Müttern Neidgefühle aufkommen: *„Warum soll meine Nachbarin kompetenter sein als ich?"* Dies besonders dann (aber nicht nur), wenn die Hausbesucherinnen naheliegender Weise in dem Stadtteil eingesetzt sind, in dem sie wohnen.
- Es kam vor, dass Familien die Besuche in der eigenen Wohnung abgelehnt haben. Auch wollte eine der Hausbesucherinnen die Familien nicht zu Hause aufsuchen. Sie hatte einen

128 ➔ Planungshilfen 3.4

Laden, war bekannt in der Community. Begründet wurde dies damit, dass es in *„manchen türkischen Familien nicht so üblich wäre, dass nicht zur Familie gehörende Personen so viel Privates mitbekommen"*. Hier konnte durch das Nutzen von neutralen Räumen in der Kindertagesstätte eine Alternative gefunden werden.[129]

- Aber auch über die Frage des Orts hinaus gab es vereinzelt Schwierigkeiten im Vertrauensverhältnis, da die Teilnehmerin eine gewisse Distanz aufrecht erhalten wollte: *„Die Nachbarin soll uns nicht so nah kommen, sie soll nicht so viel von unserer Familie wissen."*
- Oder auch gerade im Gegenteil: Die Teilnehmerin/Mutter möchte die Hausbesucherin als Freundin.
- Die Hausbesucherin wird zu allen möglichen Tag- und Nachtzeiten angerufen und um Hilfe gebeten.
- Die Hausbesucherin wird um Hilfe gebeten, die nichts mit ihrem Auftrag zu tun hat (Hilfe beim Ausfüllen von Formularen, Arztbesuch, Eheprobleme etc.).

Ein entscheidender Faktor für den Erfolg ist es, dass die Hausbesucherinnen ständig begleitet werden, sich untereinander austauschen können und beim Auftreten von oben genannten Situationen eine supervisorische Begleitung erhalten zu den Themen: Nähe – Distanz, Rollenklärung, Verbindlichkeit, Schweigepflicht, Umgang mit Versagensgefühlen, wenn eine Familie abbricht, Konkurrenz.

Auch die Zusammenarbeit der Koordinatorin und der Hausbesucherinnen erfordert Reflexion und im besten Fall supervisorische Begleitung. Als Koordinatorin gilt es, die eigene Machtposition zu bedenken: Die Auswahl zur Hausbesucherin ist ein Ausdruck von Wertschätzung – Auswahl bedeutet aber immer auch, dass Wertschätzung verteilt wird, dass manche jedoch nicht zum Zuge kommen – was als Exklusion erlebt werden kann. Dies gilt es, sensibel zu kommunizieren.

— *Ich hatte ein Mal die Situation, dass eine ehemalige HIPPY-Mutter äußerte, gerne Hausbesucherin werden zu wollen, die ich nicht für so geeignet hielt. Hier war es relativ einfach, darauf zu reagieren, da keine weitere Stelle zu besetzen war. Wenn ich in der Situation wäre, dass sich eine Frau bewirbt und ich diese nicht für kompetent halten würde, würde ich im Einzelgespräch alle Aufgaben durchgehen, schwierige Situationen beschreiben, nachfragen nach ihren Reaktionen und nach ihrer eigenen Einschätzung.* —

129 ➔ Planungshilfen 3.6

5.5 ELTERNARBEIT IN DER OFFENEN KINDER- UND JUGENDARBEIT?

Diese Praxisreflexion unterscheidet sich insofern von den anderen, dass sie nicht von der Praxis einer Einrichtung ausgeht, sondern vier verschiedene Einrichtungen der offenen Jugendarbeit vorstellt, die Wege suchen, um auf Eltern mit Migrationshintergrund zuzugehen. Sie stellen sich damit gegen das klassische professionelle Selbstverständnis der offenen Jugendarbeit, die sich in erster Linie als Freiraum für Jugendliche, ein Freiraum auch von der eigenen Familie, von den eigenen Eltern versteht.

Der Bericht geht der Frage nach:

- Gibt es gute Gründe für eine interkulturelle Öffnung der offenen Arbeit im Hinblick auf Eltern mit Migrationshintergrund?

Das **Jugendhaus „M"** in Mössingen organisiert das Internationale Frauenfrühstück, ein „offenes Angebot für Frauen mit und ohne Migrationshintergrund". Verschiedene Mütter hatten schon bei den seltenen Gesprächen zwischen Tür und Angel den Wunsch nach mehr Austausch mit den hauptamtlichen Mitarbeitern geäußert. Unmittelbarer Anlass war dann der überregional für Aufsehen sorgende Prozess gegen Mössinger Jugendliche wegen versuchten Mordes, der in der Presse mit dem Jugendhaus in Verbindung gebracht wurde.

Daraufhin hörten wir immer wieder, dass Eltern Angst haben, ihre Kinder ins Jugendhaus zu schicken. Wir erhoffen uns mit unserer Aktion, unser Jugendhaus in einem neuen Licht präsentieren sowie Ängste und Sorgen abbauen zu können."[130]

Bei bisherigen Aktivitäten, z. B. dem am Abend stattfindenden Bürgermentorenstammtisch, konnten fast nur Männer erreicht werden.

Das Frauenfrühstück bietet den Frauen,

- das Haus und die Mitarbeiter/-innen kennenzulernen und so Vertrauen zu der Einrichtung aufzubauen,
- die Möglichkeit, mit anderen ins Gespräch zu kommen, um diese besser kennenzulernen,
- konkrete Hilfestellungen wie die Vermittlung von Dolmetscherinnen, Unterstützung bei Behördengängen und schulischen Angelegenheiten sowie Elternbildungsangebote mit geladenen Referentinnen.

---

130 Die Zitate aus einem Praxisbericht stammen von den beiden Mitarbeiterinnen Iris Ortinau und Meike Stumpf.

Dahinter stehen das Interesse, durch die Elternarbeit den Ruf des Jugendhauses zu verbessern und dadurch den Zulauf von Jugendlichen zu erhöhen, und die Hoffnung, mittelfristig auch zu einer Zusammenarbeit in Form von ehrenamtlichem Engagement zu kommen.

Schon die ersten Treffen waren ein großer Erfolg. Aufgrund einer breiten mehrsprachigen Werbung[131] an Schulen, Kindergärten, im Rathaus und der Mössinger Tafel, vor allem aber aufgrund der erfolgreichen Mundpropaganda einer bereits im Jugendhaus ehrenamtlich engagierten Mutter, kamen 20 Frauen aus verschiedenen Nationalitäten zu dem ersten eher informell gehaltenen Treffen. Das Frühstück verlief sehr lebendig, es wurde viel gelacht und erzählt. Es stellte sich heraus, dass

— *auch etliche Frauen anwesend waren, deren Kinder wir aus Jugendhauszusammenhängen kennen. So waren z. B. die Großmutter einer Jugendlichen aus dem Mädchentreff da und eine Mutter, deren Sohn am Prozess beteiligt war, etc.* —

Noch intensivere Gespräche entstanden, als nach dem Frühstück einige zum Rauchen nach draußen gingen und sich so die Sitzordnung auflöste.

— *Eine Mutter hat erzählt, dass sie Angst hat und ihrer Tochter nach der Schlägerei im Februar verboten hat, ins Jugendhaus zu kommen. Diese Chance nutzten wir, um ihr genauere Details zu erzählen und unsere Arbeit zu verdeutlichen.* —

Durch die Übersetzung der ehrenamtlichen Mitarbeiterin konnte schnell eine offene Kommunikation hergestellt werden. Die Frauen signalisierten eine große Zustimmung zu der Idee dieses gemeinsamen Raumes und brachten schnell auch eigene Ideen ein. Schon beim zweiten Treffen wurden zum Teil sehr intime Themen (z. B. das Thema Brustvergrößerung) angesprochen, die bei einem weiteren Treffen durch eine Referentin vertieft werden sollen.

Die positive Resonanz bei den Frauen war spürbar und der Erfolg auch dadurch sichtbar, dass einige Mütter ihre Töchter gleich am nächsten Tag in den Mädchentreff schickten.

Im **Jugendhaus Denkendorf** war eine türkische Mutter-Kind-Gruppe vorübergehend im Jugendhaus untergebracht. Zunächst lebte man eher nebeneinander. Aufgrund der Zielsetzung des Trägers (Kreisjugendring Esslingen), die interkulturelle Öffnung voranzutreiben, und aus Anlass eines Praxisprojektes in einer Weiterbildung ging der Mitarbeiter des Jugendhauses

131 ➔ Planungshilfen 3.4

auf die Organisatorin der Gruppe zu.[132] Es entstanden schnell gemeinsame Ideen. So wurde zuerst ein deutsch-türkisches Kinder- und Jugendfest gemeinsam organisiert, später auch noch ein deutsch-türkisches Rockfestival. Während bei dem Kinderfest vor allem die türkischen Kooperationspartner sehr engagiert waren und die Einbindung nicht türkischer Personen sich als eher schwierig gestaltete, waren beim Rockfestival auch deutsche Jugendhausaktivisten stärker selbst aktiv und blieben nicht wie vorher nur in der Rolle der Unterstützer.

Die Außenwirkung des Kinder- und Jugendfests war groß, es kamen der Bürgermeister, Gemeinderäte, Vertreter der ARGE und andere.

— *Es war klar, dass hier etwas Besonders passiert, wo man dabei sein muss. Es blieb aber in der Wahrnehmung eher ein türkisches Fest im deutschen Jugendhaus.*[133] —

Aber auch intern entwickelte sich der Kontakt weiter. In der Mutter-Kind-Gruppe wurden die Kinder älter und damit änderten sich auch die Themen. Es entstanden Kontakte unter anderem zum türkischen Elternbeirat und zu der muttersprachlichen Lehrerin. So konnte vereinbart werden, dass der muttersprachliche Unterricht ab und zu im Jugendhaus stattfindet. Auch die Mütter werden dazu eingeladen. Von dieser Kooperation profitieren beide Seiten: Das Jugendhaus bekommt Zugang zu den Müttern, der Unterricht wird durch die Einladung ins Jugendhaus aufgewertet. Ein weiterer Erfolg war die Einbindung von Eltern mit Migrationshintergrund in die Strukturen des Vereins.[134]

Der Effekt für das Jugendhaus:

— *Vorher hatten wir nur punktuell Kontakt zu Eltern, jetzt haben wir viel mehr Zugang, vor allem auch informell. Die Eltern haben mehr Vertrauen ins Jugendhaus, dadurch sind zum einen mehr Mittelschichtjugendliche, aber auch mehr Mädchen mit Migrationshintergrund im Jugendhaus.* —

In der **Cannstatter INZEL (Stuttgarter Jugendhausgesellschaft)** versuchten die Mitarbeiterinnen in einem Kooperationsprojekt mit einer Förderschule, den Schülern und Schülerinnen mit Migrationshintergrund einen Raum im Jugendhaus zu öffnen. Dabei wollten sie

— *im Unterschied zu unserer vergangenen Arbeit eine engere Eltern- bzw. Mütterarbeit aufbauen. Für uns galt es, als Erstes das Vertrauen der Eltern zu gewinnen.*[135] —

132 → Hintergründe 4.2
133 Zitate von Frank Havlicek, dem damaligen stellvertretenden Leiter des Jugendhauses
134 → Planungshilfen 3.2
135 Zitate aus einem Projektbericht von Emine Demir und Marie Hélène Déjeux

Die Mädchen wünschten sich prinzipiell den Kontakt der Mitarbeiterinnen zu den Eltern, wollten aber explizit keine offiziellen Einladungen zu einem gemeinsamen Informationstag. Es haben dann Elternkontakte über Hausbesuche stattgefunden. Die Mitarbeiterinnen bemühten sich, ein offenes Ohr für Mutter und Tochter zu bieten. Es gab also eher eine aktive zugehende Haltung als zugehende Aktionen. Der Kontakt wurde nicht über konkrete Angebote, sondern über eine Offenheit dafür, Ansprechpartnerin auch für Eltern zu sein, eher beiläufig hergestellt. Dies haben manche Mütter genutzt, andere nicht. Hier spielte auch der Migrationshintergrund insofern eine Rolle, dass es für manche Familien wichtig sein kann, dass ihr „Schutzbedürfnis" ernst genommen wird. Hilfreich war die Möglichkeit einer Mitarbeiterin, mit den Müttern türkisch zu reden.

Als wichtig hat sich auch die Kooperation mit der Schule erwiesen, die es für die Eltern eher möglich gemacht hat, ihre Kinder in die Gruppe gehen zu lassen, da die Schule für sie einen seriöseren Charakter hat als das Jugendhaus. Das Resümee der Mitarbeiterinnen:

— *Wir sehen unsere gelungene Arbeit darin bestätigt, dass die Mütter auch Hilfebedarf signalisieren und beruhigt sind, dass zwei Menschen da sind, die sich um ihre Töchter kümmern.* —

Das **Haus 49** in der Stuttgarter Nordstadt hat seine gesamte Konzeption auf das Miteinander von Kinder-, Jugend- und Elternarbeit ausgerichtet. Im gleichen Haus erreichen die gleichen Mitarbeiter/-innen

- **Kinder** über Hausaufgabenbetreuung, Sport-, Spiel- und Werkangebote, Freizeiten und Ausflüge,
- **Jugendliche** im Haus und mobil auf der Straße über soziale Gruppenarbeit mit Cliquen und Gangs, über Gespräche und Beratung in allen Lebenslagen bis hin zur gezielten Lernförderung und Unterstützung bei der Suche nach Ausbildungsplätzen,
- **Erwachsene und Familien** über *„stets offene Türen"* als Anlaufstelle, Beratung und Hilfestellung für alle Stadtteilbewohner, als *„multikulturelle Heimat"* des Stadtteils mit Raumangeboten für deutsche und nicht deutsche Gruppierungen und Vereine, mit Sprachkursen und Qualifizierungsangeboten, einem Treff bei Kaffee und Kuchen für Ältere und mehr.[136]

Diese Konzeption führt dazu, dass *„Kinder ihre Eltern und Eltern ihre Kinder schicken"*.

136 Siehe auch www.haus49.de

Gökay Sofuoglu, der aktuelle Leiter, begründet diese Koppelung von Jugend- und Elternarbeit sowohl kulturell als auch migrationsspezifisch.

In der Türkei gehören Erziehungs- und Bildungsauftrag zusammen. Lehrer bringen ihren Schülern das Leben bei. In Deutschland beschränkt sich der Kontakt zwischen Migranten und Schule meist auf das gemeinsame Feiern von Festen. Schulen klagen, dass sie den Zugang zu den Eltern nicht schaffen. Dies geht nur mit dem Familienverbund. Dort werden Entscheidungen getroffen und getragen.[137]

Zudem geht es um den Aufbau einer vertrauensvollen Beziehung, die die Eltern aufgrund schlechter Erfahrung mit deutschen Einrichtungen nicht schon von vorneherein mitbringen.

Durch die gemeinsame Nutzung sehen Eltern, was ihre Kinder tun. Sie werden zu Veranstaltungen ihrer Kinder eingeladen, sind erwünscht.

Dies vor allem auch deswegen, weil nach dem Verständnis mancher Familien

Kinder, vor allem Mädchen, abends in ihre Familie gehören, unter die Kontrolle des Lebensverbundes. Wenn es nicht normal ist, dass Töchter abends unterwegs sind, braucht es einen Zweck, damit die Eltern das – auch vor der Verwandtschaft – legitimieren können.

Für die Mitarbeiter/-innen ist es daher wichtig, einen guten Informationsfluss zu schaffen, das heißt mit den Eltern über allgemeine Dinge zu reden. Sie sind als Menschen und Personen wichtiger als die Institution. Nicht zuletzt ermöglicht der vertrauensvolle Kontakt im Einzelfall auch, dass vor allem die langjährigen Mitarbeiter/-innen, die selbst einen Migrationshintergrund haben, mit den Eltern auch deutliche Worte reden können und somit für die Kinder Freiräume erweitern.

Offene Jugendarbeit und Elternarbeit – geht das zusammen?

Es gibt genügend Jugendhäuser, die auch ohne die aktive Einbeziehung von Eltern sehr vielen jungen Migranten einen wichtigen Ort für die persönliche Entwicklung bieten. Der zugespitzten Forderung von Gökay Sofuoglu, dass *„Arbeit mit Migranten nur funktioniert, wenn die Eltern mit im Boot sind"*, mögen wir deshalb in der Ausschließlichkeit nicht folgen.

137 Zitate aus einem Workshop mit Gökay Sofuoglu

In den kleinen Skizzen wird jedoch schon deutlich, dass für manche Jugendliche, besonders für Mädchen, der Kontakt und Zugang zum Jugendhaus nur über einen Vertrauensaufbau mit den Eltern möglich ist. Will die offene Jugendarbeit den Jugendlichen aus traditionellen Migrantenfamilien eine Alternative bieten zu der immer besser organisierten Jugendarbeit islamistischer Vereine,[138] kommt sie um die Einbindung der Eltern nicht herum.

Es gibt auch andere gute Gründe für die Elternarbeit in der offenen Jugendarbeit, die nicht direkt mit dem Thema Migration zu tun haben. Für die mobile Arbeit formuliert der Dachverband der Mobilen Jugendarbeit in Stuttgart in einer aktuellen Stellungnahme:

Die mobile Jugendarbeit unterstützt Eltern dort, wo es notwendig ist und den Interessen der Jugendlichen ganz unmittelbar oder indirekt dient. Wo der mobile Jugendarbeiter im Kontakt mit dem Jugendlichen erkennt, dass es hilfreich wäre, mit dem Vater einen Antrag auf Wohngeld auszufüllen, wird dies angeboten. So kann das Leben der Familie erleichtert, das System gefestigt werden und der Jugendliche wird dadurch entlastet. Wo ein Gespräch mit Mutter und Tochter zur Klärung eines Problems beitragen kann, wird diese Möglichkeit mit der Jugendlichen besprochen und umgesetzt. Natürlich gilt es hierbei immer, die Parteilichkeit für den Jugendlichen zu wahren und Entscheidungen über Einbeziehung und Unterstützung von Familie und Eltern gemeinsam mit ihm zu treffen. (...) Mobile Jugendarbeit arbeitet mit den Eltern – oder bewusst auch nicht –, weil es den Jugendlichen nutzt. Entscheidend dafür, ob und wie mit Eltern gearbeitet wird, ist und bleibt es, im Interesse des Jugendlichen etwas zu erreichen. Daher kann es durchaus notwendig sein, dass eine Zusammenarbeit mit den Eltern unterbleibt, da sie nicht förderlich ist oder der Jugendliche sie nicht oder noch nicht möchte. Die mobile Jugendarbeit muss im Einzelfall abklären, welche Form der Zusammenarbeit passt und ob überhaupt.

Eine Einbeziehung von Eltern im Interesse der Kinder und Jugendlichen, eine klare Parteilichkeit für die Kinder und Jugendlichen sowie ein genauer Blick auf die jeweils einzelnen Konstellationen – dies sind zentrale Faktoren, um hier zu einem konstruktiven Verhältnis zu kommen. Entscheidend ist auch hier die Haltung, mit der diese Elemente kommuniziert und praktiziert werden. Dabei sollten die beteiligten Mitarbeiter/-innen zu folgenden Fragen Antworten und Haltungen entwickeln:

- In welcher Weise können unsere Jugendlichen von einer Elternarbeit profitieren?
- Wenn erreicht werden soll, dass die Jugendarbeit für die Eltern transparent ist, dann gilt auch das Gegenteil: Die Elternarbeit muss auch für die Jugendlichen transparent sein. So

138 ➔ Hintergründe 4.2

wurden bei der Cannstatter INZEL die Mädchen in die Entscheidung einbezogen, in welcher Form die Elternarbeit gestaltet wird.

- Wie viel Raum bekommt die Elternarbeit? Zu welchen Zeiten und in welche Räume haben Eltern Zugang, wann und wo nicht? Sind Gruppen im Jugendhaus, die ihren eigenen Platz brauchen und die möglicherweise bei einer zu großen Öffnung verloren gehen? Welche Alternativen werden dann für diese Jugendlichen entwickelt?
- Bedeutet Elternarbeit, die Eltern kommen zu uns in die Einrichtungen, oder heißt das, wir gehen zu den Eltern, machen auch Hausbesuche oder gehen in Migrantenvereine?
- Wie gehen wir mit dem Dilemma um, dass wir das Vertrauen der Eltern gewinnen, aber gleichzeitig das Vertrauen der Kinder nicht verlieren wollen. Als im Jugendhaus „M" die Mütter eingeladen wurden, fragte ein Mädchen die beiden Sozialarbeiterinnen besorgt, ob sie ihr erzählen würden, dass sie ab und zu raucht? Gerade weil es dafür keine einfache Lösung gibt, ist eine Reflexion im Vorfeld notwendig. Im Jugendhaus Denkendorf wurde das Prinzip formuliert: Nicht lügen, aber klare Grenzen gegenüber Eltern setzen: „Das erfahren sie nicht von mir!"
- Wie gehen wir mit möglichen Vereinnahmungstendenzen von Eltern um? So berichtete der Mitarbeiter aus Denkendorf, dass die Mitglieder des türkischen Vereins so begeistert von seiner Arbeit waren, dass er als Ehrengast zu öffentlichen Veranstaltungen eingeladen wurde – eine Rolle, die ihm gar nicht behagte, da er fürchtete, in der Autonomie seiner Arbeit eingeschränkt zu werden.
- Wie werden die Grenzen der eigenen Arbeit kommuniziert? So berichten Jugendarbeiter/-innen immer wieder davon, dass Eltern mit ganz unrealistischen Wünschen und Vorstellungen zu ihnen kommen und beispielsweise erwarten, dass sie ihrem Kind einen Ausbildungsplatz verschaffen können.

Auch wenn die Ansprüche der Kommunen und der lokalen Öffentlichkeit dies oft nahelegen, kann die offene Jugendarbeit nie für alle Gruppen gleichzeitig „offen" sein. So sind viele Häuser oft von bestimmten Szenen oder Jugendkulturen „besetzt". Es ist kaum möglich, offen für alle zu sein. Die „Öffnung" in die eine Richtung geht meist mit einer „Schließung" in eine andere Richtung einher. Andererseits muss sich die offene Jugendarbeit vor Ort ohnehin immer wieder neu erfinden, also auch immer neu die Frage stellen, wen sie erreichen will.

5.6 EIN LANDKREIS MACHT SICH AUF DEN WEG ...

Im März 2007 entstand in Wildberg, Landkreis Calw, das erste interkulturelle Elterncafé. Die Anlässe: zum einen die Tatsache, dass die herkömmlichen Formen der Elternarbeit an Schulen – sprich die traditionellen Elternabende – kaum noch genutzt wurden. Zum anderen gab es in Wildberg zunehmend gewalttätige Auseinandersetzungen zwischen türkeistämmigen Jugendlichen und rechtsorientierten Jugendlichen, die auch unter Eltern große Sorgen auslösten. Dies waren zwei zentrale Anlässe für die dortige Schulsozialarbeiterin, aktiv zu werden und neue Wege zu beschreiten.

Gemeinsam mit einer ehemaligen VHS-Deutschkurs-Lehrerin lud sie frühere Kursteilnehmerinnen zu einem ersten informellen Nachmittagstreffen in den Privatgarten der Lehrerin ein und es wurden weitere gemeinsame Treffen geplant.[139] Mittlerweile hat sich eine feste Gruppe interessierter deutscher und türkeistämmiger Mütter herausgebildet, die sich alle zwei Monate freitagnachmittags trifft und aktuell anstehende Themen bespricht bzw. sich an schulischen Ereignissen wie z. B. dem Schulfest beteiligt. Zu aktuellen Themen werden regelmäßig Referenten eingeladen. Die Entwicklung des Elterncafés in Wildberg liest sich wie eine kleine Erfolgsgeschichte – und so soll dieses Konzept nun im ganzen Landkreis verwirklicht werden.

Gemeinsam mit der Arbeitsgruppe „Familie und Erziehung" des Landkreises hat die Abteilung „Öffentlicher Gesundheitsdienst" des Landratsamtes Calw Förderrichtlinien für interkulturelle Elterncafés an Grund-, Haupt- und Förderschulen entwickelt, die seit dem Schuljahr 2008/2009 in Kraft sind. Im Wesentlichen enthalten sie folgende Punkte:

- Kooperation mit der Arbeitsgruppe „Familie und Erziehung" sowie dem öffentlichen Gesundheitsdienst
- aktive Unterstützung der Elterncafés durch Schulleitung, Förderkreis, Gesamtlehrerkonferenz und Elternbeirat (mit einer schriftlichen Erklärung), Bereitstellung eines Raumes an der Schule, falls dies gewünscht wird
- mehrere Treffen pro Schulhalbjahr
- Teilnahme mindestens zweier verschiedener Nationen an den Elterncafés, um interkulturelle Begegnung zu ermöglichen[140]

---

139 ➔ Planungshilfen 3.6

140 Im Gegensatz beispielsweise zum Böblinger Müttertreff (➔ Praxisreflexion 5.3) handelt es sich hier also weniger um einen Empowermentansatz in einem homogenen Gruppensetting als um die Initiierung von Begegnung und Austausch. So wird in den Treffen auch Wert darauf gelegt, dass Deutsch und nicht die Muttersprache als gemeinsame Verständigungssprache gilt. Bei sprachlichen „Engpässen" stehen immer muttersprachliche Dolmetscherinnen zur Verfügung, aber bei den Treffen soll ausdrücklich Deutsch gesprochen werden. Auch dies ist ein wichtiger Unterschied zu anderen Angeboten, die zunächst zentral auf der muttersprachlichen Kommunikation aufbauen.

- Dokumentation der Aktivitäten
- Förderung der Elterncafés mit maximal 300,– Euro pro Schuljahr bzw. 75,– Euro pro Elterncafé (Werbung, Honorare, Verbrauchsmaterialien)
- Begrenzung auf zehn Schulen

In der Zwischenzeit haben sich nun an verschiedenen Orten im Landkreis ganz unterschiedlich ausgestaltete Elterncafés entwickelt, mal in Trägerschaft eines Schulfördervereins, mal in Kooperation mit dem Jugendhaus, mal angesiedelt im Mehrgenerationenhaus oder an der örtlichen Grundschule. Und auch die inhaltliche und zeitliche Gestaltung der einzelnen Elterncafés variiert: In einem Fall sind es eher informative Abendveranstaltungen mit fachlichen Inputs durch Filme und/oder Vorträge. In anderen Elterncafés geht es um die gemeinsame Entwicklung von Themen am Nachmittag (je nach Ort werden unterschiedliche Wochentage bevorzugt, mal freitags, mal montags) – und die Kinder können nebenher spielen, basteln oder in einem anderen Fall die Angebote des Jugendhauses nutzen. Ein Elterncafé legt großen Wert darauf, aktuell anstehende Themen aus Gemeinwesen und Schulalltag zu besprechen, und lädt hierzu entsprechende Experten ein.

Uns interessiert nun im Folgenden ausführlicher an diesem Praxisbeispiel:[141]

- ? Unter welchen Voraussetzungen und Rahmenbedingungen kann es gelingen, ein erfolgreiches Projekt in die Breite zu multiplizieren?
- ? Wo liegen potenzielle Stolpersteine und Umsetzungshindernisse? Welche Reflexionsebenen sollten bedacht werden?

Faktoren des Gelingens

Bei einem Auswertungstreffen aller Elterncafés im Landkreis[142] bilanzierten die Teilnehmenden folgende Punkte als für sie relevante Rahmenbedingungen und Voraussetzungen:

Verfolgt man die Entstehungsgeschichten der verschiedenen Elterncafés im Landkreis, so stehen dabei in den meisten Fällen die **informellen Netzwerk- und Beziehungsstrukturen** im Vordergrund:[143] die glücklichen Zufälle – aus möglicherweise anderen Kontexten –, Schlüsselpersonen und Türöffner zu kennen und zusammenbringen zu können, die den Aufbau solcher Elterncafés überhaupt erst ermöglichen. Eine Teilnehmerin beschreibt dies mit den Worten:

---

141 Wir danken besonders Ulrike Schmelzle für ihre aktive Mitarbeit im Rahmen unserer Workshops und ihre schriftlichen Reflexionen sowie Susanne Blessing und Michaela Rentschler für ihre schriftlichen Unterlagen.

142 Bei diesem Treffen am 20.2.2009 konnten wir eine teilnehmende Beobachtung machen und den Gesprächsverlauf dokumentieren. Wir danken allen Teilnehmern für ihre Offenheit.

143 → Planungshilfen 3.4

— *Ein ganz starker Part wird getragen von persönlichen Beziehungen und dem Verlinken dieser Beziehungen. Wie so ein Räderwerk einer Maschine, wo überall persönliche Beziehungen bestehen, auf die man sich verlassen kann, und wo Vertrauen da ist.* —

Dies gilt auch für die **Schlüsselpersonen** auf Migrantenseite – in allen Fällen berichten die Mitarbeiter/-innen von der großen Bedeutung dieser Personen: Durch sie werden Zugänge zur Zielgruppe möglich, die bis dahin verschlossen waren. So empfehlen nahezu alle, solche Multiplikatoren möglichst aktiv und verantwortungsvoll in die alltägliche Arbeit einzubeziehen:

— *Ich hatte für die Einladung zum nächsten Treffen am Anfang 180 Briefe losgeschickt für alle Grundschuleltern, zurück kamen vielleicht ... na ja. Aber telefonieren und sagen, kannst du es weitersagen, deiner Freundin oder Bekannten, da ging das viel besser. Jetzt mache ich ein paar Tage vorher eine richtige Telefonkette: Ich rufe ein, zwei Leute an und die machen dann weiter und so funktioniert es dann.* —

Eine andere Pädagogin formuliert es folgendermaßen:

— *Und diese türkische Frau erfüllt jetzt die Aufgabe, die wir als Deutsche nicht machen können, da können wir Sozialarbeiter sein, wie wir wollen. Die türkischen Frauen treffen sich zum Koranlesen, zum Teetrinken und Frau Y. übermittelt jetzt unsere Anliegen, die Termine, wann wir uns wieder treffen. Also die Frau Y. ist für uns unheimlich wichtig.* —

Der Rahmen durch die Förderrichtlinien des Landkreises ist ein weiterer wichtiger Unterstützungsfaktor: die verbindliche Unterstützung durch die **Schulleitung** und das Kollegium für diese Arbeit, die Bereitstellung eines öffentlichen **Raumes** sowie die – wenn auch geringe, so doch einzige – **finanzielle Unterstützung** für diese Arbeit.

Darüber hinaus stellt die Arbeitsgruppe „Familie und Erziehung" ein **institutionalisiertes Netzwerk** mit fachlichen Ressourcen dar, das dem gegenseitigen Austausch und der gegenseitigen fachlichen Anleitung dient. Hier können Erfahrungen und mögliche Problemstellungen reflektiert und es kann gemeinsam nach Lösungsoptionen gesucht werden. Eine Kartenabfrage in der Arbeitsgruppe benennt als Ressourcen der Arbeitsgruppe die folgenden Stichpunkte:

— *Rückhalt durch erfahrene Kraft, Anknüpfen an etwas Vorhandenes, Fachfrau als Ratgeberin, Schneeballsystem. Menschen, die Infos multiplizieren, Adressen, Austausch – das hilft ungemein. Vieles befruchtet sich gegenseitig. Vernetzung und Informationspolitik, wenn das gut läuft, ist das prima.* —

Die Formulierung „wenn das gut läuft" verweist auf die Notwendigkeit der Steuerung eines solchen Austauschs und der Bereitstellung von Zeitressourcen eben für diese Koordinations- und Informationsarbeit. Dies ist dann umso bedeutender, wenn man bedenkt, dass an dieser Arbeitsgruppe nicht nur Fachkräfte teilnehmen, die dies im Rahmen ihrer Arbeitszeit machen können, sondern auch ehrenamtlich Engagierte wie die Vorsitzenden von Fördervereinen oder Mitarbeiter/-innen der Elterncafés.

Umsetzungshindernisse und Reflexionsebenen

An erster Stelle steht das Thema **Zeit**.[144]

— *Die Elterncafés aufzubauen und ins Laufen zu bringen ist sehr, sehr zeitaufwendig. Es geht darum, ein ganz langfristiges Vertrauensverhältnis aufzubauen, und erst wenn dieses Vertrauensverhältnis besteht, können wir uns den eigentlichen Fragen nähern. Der Vorsitzende eines Fördervereins formuliert: „Ich denke mal, ich werde mindestens zwei Jahre hier investieren müssen mit den Lehrern, mit dem Vorstand, mit den Eltern."* —

Doch auch die unmittelbare **Vorbereitungszeit** für die einzelnen Treffen ist aufgrund des stark personenbezogenen Zugangs zur Zielgruppe sehr aufwendig. Im Rahmen der Dokumentation der einzelnen Elterncafés erfragt das Landratsamt auch die jeweilige Vorbereitungszeit. Bei der Diskussion dieses Punktes beim Auswertungstreffen zeigte sich, dass sich viele Anwesende nicht getrauten, diese Angabe der Realität entsprechend zu machen, da sonst ihre Stundenangaben explosionsartig nach oben gehen würden. Nur eine Frau, Berufsanfängerin, machte realistische Angaben: Für sie ergaben sich – besonders in der Anfangsphase – durchaus bis zu drei Tage Vorbereitungszeit für ein Elterncafétreffen (hierzu gehören die Kontaktaufnahme zu Vereinen und Institutionen, Telefonate mit Einzelpersonen, Gespräche und Hausbesuche).

Doch auch die **fachliche Anleitung** braucht Zeit und Raum – so zeigte sich in Calw, dass vor allem Personen, die neu in diesem Arbeitsfeld sind, ein kontinuierliches fachliches Coaching für ihre Anfangszeit brauchen, um überhaupt den Zugang zur Zielgruppe zu bekommen, geeignete Formen der Werbung zu entwickeln und sich das angemessene methodische Knowhow zu erarbeiten.

Schwierigkeiten können im Verlauf des Prozesses auftreten, wenn **Erwartungen und Wünsche von Eltern** nicht erfüllt werden können. So schildert es eine Mitarbeiterin als durchaus problematisch und möglicherweise zum Kontaktabbruch mit Eltern führend, wenn

144 ➔ Grundsätze 1.12

— *Missverständnisse durch sprachlich entstandene Barrieren auftreten. Zum Beispiel die Erwartung, wir könnten als Sozialarbeiter die Schullaufbahn der Kinder beeinflussen oder bei Straftaten von Jugendlichen dafür sorgen, dass es nicht zu einer Anklage kommt. Die Erwartung, wir könnten etwas in ihrem Sinne regeln oder verändern, ohne dass sie für sich und als Eltern in die Verantwortung für ihre Kinder gehen.* —

Hier gilt es, die eigenen Kompetenzen und Möglichkeiten klar und eindeutig darzulegen – und zwar so, dass es nicht zum Rückzug aus der Gruppe führt.

Bei den Fachkräften besteht die Gefahr, immer wieder zu schnell und zu viel auf einmal zu wollen und nicht ausreichend Frustrationstoleranz mitzubringen.

— *Der Prozess kann gelingen, wenn ich bereit bin zu akzeptieren, dass es viele „Startabbrüche" geben wird und viele Mittel (Ressourcen, Energien) eingesetzt werden müssen, bevor sich die Rakete steil nach oben in Bewegung setzt, um erst unterwegs (!) ihre Brennstufen abzuwerfen. Wenn ich meinen Anteil (Erwartungshaltung) kleinstmöglich denken kann und trotzdem verlässlich bleibe in meiner Zuwendung.* —

Dies ist ein Balanceakt und verlangt auch eine **kritische Selbstreflexion** über eigene Motive, eigene Ressourcen und Möglichkeiten bzw. Grenzen.

Der letztgenannte Punkt deutet bereits an, dass ohne ein kritisches Hinterfragen eigener Ansprüche und Herangehensweisen die Arbeit mit Migrantenfamilien möglicherweise schnell an ihre Grenzen kommt.

In Wildberg zeigt sich dies beispielsweise an der Frage, wie weit es sinnvoll ist, aus den einzelnen Elterncafés heraus mit **kulturzuschreibenden Aktivitäten** wie dem Zubereiten landestypischer Gerichte, dem Zeigen alter Handwerkskünste aus den Herkunftsländern, tänzerischen Einlagen etc. Migrantenfamilien im Schulalltag sichtbar zu machen und sie beispielsweise solcherart bei Schulfesten einzubinden. Der Gewinn liegt auf der Hand: Eltern können sich mit ihren Kompetenzen einbringen und sichtbar machen. Doch wie kann vermieden werden, dass es dadurch zu Vereinnahmungen und Funktionalisierungen kommt?

Der Frage nachzugehen, wie es gelingen kann, als Vertreter/-in der **Mehrheitsgesellschaft** mit Angehörigen der Minderheitenpositionen anerkennend zu arbeiten, ist immer wieder spannend. Welche Formen der Selbstreflexion und der eigenen Positionierung braucht es hierfür? Mit welcher Haltung kann die viel beschworene Begegnung unter diesen ungleichen Vorzeichen gelingen? Hier gibt es keine eindeutigen Antworten – was bleibt, ist der Anspruch, die einzelnen Reflexionsebenen immer wieder herauszuarbeiten und bewusst mit ihnen umzugehen. Auch dafür braucht es Zeit – und Qualifizierung!

An einem Beispiel aus der Calwer Arbeitsgruppe wollen wir diesen Anspruch nochmals verdeutlichen. Ein alltägliches Beispiel, vermutlich kennen die meisten Leser/-innen solche Diskussionen zur Genüge aus ihrer Arbeit, sind möglicherweise auch frustriert darüber, dass das Arbeiten im interkulturellen Kontext oft sehr zeitintensiv ist und man am Ende doch zu keiner klaren Position kommt.

Die Ausgangslage: Es steht die Frage im Raum, wie die einzelnen Elterncafés im Landkreis mittels Flyern beworben werden sollen. Schnell ist klar, dass jedes Elterncafé einen vorhandenen Basistext auf den jeweils spezifischen Schulkontext hin individuell abändert. So weit, so gut. Doch dann wird es zunehmend komplizierter und es entwickelt sich eine langwierige Diskussion. Hier eine etwas zugespitzte Zusammenfassung:

- Einwand 1: Der Basistext ist sprachlich an ein paar Stellen defizit- und problemorientiert und schreckt damit möglicherweise Eltern ab. Alle Anwesenden nicken, alles klar, das muss verändert werden.
- Einwand 2: Der Flyer sollte auch in türkischer, russischer und portugiesischer Sprache zur Verfügung stehen, um alle Zielgruppen zu erreichen. Ja, viel Zustimmung und allgemeines Nicken.
- Einwand 3: Nicht alle benötigen eine muttersprachliche Version (auch Migranten können Deutsch), wäre es also nicht besser, einen deutsch-türkischen, einen deutsch-russischen und einen deutsch-portugiesischen Flyer zu erstellen? Erste Irritationen, die Sache wird kompliziert, aber noch wird fleißig mitgedacht.
- Einwand 4: Dann doch lieber gleich einen mehrsprachigen Flyer, auf dem alle Sprachen vertreten sind. Zunehmende Ratlosigkeit, außerdem wird das Layout technisch schwierig. Erste Teilnehmende fangen an zu stöhnen, die Sache wird immer komplizierter.
- Einwand 5: Plädoyer für einen ausschließlich deutschsprachigen Flyer: Wir sind doch hier in Deutschland, da kann auch erwartet werden, dass ein einfacher Flyer verstanden wird. Schließlich lebt hier bereits die dritte Generation und es gibt nicht nur bildungsferne Migrantenfamilien. Jetzt werden die Reaktionen heftiger, deutliche Zustimmung von einem Teil der Arbeitsgruppe, deutliche Ablehnung eines anderen Teils.
- Einwand 6: Es gibt hier viele Familien, die große Sprachdefizite haben (unter anderem deshalb, weil sie noch gar nicht so lange in Deutschland leben) und deshalb auf eine muttersprachliche Information angewiesen sind. Wieder zweigeteilte Reaktionen.
- Einwand 7: Das, was wichtig ist, kommt an: Die Aufnahmeverträge für den Sportverein sind ausschließlich auf Deutsch und werden mit allen Angaben inklusive Bankverbindung auch

von Migrantenfamilien korrekt ausgefüllt. Gelächter und Zustimmung bei einem Teil der Anwesenden, steigende Empörung bei den anderen. Im Folgenden wird die Diskussion schneller und emotionaler.

- Einwand 8. Zur Not können die Kinder für ihre Eltern das Wichtigste übersetzen.
- Einwand 9: Das ist eine unzulässige Überforderung der Kinder.
- Einwand 10: Eine muttersprachliche Einladung hat auch eine symbolische Wirkung und signalisiert: Du bist willkommen, genau dich wollen wir hier haben.
- Einwand 11: Wenn wir jetzt wieder auf muttersprachliche Einladungen zurückgreifen, bremsen wir eine gesellschaftliche Entwicklung ab, die da heißt: Integration in die deutsche Gesellschaft.
- Einwand 12: Aber die Erfahrungen mit bisherigen Medien (Elternbriefe, Presse etc.) zeigen ja gerade, dass die Eltern nicht erreicht werden.
- 13 – die salomonische Lösung: Jede Schule und jedes Elterncafé muss für sich selbst eine Lösung des Problems finden. Ein Teil der Anwesenden will ausschließlich deutschsprachige Flyer verwenden, ein anderer Teil plädiert für türkische, russische und portugiesische Flyer – zusätzlich zu deutschsprachigen.

So weit kursorisch zusammengefasst die Diskussion, in deren Verlauf die Teilnehmer/-innen unterschiedlichste Gefühlslagen durchlebten. Für uns zeigt sich an diesem Beispiel die Vielschichtigkeit und Widersprüchlichkeit interkulturellen Handelns, für das es keine eindeutigen Lösungen und Rezepte gibt. So kann es tatsächlich sinnvoll sein, einen ausschließlich deutschsprachigen Flyer herzustellen oder aber sich für die rein muttersprachliche oder die gemischte Version zu entscheiden. Wichtig ist, dass die eigene Entscheidung fachlich begründet werden kann – und hierzu muss das eigene Handeln reflektiert werden.

Was steht hinter diesen verschiedenen Einwänden und Argumentationsmustern? Auf welche Fragen muss eine professionelle Reflexion folgen?

- Welche Haltung haben wir als professionell Handelnde zum Thema **„Mehrsprachigkeit"**?[145] Setzen wir die Norm, alles auf Deutsch gestalten und verhandeln zu wollen bzw. zu müssen, oder differenzieren wir? Und wenn ja, mit welcher Haltung? Ist Mehrsprachigkeit ein notwendiges Übel, um Defizite von Migrantenfamilien auszugleichen, oder sehen wir darin eine Ressource und ein Potenzial?
- Welche Haltung haben wir als professionell Handelnde zum Thema **„Integration"**? Was bedeutet für uns Integration, wann ist sie erreicht und wer definiert das Erreichen von Integration? Bedeutet Integration deutsche Sprachfähigkeit oder bedeutet Integration für uns Teilhabe an dieser Gesellschaft?

145 ➔ Grundsätze 1.9

- Welche Haltung haben wir als professionell Handelnde zum Thema **„Zugangsbarrieren“**? Wenn Angebote nicht angenommen werden, welche Anteile liegen dann unseres Erachtens bei der Zielgruppe und welche aber auch im institutionellen Kontext?
- Und nicht zuletzt: Von wem sprechen wir, wenn wir von Migrantenfamilien reden? Wie differenziert ist **der eigene Blick** auf deren Heterogenität – mit welchen zuschreibenden **Bildern** argumentieren wir?

5.7 METHODENKOFFER ELTERNBILDUNG AN GRUNDSCHULEN

Im Jahr 2007 tagte in Backnang das Forum für Integration – ein Netzwerk von Vertretern und Vertreterinnen aus Politik, Wohlfahrtsverbänden, Schulen, Kindergärten, Polizei, Kirchen, Vereinen und Migrantenorganisationen. Ein wichtiges Ergebnis dieses Forums war, die Verbesserung der Elternarbeit an Schulen voranzubringen. In der Folge nahm der Kreisjugendring Rems-Murr e. V. die Entwicklung eines Methodenkoffers zur Verbesserung der Elternarbeit an Grundschulen in den Lokalen Aktionsplan des Bundesprogramms „Vielfalt tut gut" auf. Der Antrag wurde ab Januar 2008 bewilligt und das Projekt läuft bis Ende 2010. Die Integrationsbeauftragte der Stadt Backnang ist für die Entwicklung und Umsetzung des Konzeptes und der Begleitung an Schulen zuständig.[146] Mittlerweile beteiligen sich sechs Grundschulen an dem Projekt, das von der Integrationsbeauftragten koordiniert und umgesetzt wird – im Schnitt stehen ihr für diese Arbeit vier Stunden pro Woche zur Verfügung. Zielsetzung ist, die Teilnahme der Eltern an Elternabenden und Elterngesprächen zu erhöhen. Der Methodenkoffer beinhaltet drei Elemente:

- die Planung und Umsetzung von Elternfrühstücken und Elternachmittagen
- die Bereitstellung von Kinderbetreuung während dieser Angebote
- die Durchführung interkultureller Trainings für Lehrer/-innen und Schulsozialarbeiter/-innen

Gemeinsam mit jeder Schule werden die Themen und Formen der Elternaktivitäten je nach Bedarf und Ressourcen festgelegt. Das Spektrum der möglichen Themen sieht folgendermaßen aus:

- Wie funktioniert Schule?
- Rolle der Eltern in der Schule
- Fördermöglichkeiten/Hausaufgaben
- Zusammenarbeit Lehrer/-innen und Eltern
- Zweisprachigkeit

In der Regel handelt es sich um eineinhalb- bis zweistündige Veranstaltungen, die gemeinsam von einem Team aus Lehrer/-in, Schulsozialarbeiter/-in, engagierten Müttern und der Integrationsbeauftragten entwickelt, geplant und verwirklicht werden. Zu jeder Veranstaltung gehört nicht nur eine Vorbereitung, sondern immer auch eine inhaltliche Nachbereitung (was lief gut, was ist verbesserungswürdig?). Die interkulturellen Trainings für die Lehrer/-innen und Schulsozialarbeiter/-innen werden in vier dreistündigen Nachmittagseinheiten verteilt über das ganze Schuljahr angeboten. Teilnehmen können alle Interessierten, verpflichtend mindestens jedoch ein bis zwei Personen pro teilnehmender Schule.

146 Wir danken besonders Sabine Pester für ihre Workshopteilnahme, ihre schriftlichen Unterlagen sowie ein Interview.

Die Themen der Trainings sind:
- Arbeit am Kulturbegriff
- Sensibilisierungsübungen
- Methoden der interkulturellen Arbeit
- Fallarbeit
- Diskriminierung/Rassismus

Grundgedanke des Backnanger Modells ist, dass mit jeder Schule ein flexibles und bedarfsgerechtes Angebot entwickelt und verwirklicht wird. Das heißt, das jeweilige Vorgehen lässt sich nicht standardisieren, sondern muss im Dialog ausgehandelt werden. Nur wenige Vorgaben hat die Integrationsbeauftragte als wesentliche Voraussetzungen formuliert, um überhaupt am Projekt teilnehmen zu können. Dies sind:
- Es darf sich nicht um einmalige Aktionen handeln.
- Die stattgefundenen Aktionen werden an der Schule sichtbar gemacht (Fotos am Schwarzen Brett, Schülerzeitung, Elternbriefe etc.).
- Für alle Aktionen (vor allem am Nachmittag) wird Kinderbetreuung organisiert.
- In alle Aktionen werden Multiplikatoren eingebunden.
- Es werden auch Väter eingebunden.
- Von den beteiligten Schulen nehmen mindestens ein bis zwei Lehrkräfte an den interkulturellen Trainings teil.

Mittlerweile liegen die ersten Praxiserfahrungen vor und alle beteiligten Schulen werden auch im nächsten Schuljahr weiterhin an diesem Projekt teilnehmen. Ziel der Integrationsbeauftragten und des Kreisjugendrings ist es, dass bis zum Schuljahr 2010/2011 sich selbst tragende Strukturen geschaffen werden können.

Uns interessiert an diesem Projekt nun vor allem:
- ? Was sind wichtige Voraussetzungen, um einen Zugang zur Institution Schule zu bekommen? Was sind Faktoren des Gelingens?
- ? Welche Haltungen von Fachkräften werden sichtbar? Wie werden die selbstreflexiven Anteile des Projekts erlebt?

Zugang zur Institution Schule[147]

Um für das Projekt zu werben, besuchte die Integrationsbeauftragte – nach Absprache mit dem geschäftsführenden Schulleiter in Backnang – eine **Schulleiterkonferenz**, auf der sie die

147 → Planungshilfen 3.9

zentralen Inhalte und Zielsetzungen des Projektes präsentierte. Daran anschließend fanden gezielte Einzelgespräche mit interessierten Schulleitern und Schulleiterinnen statt, um genau zu klären, wie eine Kooperation an der jeweiligen Schule aussehen könnte.

— *Dann habe ich jede einzelne Schule nochmals besucht und mit jedem Rektor überlegt, wie könnte das jetzt für die jeweilige Schule aussehen. An seiner Schule ... also wirklich dieser Weg von oben nach unten. Der ist echt wichtig. Top down. Ohne den Rektor geht es nicht, das ist wirklich so eine Schlüsselperson.* —

Mit der Schulleitung wurden die **Zielsetzungen** des jeweiligen Projektes erarbeitet und die am Projekt beteiligten Personen benannt und vom Rektor zu einem ersten Gespräch eingeladen (z.B. Multiplikatoren unter den Migranteneltern, Lehrer/-innen, Elternbeirat, muttersprachliche Lehrer/-innen, Sprachmittler/-innen).

— *Bei der Zusammenarbeit mit den Schulen bin ich auf ganz unterschiedliche Herangehensweisen der Rektoren gestoßen. Einige beschäftigten sich bereits seit einiger Zeit mit dem Thema „interkulturelle Öffnung", einer hat die Förderung von Migrantenkindern an seiner Schule zu einem Schwerpunkt gemacht. Andere waren eher zurückhaltend und abwartend und taten sich schwer, konkrete Ziele zu formulieren. Manche der Rektoren hatten für die Arbeit mit Eltern noch kein Konzept gefunden, das zur Schule passt.* —

Widerstände waren auf der Schulleitungsebene eher gering, aber *„die haben sich wahrscheinlich auch vorgestellt, dass sie wenig damit zu tun haben"*. In der unmittelbaren Kooperation und Kommunikation mit den Lehrern und Lehrerinnen kam es hingegen durchaus in manchen Fällen zu Abstimmungsschwierigkeiten.

— *Die Hierarchie in der Schule ist ein ganz wichtiger Punkt und auch die Kommunikationsstrukturen. Die sind höchst unterschiedlich in jeder Schule und da gilt es, ein ganz großes Augenmerk darauf zu richten, damit man ja niemand übergeht. Man muss auch erspüren, inwieweit der Rektor ein strenges Regiment führt oder ob er jemand ist, der auch delegieren kann als Person. Also das ist ganz wichtig, das wirklich herauszuarbeiten.* —

Wichtig in diesem **Kommunikationsprozess** war der unmittelbare und direkte Zugang auf Schulleitung und Lehrer/-innen.

— *Die persönliche Ebene ist ganz wichtig. Das klappt natürlich in kleinen Schulen besser. (...) Je kleiner, desto direkter sind die Kommunikationswege und umso leichter.* —

Eine weitere wichtige Voraussetzung, um einen guten Zugang zu den Lehrkräften und deren Möglichkeiten zu haben, ist die Beachtung der tatsächlich vorhandenen **Zeitressourcen** – dabei lautet die Devise: Nicht zu viel auf einmal wollen!

— *Man darf gar nie das Zeitmanagement der Lehrer außer Acht lassen. Man darf nicht den Eindruck erwecken, dass es zu viel ist.* —

Ein wesentlicher Grund, weshalb sich dieses Projekt so erfolgreich entwickelte, ist die Tatsache, dass es gelang, **Multiplikatoren** in alle Phasen einzubeziehen. Ohne diese Schlüsselpersonen[148] wäre der Zugang zu Eltern sehr viel schwieriger.

— *Den Schulen ist klar geworden, dass es nur mit den Multiplikatoren geht. Dass sie sich nicht in ihrem Kämmerchen etwas ausdenken können und das dann wieder überstülpen, sondern dass diese Herangehensweise und die Einbindung der Migranteneltern in die Planung der Schüssel ist. Das haben sie alle verstanden.* —

Um Multiplikatorinnen und Multiplikatoren zu gewinnen, wurde in jedem Einzelfall genau überlegt, wer dies sein könnte, wer die entsprechenden Ressourcen mitbringt (Zweisprachigkeit, die Möglichkeit, einen solchen Prozess mit gestalten zu können), und dann wurden die Infragekommenden persönlich angesprochen.

— *Wir sind wirklich jede Klasse durch und haben überlegt, wer aus der Klasse könnte das sein. Und dann hat zum Teil der Rektor, die Rektorin oder der Lehrer die angesprochen. (...) Die Eltern haben sich geehrt gefühlt. Und sind wirklich auch gekommen. Ja, das war auf jeden Fall eine Aufwertung.* —

Die geforderte **Kinderbetreuung** wird mittlerweile in allen Projekten selbstverständlich realisiert.

— *Also bei jeder Veranstaltung, die geplant wird, da wird ganz selbstverständlich geguckt, dass eine Kinderbetreuung mit da ist.* —

Interessant ist auch der Ansatz, dass in fast allen Schulen mittlerweile **Eltern für Eltern** aktiv werden: Bei Veranstaltungen werden das gegenseitige Catering und die Kinderbetreuung übernommen, ältere Schüler/-innen kümmern sich um organisatorische Aufgaben, damit Veranstaltungen verwirklicht werden können.

---

148 ➔ Planungshilfen 3.4

— *Und was mir besonders gut gefällt, sie versuchen, alle in der Schule mit einzubinden. Das heißt, zum Teil ist es der Elternbeirat, der die Verpflegung macht, oder eine Parallelklasse oder es sind Schüler aus der achten Klasse, die etwas machen. Das gefällt mir, weil die Schule sich zu vernetzen beginnt – mit sich selbst. Also untereinander und das signalisiert für mich nach außen,* ***wir*** *bemühen uns um euch.* —

Bei den Veranstaltungen machen die Eltern die Erfahrung, dass ihre Fragen und Anliegen gehört und ernst genommen werden – und vor allem: dass das von ihnen Geäußerte **Konsequenzen** hat und Umsetzungsschritte daraus abgeleitet werden.

— *Das habe ich auch von Anfang an gesagt, wenn ihr die Eltern hierher holt und die formulieren was, dann müsst ihr das auch aufnehmen. Das wäre fatal, wenn ihr sie heimschickt, schön, dass wir darüber gesprochen haben. Also das geht gar nicht!* —

Wichtig hierfür ist die **kontinuierliche Begleitung und Moderation** durch die Integrationsbeauftragte: Sie koordiniert die gemeinsame Vorbereitung und drängt auf eine inhaltliche Auswertung der Veranstaltungen, sie fixiert die angedachten Umsetzungsschritte. Und im Kontakt mit den Lehrkräften nimmt sie eine wesentliche Reflexionsfunktion ein.

— *Also ein Rektor hat z. B. gesagt, er macht das jetzt jeden Monat. Und da habe ich schon gebremst und gesagt, jetzt probieren wir es mal zwei Mal im Halbjahr. Und dann werden Sie mal gucken, ob das überhaupt reinpasst, weil das ja auch anstrengend ist, das ist ja auch nicht mit den anderthalb Stunden getan. Die Einladungen sollen persönlich auch noch einmal geschehen, nicht nur schriftlich, da gehört auch viel Zeit dazu. Nachbereitung. Es entsteht was zwischen Lehrern und Eltern, das bedeutet Kommunikation auch im Alltag, auch wieder Zeit. Da passiert einfach viel, und das kann man nicht auf anderthalb Stunden reduzieren. Deswegen langsam.* —

Die Integrationsbeauftragte ist auch wichtige Motivatorin in Phasen der Frustration und des Zweifels.

— *Es kommt auch immer wieder die Frage, warum eigentlich nur mit den Migranteneltern, warum nicht für alle Eltern. Und das muss ja letztendlich die Schule auch für sich beantworten. (...) Meist kommen sie dann selbst doch auch immer wieder darauf zurück, dass sie es ja zig Jahre probiert haben, immer alle einzuladen, und es sehr unbefriedigend war, es passierte nichts. Die Eltern blieben weg! Jetzt müssen wir einfach mal einen anderen Weg gehen, und das ist eben im Moment diese Separierung. Aber das ist auch eine Chance! Und es gibt ja auch noch andere Stellen im Schulalltag, wo die Eltern wieder gemeinsam auftreten.*

Das ist auch etwas, das ich immer wieder unterstreiche. Schulfest oder wenn man einlädt für irgendwas, da kommen ja doch immer wieder alle zusammen. Also ich sehe das nicht als eine generelle Trennung, sondern nur zu diesem Zweck, zu verstehen, wie tickt meine Schule. Und den Weg muss ich mit den Migranteneltern anders gehen. —

Notwendige Haltungen

Bei der Arbeit im Projekt werden natürlich unterschiedlichste Haltungen von Lehrkräften sichtbar, mit denen es dann im weiteren Verlauf zu arbeiten gilt. Die geläufigste Einstellung: Das Arbeiten mit Migrantenfamilien ist schwierig, aber das liegt an den (desinteressierten) Eltern.[149]

— *Eigentlich die ganze Palette vom – ich nenne es jetzt mal – Ignorieren des Problems: Es gibt überhaupt kein Problem, deswegen brauchen wir uns auch nicht damit auseinandersetzen. Dann: Es gibt ein Problem, aber das ist die Schuld der Eltern. Mit anderen Eltern funktioniert es ja auch, also müssen die was tun. Und drittens: Es gibt ein Problem und wir wollen es anpacken. Das sind so die drei Haltungen. Vorwiegend war: Es gibt ein Problem, aber es ist deren Schuld.* —

Erwartungsgemäß wurde denn das Angebot der Integrationsbeauftragten zunächst überwiegend zurückhaltend aufgenommen.

— *Es waren jetzt die wenigsten, die gesagt haben, da stehe ich, da mache ich mir schon lange Gedanken. Und toll, genau Ihr Angebot brauche ich jetzt.* —

Dennoch gelang es in den meisten Fällen, die grundsätzliche Arbeitsweise des Projektes – nämlich alle werden aktiv und treten in einen gemeinsamen Dialog – deutlich zu machen. Nur in einem Fall gestaltete sich dies eher schwierig. Hier prallten unterschiedliche Erwartungshaltungen aufeinander, die im Auftragsklärungsgespräch nicht deutlich genug herausgearbeitet worden waren.

— *Und da bin ich auf solche Widerstände gestoßen, also wir haben jetzt praktisch das ganze Schuljahr in den Sand gesetzt. Letzte Woche habe ich nochmals um ein Auftragsklärungsgespräch gebeten, weil ich so nicht mehr weitermachen wollte. Weil es einfach keinen Wert gehabt hätte. Und da kam dann raus, dass die Schule eine andere Erwartung an mich hatte und ich eine andere Erwartung an die Schule. Dass das auch intern ganz schlecht kom-*

149 → Akteure 2.3

muniziert wurde. (...) Deren Erwartung war, dass ich von außen komme, ich von außen etwas mache, noch zusätzlich zu dem, was sie schon alles machen, zu dem, was sie schon alles anbieten, und sie damit gar nichts zu tun haben. —

Sich auf einen Dialog und Prozess mit offenem Ausgang einzulassen – und dies ist ja die Grundanlage des Backnanger Modells –, ist für manche Lehrkräfte eine sehr große Herausforderung. Zu verbreitet ist die Haltung, schnell Erfolge und Ergebnisse sehen zu wollen (oder bedingt durch den schulischen Kontext: zu müssen).

— *Mangelnde Ausdauer seitens der Schule. Die sind viel zu erfolgsorientiert. Also Prozesse ... eher schwierig, das ist ja eher langwierig. Und wenn dann mal was nicht so klappt, dann kommen schnell wieder diese Zuschreibungen: Die kommen ja doch nicht, das haben wir ja gleich gesagt, und das bringt es auch nicht.* —

Die geforderte Prozessorientierung verlangt von den Lehrkräften ein permanentes Hinterfragen ihrer bislang praktizierten Arbeit – dies geht nicht ohne (begleitete) Selbstreflexion und den fachlichen Austausch mit anderen.

— *Unter dem Strich ist das schon so, dass das denen Entlastung bringen soll. Aber mein Ding ist, ich befähige sie dazu, Dinge anders wahrzunehmen und zu ändern.* —

Das Zitat der Integrationsbeauftragten macht deutlich, an welchem Punkt die interkulturellen Trainings und die fachlichen Auswertungsgespräche zentral ansetzen: an der Reflexion eigener Annahmen, Zuschreibungen und Handlungsmuster. Das heißt nicht an der Vermittlung „richtiger" Inhalte oder kulturspezifischer Fakts, wie es in vielen Fortbildungsveranstaltungen praktiziert wird, wenn Referenten über Erziehung in russischen Familien oder über die Stellung der Frau in der Türkei reden. Die Reflexion ist aber nicht das, was Lehrkräfte erwarten – sie wollen gerade Patentrezepte, Hilfestellungen, wie sie sich „richtig" verhalten können.

— *Die Lehrer wollen immer noch Patentrezepte! Letztes Mal kam dann auch so die Anmerkung, also wenn wir dann das nächste Mal über Elternarbeit sprechen, können Sie uns dann sagen, wie wir uns mit den Türken verhalten sollen.* —

Durch die Verweigerung dieses Anspruches ruft die Integrationsbeauftragte Verunsicherung und Irritation hervor.

— *Dann sehe ich wieder in Gesichter mit Fragezeichen, wenn ich daherkomme und über Anerkennung und Abwertung rede!* —

Ein Zustand, den viele nur sehr schlecht aushalten können. Bedeutet er doch, zunächst nicht zu wissen, was da alles noch kommen könnte.

— *Und was mir bei Lehrern auch immer wieder aufgefallen ist, sie haben eine riesige Angst vor Kontrollverlust. Sie können sich nur ganz schwer auf diese Unsicherheit, die ich ja eigentlich erreichen will, einlassen.* —

Dennoch – oder gerade deswegen – sind die interkulturellen Trainings ein ganz zentraler Bestandteil des Methodenkoffers, ohne die eine qualitativ anspruchsvolle Umsetzung des Projektes gar nicht gewährleistet werden könnte. Und in vielen Fällen bekommt die Integrationsbeauftragte mittlerweile auch positives Feedback für diesen Ansatz, da die Lehrkräfte und Schulsozialarbeiter/-innen erkennen, wie ihre eigene Haltung ihren Umgang mit den Migranteneltern beeinflusst.

— *Auch die Frage nach den Ressourcen, das war eigentlich der Knackpunkt. Nicht mehr, wo sind denn eigentlich die Schwierigkeiten, sondern wo ist denn da eine Ressource in der Familie. Weg von diesem Defizitorientierten und wie blöd ist denn die Mutter, kann noch nicht mal richtig Deutsch, sondern mal zu sehen, wie die eigentlich die Familie zusammenhält und wie die da ackert. Solche Sachen sind leise, aber die bewirken dann was.* —

Grundsätzlich kommt das Projekt hier aber an seine Grenzen: Die vier dreistündigen Nachmittagseinheiten sind zu kurz, um ausreichend die selbstreflexive Ebene berücksichtigen zu können. Vieles wird an der Oberfläche angerissen und bleibt dann stehen. Unbefriedigend ist auch die Tatsache, dass sich im ersten Projektdurchlauf vor allem am Thema interessierte Fachkräfte zu den Trainings angemeldet haben – das sind aber nicht unbedingt diejenigen, die dann die konkreten Elternprojekte umsetzen. In einem zweiten Durchlauf würde die Integrationsbeauftragte daher die jeweils Umsetzenden zu einem interkulturellen Training verpflichten.

5.8 INTERKULTURELLE ÖFFNUNG EINER BERATUNGSSTELLE MIT DEM SCHWERPUNKT SEXUELLE GEWALT[150]

Die Lilith-Beratungsstelle ist eine Fachberatungsstelle zum Schutz von Mädchen und Jungen vor sexueller Gewalt für Pforzheim und den Enzkreis. Schwerpunkt der Arbeit ist die Auseinandersetzung mit dem Thema sexueller Missbrauch an Kindern und Jugendlichen.

In seinem Antrag für das Projekt der interkulturellen Öffnung[151] schreibt der Verein:

— *Viele Migrantenfamilien türkischer Herkunft leben schon lange in Deutschland. Trotzdem sind ihnen viele Angebote der Jugendhilfe nicht bekannt oder fremd, weil sie sie aus ihrer Heimat nicht kennen. Es wird versucht, Probleme möglichst in der Familie zu lösen. Nicht immer ist dies möglich. Deshalb wollen wir die Kinder und ihre Familien nicht sich selbst überlassen, sondern unser Beratungsstellenangebot aktiv an sie herantragen und ihnen so die Inanspruchnahme unseres Angebots erleichtern. Auch dies ermöglicht ein Stück Teilhabe an der deutschen Gesellschaft.* —

Das Beratungsangebot der Lilith-Beratungsstelle ist für viele Familien mit und ohne Migrationshintergrund enorm wichtig. Diejenigen zu erreichen, für die die Unterstützung der Beratungsstelle besonders wichtig wäre, ist aber nicht ganz einfach.

„Elternarbeit" ist für die Beratungsstelle schon alleine deswegen eine zentrale Aufgabe, weil es in der Regel die Mütter, manchmal auch die Väter sind, die den Erstkontakt zur Beratungsstelle aufnehmen. Es ist daher wichtig,

— *dass Mütter und Väter von unserer Beratungsstelle wissen und ihr ein gewisses Vertrauen entgegenbringen. Dies sind zwei Grundvoraussetzungen, um die Leistungen der Lilith-Beratungsstelle in Anspruch nehmen zu können. Dabei ist eine Offenheit der Mütter und Väter gegenüber unserer Beratungsstelle nicht nur für die Kontaktaufnahme wichtig. Die Haltung der engsten Bezugspersonen zu der erlebten sexuellen Gewalt der betroffenen Kinder, ihre Unterstützung beim Schutz vor weiteren Übergriffen und ihre stabilisierende Begleitung sind von höchster Bedeutung.* —

150 Wir danken der Leiterin der Beratungsstelle, Angela Blonski, für ihre Projektberichte und ihre Mitarbeit am Text.

151 Das noch laufende Projekt der interkulturellen Öffnung von Lilith e. V. wird als Modellvorhaben gefördert durch den Kommunalverband für Jugend und Soziales Baden-Württemberg – Dezernat Jugend – Landesjugendamt.

Ausgangspunkt des Projektes war die Analyse, dass die Beratungsstelle mit ihren Angeboten nicht alle Bevölkerungsgruppen gleichermaßen erreicht. Das Ziel war, bislang weniger erreichte Elterngruppen und vor allem mehr Eltern mit Migrationshintergrund anzusprechen. Im ersten Schritt wollte Lilith auf türkischsprachige Eltern zugehen, da sie die größte Migrantengruppe in Pforzheim bilden.

Im Rahmen des noch laufenden Projektes sollen die Zugänge zur Beratungsstelle erleichtert, sprachliche und kulturelle Barrieren abgebaut und ein Interesse an Gespräch und Austausch signalisiert werden.

Sich über schwierige, tabuisierte Themen auszutauschen, setzt ein großes Vertrauen in das Gegenüber voraus. Von daher möchte die Lilith-Beratungsstelle Informationen verbreiten, ihr Angebot bekannter machen und um Vertrauen werben.

Die Säulen des Projektes sind:

- Auseinandersetzung im Team über die eigenen Konzepte und die Verankerung der interkulturellen Öffnung in den Vereinsstrukturen
- Kontaktaufbau zu Migrantenvereinen und die Arbeit mit Schlüsselpersonen
- Durchführung von thematischen Elternabenden an Schulen und in Familienzentren

Uns interessiert an diesem Projekt nun vor allem:

- Was waren die wesentlichen Voraussetzungen für einen selbstreflexiven Lernprozess, welche Widerstände gab es?
- Welche Haltungen waren wichtig, um den Kontakt mit den Migrantenvereinen lebendig gestalten zu können?
- Warum hat sich die Arbeit mit Schlüsselpersonen als hilfreicher Weg erwiesen?

Voraussetzungen und Gewinne eines selbstreflexiven Lernprozesses

„Die zentrale Projektidee bestand darin, dass die interkulturelle Öffnung bei uns selbst, den Mitarbeiterinnen der Lilith-Beratungsstelle und dem Trägerverein beginnen muss". Daher war auch klar, dass sich zuerst das Team und der Trägerverein selbst konzeptionell, fachlich und persönlich mit dem Themengebiet auseinandersetzen müssen, bevor man mit Aktivitäten nach außen gehen kann. Für die feministisch geprägten Mitarbeiterinnen bedeutet das Zugehen auf zum Teil stark patriarchal geprägte Familien auch eine Auseinandersetzung mit eigenen Widerständen. Trotzdem war die Überzeugung maßgeblich, dass für den notwendigen Austausch zwar eine Offenheit von beiden Seiten nötig ist, das Signal hierzu aber nur vonseiten des Vereins Lilith als Teil der Mehrheitsgesellschaft kommen kann.

Folgende Schritte im Teamprozess waren wichtig:

1. Die **Einstellung einer Kollegin mit Migrationshintergrund** wurde als unabdingbar eingeschätzt.[152] Sie unterstützt das Team beim fachlichen und konzeptionellen Einstieg in das Thema.
2. Das Projekt wurde von Beginn an sowohl im gesamten Team der Beratungsstelle als auch im **Vorstand des Trägervereins** wie auch im Rahmen der jährlichen Mitgliederversammlung ausführlich diskutiert und einhellig unterstützt.
3. Das Team selbst nutzte einen **Klausurtag**, um miteinander eine gemeinsame Haltung zu dem Projekt zu entwickeln. Alle Mitarbeiterinnen lasen Grundlagenliteratur zu der Fragestellung. Aus der internen Auseinandersetzung entwickelten sich die Aufgaben für die Weiterentwicklung der Praxis in den Bereichen Prävention und Beratung. Anhand eines Referates setzte sich das Team unter anderem mit zentralen Werten eines großen Teils der türkischen Gesellschaft auseinander und diskutierte Gemeinsamkeiten und Unterschiede zu der eigenen Werthaltung.

— *Wir stehen also vor der Herausforderung, unsere Präventionsangebote zu überdenken, die stark geprägt sind durch unsere eigenen Wertvorstellungen (westeuropäisch, mittelschichtig, emanzipatorisch, feministisch). Dabei lösen besonders der zentrale Wert der (sexuellen) Ehre (namus) und seine Auswirkungen auf das Geschlechterverhältnis und die Sexualität ein Gefühl von Fremdheit bei den Lilith-Mitarbeiterinnen aus. Auf der anderen Seite ist aber auch der Umgang mit Sexualität in der deutschen Mehrheitsgesellschaft für viele Menschen türkischer Herkunft befremdlich. Diesen Unterschieden werden einige Inhalte unserer bisherigen Präventionsarbeit nicht gerecht. Dies gilt vor allem für Präventionsangebote für jugendliche Mädchen. Als Gemeinsamkeit ist die große Bedeutung des Schutzes vor sexueller Gewalt zu sehen.* —

4. Um die bisherige **Präventionsarbeit** vor diesem Hintergrund zu **überprüfen**, hospitiert die türkeistämmige Projektmitarbeiterin bei eingeführten Präventionsangeboten in der Grundschule. Ihr Blick richtet sich darauf, wie das Angebot auf Mädchen und Jungen, aber auch auf Eltern türkischer Herkunft wirkt, wohl wissend, dass es auch hier vermutlich große Unterschiede gibt. Es werden erste Änderungen im Konzept beschlossen, um die Schamgefühle der Kinder stärker zu berücksichtigen. So sollen beispielsweise die Thematisierung der Körperlichkeit und der Einsatz von Bildern besser vorbereitet werden. Auch bei Elternabenden wird ein vorsichtigerer Einstieg gewählt.[153]

---

152 Bei der Konzeptentwicklung und in den ersten Anfängen des Projektes wurde die Lilith-Beratungsstelle von Serife Dülgar-Ünsal beraten und begleitet. Später war Suna Erenler als freie Mitarbeiterin für Lilith tätig.

153 Die Änderungen dokumentieren wir ausführlich → Hintergründe 4.3, Abschnitt zum Biologieunterricht.

5. Wichtig für den teaminternen Lernprozess bezüglich der Beratungsarbeit sind die regelmäßigen **Fallbesprechungen**, in denen der jeweilige kulturelle Hintergrund und dessen Bedeutung für die Beratung besonders beleuchtet wurde. Wenn möglich, wurden die Projektmitarbeiterin und ggf. auch andere Fachkräfte mit Migrationshintergrund hinzugezogen.
6. Darüber hinaus hat die Leiterin der Beratungsstelle an einer berufsbegleitenden Weiterbildung[154] teilgenommen, alle andere Mitarbeiterinnen haben **Fortbildungen** besucht oder sind dafür angemeldet.

Zentrale Basis für die Projektentwicklung ist, dass die interkulturelle Öffnung grundsätzlich von allen konzeptionell befürwortet wird. Die Bereitschaft zur Reflexion der bestehenden Praxis in Beratung und Prävention sowie zur Weiterentwicklung ist groß. Wichtig dabei war,

- dass sich jede Kollegin die Vielfalt der Werthaltungen und Lebensweisen sowie die Machtasymmetrien ebenso bewusst macht wie die eigenen kulturellen Prägungen und die relativ privilegierte Lebenssituation,
- dass Erfahrungen der Migranten und Migrantinnen mit Ausgrenzung und alltäglichem Rassismus berücksichtigt werden,
- Offenheit für mögliche Differenzen zu entwickeln, ohne diese festzuschreiben,
- andere Wertsysteme anzuerkennen und sich mit den eigenen Bildern von Fremdheit, mit Vorurteilen und kollektiven Zuschreibungen kritisch auseinanderzusetzen,
- die Einsicht, dass dies nicht ohne Widersprüche und Gratwanderungen möglich ist, zumal sich die Beratungsarbeit von Lilith ständig im Bereich einer möglichen Kindeswohlgefährdung bewegt.

Widerstände ergeben sich im Team, wenn bewährte und viel gelobte Angebote – z. B. im Präventionsbereich – zumindest in ihrem Umfang infrage gestellt werden müssen, weil sie nur bestimmte Zielgruppen gut erreichen. Da die personellen und finanziellen Ressourcen nicht ausreichen, um in dieser Form Bewährtes in gleichem Umfang weiterzuführen und zusätzlich neue Angebote zu entwickeln, muss manches zugunsten von Neuem reduziert werden. Das fällt nicht leicht und enttäuscht auch manche Kooperationspartner, die seit Jahren auf ein bestehendes Angebot bauen.

Gerade in der aufsuchenden Beratungsarbeit in den Kindertageseinrichtungen begegnen uns viele Familien, die offensichtlich in einer Subkultur leben und allein von den sprachlichen Möglichkeiten her kaum von den gesellschaftlichen Angeboten der Mehrheitsgesellschaft profitieren können. Integration scheint weit entfernt. Hier nicht in ein einfaches „Die wollen ja gar nicht!" zu verfallen, sondern sich dafür zu interessieren, welche Hintergründe

154 „Pädagogisches Handeln in der Einwanderungsgesellschaft", siehe www.pjw-bw.de

und Sichtweisen es gibt, erfordert immer wieder neu ein kritisches Verhältnis zum eigenen Denken und die Arbeit an der eigenen Haltung. —

Besonders spannend an diesem Teamprozess ist die ständige Reflexion, ob man mit der Fokussierung auf die Arbeit mit türkisch-islamischen Klienten die Unterschiede nicht zu sehr betont. So wird z. B. ein Teamtag geplant zum Thema niedrigschwellige Beratung, an dem unter anderem die Zugangsbarrieren bildungsferner Familien deutscher und nicht deutscher Herkunft in den Blick genommen werden sollen.

Die Zusammenarbeit mit Migrantenvereinen

Zentraler Ansatzpunkt des Projektes war ursprünglich das Gewinnen von Migrantenvereinen für eine Zusammenarbeit. Die Kontaktaufnahme mit dem Türkischen Elternverein verlief unproblematisch und vielversprechend. Es entwickelten sich daraus aber zunächst keine konkreten Kooperationen.

— *Das Gespräch mit dem Vorsitzenden und einem türkischen Lehrer fand in der Beratungsstelle in einer ausgesprochen netten Atmosphäre statt. Herr S., der muttersprachliche türkische Lehrer, interessiert sich für die Frage, wie Lehrkräfte erkennen könnten, ob ein Kind von sexuellem Missbrauch betroffen sei. Der Vereinsvorsitzende, Herr Ö., schlägt eine gemeinsame Veranstaltung der Vorstände der Türkischen Elternvereine Pforzheim und Mühlacker vor. Danach könnten wir weitersehen, ob z. B. Elternabende an einzelnen Schulen für Mütter und Väter türkischer Herkunft angeboten werden könnten.* —

Auch weitere Begegnungen mit dem Vorsitzenden verliefen freundlich, aber ohne konkretes Ergebnis.

Mit dem Frauenausschuss der Alevitischen Gemeinde fand eine erste gelungene Veranstaltung statt, in der Lilith-Mitarbeiterinnen zweisprachig Grundinformationen zum Thema sexueller Missbrauch vermitteln und die Beratungsstelle vorstellen konnten.

— *Die Atmosphäre ist angenehm und offen. Die Zweisprachigkeit wird als Bereicherung erlebt. Die Frauen stellen viele Fragen. Die Stärkung des Selbstbewusstseins der Mädchen und Jungen wird als wichtig angesehen, ebenso die Ermutigung, in bestimmten Situationen Nein zu sagen. Als schwierig sehen die Frauen die Umsetzung in ihren Familien, in ihrer Kultur an.* —

Die Frauen signalisierten großes Interesse *(„Wir hätten noch ewig weiterreden können")*, dennoch gingen die Beteiligten ohne konkrete Absprache auseinander, auch hier kommt trotz des gelungenen Starts der Prozess ins Stocken.

Die beiden angesprochenen Migrantenvereine zeigen sich zwar grundsätzlich offen für eine Zusammenarbeit mit Lilith, übernehmen aber keine konkrete Initiative, das Thema „Sexueller Missbrauch" aufzugreifen. Gründe gibt es verschiedene:

- Die ehrenamtlichen Vorstände der Migrantenorganisationen werden derzeit in der Kommune für viele Veranstaltungen angefragt. Für sie stehen Themen wie die Bildung ihrer Kinder, der Übergang von der Schule zum Beruf, die Gestaltung der Stadtteile, in denen viele Migranten leben, im Vordergrund.
- Darüber hinaus sind beide Vereine derzeit mit ihren eigenen Räumlichkeiten stark beschäftigt (Anmietung neuer Räume, Umbau und Renovierung).

— *Es war für uns nachvollziehbar, dass die Auseinandersetzung mit unserem Thema nicht gerade erste Priorität für die Vereine hat. Künftig wollen wir die Kontakte langsam wachsen lassen und nicht mit ungeduldigen Erwartungen überfrachten.* —

Spannend für die weitere Auseinandersetzung ist eher die Frage, ob es auch tiefer liegende Gründe gibt, die die Vereine zögern lassen, sich auf das Thema einzulassen.

Im Vorfeld der Veranstaltung mit der Alevitischen Gemeinde zeigt sich, wie sich die öffentliche Diskussion zu diesem Thema negativ auf die Kooperation auswirkt.

— *Es zeigt sich, dass die Vorbehalte der alevitischen Frauen gegenüber dem Thema größer sind als von uns angenommen. Einen ausgesprochen negativen Einfluss übt dabei eine Folge der Fernsehsendung „Tatort" Ende des Jahres 2007 aus, der den sexuellen Missbrauch eines alevitischen Vaters an seiner Tochter zum Thema hat. Es hat die Alevitische Gemeinde sehr getroffen, dass auf diesem Weg auch in Deutschland das alte Vorurteil, Aleviten würden Inzest praktizieren, aktualisiert wird. Nun bestehen Befürchtungen aufseiten der alevitischen Frauen, dass ihnen ein Kontakt zu unserer Beratungsstelle negativ ausgelegt werden würde.* —

Auch die Auswirkungen des Tabus in vielen Familien aus der Türkei, über schambesetzte Themen wie Körperlichkeit, Sexualität und sexuelle Gewalt offen zu reden, hatten die Mitarbeiter/-innen unterschätzt.

Gerade der Vermarktung von Sexualität, der Sexualisierung vieler Lebensbereiche, dem Schwinden von Schamgrenzen und von Intimsphären in den Medien, aber zum Teil auch im Lebensalltag von Jugendlichen, stehen Eltern türkischer Herkunft mit großer Ablehnung gegenüber. Vor dieser Art von Freizügigkeit möchten sie ihre Kinder und vor allem ihre Töchter hier in Deutschland schützen. Wenn wir nun das Thema sexuelle Gewalt aufgreifen, besteht die Sorge bei den Familien, dass sie mit Inhalten und Bildern von Sexualität konfrontiert werden, die ihre Grenzen verletzen. Sie befürchten darüber hinaus, dass ihnen in diesem sensiblen Bereich von der deutschen Mehrheitsgesellschaft Positionen im Hinblick auf Sexualität und Freizügigkeit übergestülpt werden sollen, die mit ihren Wertvorstellungen nicht vereinbar sind.

Wir als Beratungsstelle müssen in verschiedenen Bereichen um Vertrauen werben. Es gilt zu verdeutlichen, dass es uns in erster Linie um den Schutz von Kindern und Jugendlichen vor sexuellem Missbrauch geht. Denn bei diesem Ziel gibt es einen interkulturellen Konsens. Wir wollen den Eltern Wissen vermitteln, z. B. zum Thema Täterstrategien und zu Gefährdungen ihrer Kinder, damit sie präventiv wirken können. Es sollen Denkprozesse angestoßen werden, die das Erziehungsverhalten unter neuen Gesichtspunkten beleuchten. Was davon und wie dies im Alltag der Migrantenfamilien umgesetzt werden kann, das müssen sie letztlich selbst überlegen und entscheiden. Hier möchten wir ins Gespräch kommen, selbst Erfahrungen sammeln, einen Austausch auf Augenhöhe gestalten. Gemeinsamkeiten herausstellen, wie z. B. die Ablehnung der Sexualisierung unserer Gesellschaft, und kultursensibel bislang tabuisierte Themen aufgreifen – das sind die Aufgaben, die vor uns stehen.

Auch in der deutschen Mehrheitsgesellschaft finden sich immer wieder Eltern, die einer Thematisierung des sexuellen Missbrauchs an Kindern mit großen Vorbehalten begegnen. Es bestehen Berührungsängste gegenüber der Beratungsstelle. Die Tabuisierung des Themas sexueller Gewalt an Mädchen und Jungen ist im Lebensalltag der Familien noch längst nicht überwunden. So wundert es nicht, dass auch nicht alle Migranten und Migrantinnen einer offenen Auseinandersetzung mit dem Thema sexuelle Gewalt an Kindern und Jugendlichen positiv gegenüberstehen.

Dies spiegelte sich deutlich bei der Vorstellung der Lilith-Mitarbeiterinnen und ihrer Projektintentionen beim Türkischen Elternverein in Pforzheim.

Insgesamt war der Empfang der Frauen von Lilith ausgesprochen freundlich und interessiert. Einzelne muttersprachliche Lehrkräfte empfanden die Ausführungen aber als Angriff auf die Türkei. Die Türkei sei ein islamischer Staat und im Islam gäbe es keinen sexuellen Missbrauch. Daraufhin entwickelte sich im Elternverein eine heftige, kontroverse Diskussion in türkischer Sprache. Im Nachhinein bedankten sich einige Mitglieder des Elternvereins persönlich bei den Lilith-Frauen für ihre Initiative.

Diese unterschiedliche Positionierung im Elternverein macht deutlich, dass ein aktiver Einsatz des Vereins für das schwierige Thema „Sexuelle Gewalt" mit Sicherheit nicht auf eine einheitlich positive Resonanz stoßen würde, und erklärt neben den weiter oben angesprochenen Aspekten die freundliche Zurückhaltung im Hinblick auf konkrete Zusammenarbeit.

Der Kontakt zum Frauenausschuss der Alevitischen Gemeinde entwickelt sich etwas anders. Die Frauen haben eine Vertretung in den Fachbeirat zum Projekt entsandt, im Herbst soll eine weitere gemeinsame Veranstaltung stattfinden.

Von der Arbeit mit Migrantenvereinen zu der Arbeit mit Schlüsselpersonen

Um zum einen den Druck (etwas gemeinsam organisieren zu wollen) aus dem Kontakt zum Türkischen Elternverein zu nehmen und um zum anderen trotzdem die Projektintentionen weiterverfolgen zu können, beschloss das Team, ausgewählten Einrichtungen direkt deutsch-türkische Elternabende anzubieten und dann in den interessierten Einrichtungen Schlüsselpersonen zu suchen. In einigen Schulen hat sich dabei eine positive Kooperation mit muttersprachlichen Lehrkräften entwickelt. Ob sich aus den guten individuellen Kontakten später wieder punktuelle Kooperationen mit dem Elternverein ergeben, wird bewusst offengelassen.

Durch diese Elternabende[155] und die frühere Veranstaltung in der Alevitischen Gemeinde wurden Kontaktpersonen in den verschiedenen Einrichtungen – vor allem den Familienzentren – gewonnen. Die Vorteile der Familienzentren sind, dass sich die Eltern untereinander besser kennen, das Gefühl von Zusammengehörigkeit größer ist und spezifische Veranstaltungsangebote für sie nicht so ungewöhnlich sind.

Die gewonnenen Kontaktpersonen sind für die Lilith-Beratungsstelle und das Projekt ein wertvolles Potenzial. So wurde mittlerweile ein Faltblatt für Eltern entworfen, das auch zweisprachig (deutsch-türkisch, deutsch-russisch und deutsch-italienisch) erscheinen wird. Der Textentwurf des Faltblatts wurde in einem kleinen Kreis der Kontaktpersonen diskutiert. Die Mütter gaben einige wichtige Anregungen zur Veränderung des Textes und drückten aus, wie wichtig es für sie sei, dass hier ihre Meinung gefragt wäre. In einem anschließenden sehr offenen Gespräch wurden eigene sexuelle Gewalterfahrungen eines Teils der Frauen ange-

155 → Planungshilfen 3.4 und 3.7

sprochen und auch ihr Wissen von sexuellem Missbrauch an Kindern im Verwandten- oder Bekanntenkreis in der Türkei.

Hilfreich für eine solch vertraute Atmosphäre ist nicht zuletzt die Anschaffung eines Samowars und türkischer Teetassen. Ein Gespräch unter Frauen bei Tee und Keksen knüpft an den Erfahrungen der Frauen an und schafft eine ganz besondere Atmosphäre. Darüber hinaus gab es durch den wiederkehrenden Kontakt schon eine gewisse Vertrautheit.

Für den Herbst wird für diesen Kreis von Frauen ein Workshop zum Thema „Wohlfühlen im eigenen Körper und körperliche Grenzen setzen“ vorbereitet. Für die Mütter soll dieses wichtige Präventionsthema persönlich erlebbar werden und ihre Vorbildfunktion für die Kinder soll gestärkt werden.

Die Leiterin der Beratungsstelle beschreibt im Rückblick den Weg von der Arbeit mit den Migrantenvereinen zu der Arbeit mit ausgewählten Schlüsselpersonen.

— *Rückblickend denke ich, dass unser Ansinnen im Hinblick auf die Migrantenvereine auch etwas naiv war. Uns ist ein Thema ausgesprochen wichtig. Wir wollen uns interkulturell öffnen und entwickeln ein Projekt zu diesem eher schwierigen Thema. Und nun erwarten wir, dass die Migrantenvereine begeistert unserem Projekt zum Erfolg verhelfen, wo wir doch so offen auf sie zugehen. Dabei übersehen wir, dass sie ganz eigene Themenschwerpunkte und viele bewährte Aktivitäten entwickelt haben, die vor allem ehrenamtlich in der oft knappen Freizeit umgesetzt werden. Es ist auch nicht selbstverständlich davon auszugehen, dass alle Mitglieder dieser Vereine einem Thema offen und positiv gegenüberstehen. Letztlich stellt sich auch die Frage, ob es eine durchweg erstrebenswerte Position ist, bei Anliegen von Einrichtungen und Organisationen der deutschen Mehrheitsgesellschaft als Partner zu fungieren. Dies umso mehr bei Themen, die vordergründig keine zentrale Rolle für die gesellschaftliche Teilhabe in Deutschland spielen. Von daher denke ich, dass der Weg, einzelne Personen, die unser Thema z. B. als Mütter direkt anspricht und sie im Hinblick auf die Verantwortung für ihre Kinder interessiert, als Partnerinnen und Multiplikatorinnen zu gewinnen, sehr viel Sinn macht.* —

Insgesamt zieht sie ein positives Fazit: Das Projekt kann also trotz aller Widerstände als Erfolg betrachtet werden. Es ist im Trägerverein, dem Vorstand und dem Team positiv verankert. Im Jahr 2008 hat sich in der Beratungsarbeit der Anteil von betroffenen Kindern mit Migrationshintergrund unterschiedlicher Herkunft von 25 auf 40 Fälle und damit auf 28 Prozent aller Fälle erhöht.

— *Die Mitarbeiterinnen der Beratungsstelle befinden sich in einem Prozess des Lernens, der Reflexion und der konzeptionellen Weiterentwicklung sowohl im Bereich der Beratung als auch der Prävention. Der offenere Blick auf unterschiedliche kulturelle Hintergründe, Wertesysteme und Erziehungshaltungen kommt allen unseren Klientinnen und Klienten zugute.* —

Ein wichtiger öffentlicher Beitrag des Projektes besteht zudem darin, zu einer Versachlichung der öffentlichen Debatte beizutragen. Die Diskussion der letzten Jahre ist bestimmt von der teilweise plakativen und polarisierten Debatte um Kopftuch, Ehrenmorde und Zwangsverheiratung. Verhandelt werden dabei die Unterdrückung der Frau und die Gewalt gegen Frauen in islamisch geprägten Communities. Die *Thematisierung* dieser zweifelsfrei vorhandenen unterdrückenden patriarchalen Gewaltverhältnisse in manchen Migrantensubkulturen läuft einerseits Gefahr, von den Geschlechterverhältnissen bei „uns" abzulenken und die Ausgrenzung aller Muslime zu legitimieren. Ihre *Nichtthematisierung* verharmlost andererseits real existierende Gewaltverhältnisse. Es bleibt, sich dieser widersprüchlichen Aufgabe zu stellen und das Gesagte immer wieder zu hinterfragen, ohne darüber das Reden zu beenden. Dies geschieht dann am besten, wenn man nicht über muslimische Familien redet, sondern mit ihnen.

5.9 | DAS WERTEPROJEKT IM ELTERNSEMINAR[156]

Das Elternseminar in Stuttgart ist eine präventive und interkulturell ausgerichtete Familienbildungseinrichtung, deren Aufgabe es ist, Stuttgarter Eltern in ihrer Erziehungsverantwortung zu unterstützen und zu begleiten. Seit 1991 arbeitet das Elternseminar in einer Struktur, die zentrale Funktionen – Konzeptentwicklung, Finanzverwaltung, Angebotswerbung – verbindet mit dezentraler Bildungspraxis, Vernetzung und Angebotsplanung und so den Bezug zu den Lebensverhältnissen in den Stadtteilen sicherstellt. Konsequenterweise sind die Angebote des Elternseminars für Stuttgarter Familien regional verfügbar, flexibel, bedarfsorientiert und bürgernah angelegt.

Im Elternseminar ist das Prinzip der Interkulturalität fest verankert – in der Konsequenz heißt dies, dass die interkulturelle Personalentwicklung sowohl auf der hauptamtlichen Ebene wie auch im Honorarkräftepool aktiv betrieben wird: Im sozialpädagogischen Team beispielweise verfügen 50 Prozent der Kollegen und Kolleginnen über Migrationserfahrung.

Die personelle Besetzung im Team spiegelt die Vielfalt der Bevölkerungsstruktur wider und garantiert einen direkten Bezug zu verschiedenen Zielgruppen – die Fachkräfte sind zum Teil Alleinerziehende, leben in Patchwork- und bikulturellen Familien und kommen aus unterschiedlichen Herkunftsländern. Alle festen und freien Mitarbeiter/-innen bringen die Erfahrung eigener Elternschaft mit.

Im Elternseminar sind die 14 hauptamtlichen Fachkräfte – mit Ausnahme der Leitung – auf Teilzeitbasis (in der Regel 50 Prozent) tätig. Sie wirken jeweils auf den zwei zentralen Arbeitsebenen der stadtteilbezogenen Bereichsverantwortung sowie in einem zielgruppenbezogenen Fachbereich (Migration – Benachteiligte – Einrichtungen).

Hinter den Hauptamtlichen steht ein Pool von 120 pädagogischen Fachkräften (ein Drittel mit Migrationshintergrund), die teilweise auf Honorarbasis, teilweise ehrenamtlich mitarbeiten und sämtliche Elternveranstaltungen durchführen.

156 Wir danken Peter Wahl, Hülya San, Patrizia Virzi-Aksoy, Theoklis Chimonidis und Arne Hornung.

Folgende Merkmale kennzeichnen die kommunale Elternbildung Stuttgarts:

- **Geh-Struktur**: Fast alle Angebote (bis auf Familienwochenenden, Freizeiten und Exkursionen) finden im Sozialraum statt.
- **Kooperationsprinzip**: 75 Prozent der Maßnahmen werden mit den unterschiedlichsten Bildungspartnern (Kindertagesstätten, Schulen, Kulturvereine, selbst organisierte Gruppen) durchgeführt.

Als Qualitätskriterien für diese Arbeit legt das Elternseminar folgende Standards fest:

- Transfer von kultur- und migrationssensiblen Aspekten in alle Fach- und Angebotsbereiche
- interkulturelle Kompetenzen der Fachkräfte
- interkulturelle Tandems
- muttersprachliche Bildungsangebote
- Nutzung von Schlüsselpersonen
- multikulturell zusammengesetztes Team als Schlüsselfaktor zur Sicherung von Interkulturalität als Querthema

Die Angebote des Elternseminars umfassen entsprechend ein weites Spektrum:

- Deutsch-Lernangebote
- „Rucksack"-Programm
- offene interkulturelle Mutter-Kind-Treffs
- interkulturelle Stadtführungen
- vorurteilsbewusste Bildung und Erziehung in Tageseinrichtungen
- internationaler Frühstückstreff
- muttersprachliche Begleitung von Einschulung
- Familienwochenenden für Kinder und Eltern mit Migrationshintergrund

2009 wurde das „Werteprojekt" gestartet, ein vom Bundesministerium für Familie, Senioren, Frauen und Jugend und in Kooperation mit dem DRK gefördertes Projekt im Rahmen der „Wertebildung in Familien" – dieses auf zwei Jahre angelegte Projekt soll inhaltliche Impulse zur Weiterentwicklung der bisherigen Arbeit geben, es soll wesentlich dazu genutzt werden, *„die interkulturelle Sensibilisierung weiterzutreiben"*.

Uns interessiert an diesem Projekt nun vor allem:

- Was ist notwendig, damit sich eine Einrichtung und die in ihr arbeitenden Menschen auf einen interkulturellen Lernprozess einlassen können?
- Welche Themen und Konflikte tauchen auf?
- Was lässt sich aus diesem Beispiel auf andere Arbeitskontexte übertragen?

Voraussetzungen für gemeinsame Lernprozesse

Im Rahmen des Werteprojektes gründete sich aus dem Team der Hauptamtlichen eine Projektsteuerungsgruppe, die sich einmal monatlich trifft. Parallel dazu gibt es mehrere Projektwerkstätten zu verschiedenen thematischen Schwerpunkten (z. B. Väter als Vorbild, Werte erlebbar machen mit allen Sinnen, Vorbereitung einer Jahresfortbildung und anderes), in die nahezu die Hälfte aller Honorarmitarbeiter/-innen auf freiwilliger Basis eingebunden sind. In diesen Werkstätten werden interne Gesprächskreise angeboten, Materialien und Konzepte überarbeitet bzw. neu entwickelt, die dann in den Elternangeboten genutzt werden können. Außerdem wird eine interne Jahrestagung vorbereitet. Für die beteiligten Mitarbeiter/-innen bedeutet das Projekt, zusätzliche Zeitressourcen zu mobilisieren – Ziel ist es, die Beteiligten *„per Motivation mitzunehmen".*

Ein derart komplexer institutioneller Lernprozess kann nur dann gelingen, wenn sich die daran beteiligten Personen mit einer offenen **wertschätzenden Haltung** begegnen können. Bei der Leitung wie auch den Mitarbeitern und Mitarbeiterinnen ist die Akzeptanz permanent notwendiger Reflexionsschleifen wichtig, um die Qualität eigener Arbeit voranbringen zu können. Notwendig ist zudem die Haltung, dass **Reflexion** kein zeitraubendes, lästiges Übel, sondern die Basis für Neuentwicklung und Konzeptionsarbeit ist. *„Ein Vorgang, der ständig betrieben werden muss!"*

— *Eine Haltung hier drin im Elternseminar insgesamt ist, dass der Weg das Ziel ist und wir wirklich sehr prozessorientiert arbeiten. Das Werteprojekt ermöglicht uns von den Ressourcen und der Zeit her Erfahrungsräume, die wir im Alltag sonst nicht haben. Wir können Dinge ausprobieren und im Prozess Erkenntnisse über die Reflexion herausfiltern, die eben vorher nicht existierten.* —

Dieser **Prozess** endet auch nicht nach Absolvierung eines vorher festgelegten Pflichtprogramms, sondern schreibt sich permanent neu fort.

— *Und die Einsicht auch zu bekommen, man ist nicht irgendwann an einem Punkt, da hat man das Ziel erreicht und erhält dann ein Dokument: „Erfolgreich in Interkulturalität". (...) In manchen Bereichen bin ich sicherer, sensibler, wacher, aber in anderen merke ich auch, da sind meine Ohren nicht auf Empfang, so wie ich es mir eigentlich wünsche und wie es für einen Prozess und ein Miteinander eigentlich förderlich wäre. Und das passiert allen so. Blinde Flecken hat jeder.* —

Doch auch das **„Wie"** ist entscheidend: Wie sind solche Reflexionsräume zu gestalten, damit sich möglichst viele daran beteiligen können, dass persönliche Auseinandersetzung und Austausch jenseits ideologischer Positionierungen möglich werden? Wie können Wertekonflikte und Differenzen wertschätzend bearbeitet werden, ohne dass sie zu Eskalationen oder verhärteten Positionierungen führen?

Positive Erfahrungen machen die Mitarbeiter/-innen des Elternseminars hier mit gut vorbereiteten, moderierten **dialogischen Settings**, in denen zunächst ein persönlicher Zugang zum Thema im Vordergrund steht, *„subjektive Berührungen, Annäherungen, auch biografisch natürlich. Situativ, kontextbezogen."*

Durch diesen persönlichen Zugang können vorschnelle und verfrühte Positionierungen vermieden werden. Es entsteht ein Klima des Zuhörens und gemeinsamen Verstehens und auf dieser Grundlage kann dann ein Schritt weitergegangen und mögliche **Irritationen, Ambivalenzen und Widersprüche** können thematisiert und aufgegriffen werden:

— *Die Erlaubnis, sich zu verunsichern, ist wichtig, Widersprüche zu benennen, Ambivalenzen zu benennen, weil es eben nicht nur schwarz-weiß gibt, sondern ganz viel dazwischen, was normalerweise bei Positionsbestimmungen unter den Tisch fällt, weil sich die Leute gezwungen fühlen, exponierte Standpunkte zu vertreten.* —

Themen und Konfliktfelder

Ein inhaltlicher Aufhänger im Rahmen des Prozesses ist die Auseinandersetzung mit der **„Kopftuchfrage"** – bis dato galt im Elternseminar die Position, weder im hauptamtlichen noch im Honorarbereich Mitarbeiterinnen mit Kopftuch zu beschäftigen, um die Neutralität der Einrichtung zu unterstreichen. Und dies, obwohl – oder gerade weil – an den Elternkursen auch viele kopftuchtragende Mütter teilnehmen. Anlass, sich mit dieser gesetzten Position reflexiv auseinanderzusetzen, ist eine vorliegende Bewerbung: Vom Foto her ist die Bewerberin Kopftuchträgerin – also von vornherein gar nicht einladen? Oder doch? Und was tun, wenn die Bewerberin der Einrichtung gefällt?

— *Es gibt mittlerweile hoch qualifizierte Diplompädagoginnen mit systemtherapeutischer Zusatzausbildung, die sich professionell gut bewegen und präsentieren können und trotzdem Kopftuch tragen und auch religiöse Inhalte integrieren. Wo dann anscheinend ganz viele Konfliktlinien zusammenlaufen, die aber nicht per se konflikthaft sein müssen. Also das war für uns so ein Aufhänger, uns damit genauer auseinanderzusetzen und unsere bisherige Haltung dazu zu hinterfragen.* —

Doch auch in Bezug auf Teilnehmerinnen stehen Kursleiterinnen des Elternseminars an diesem Punkt immer wieder vor Herausforderungen.

— *Ich hatte die Erfahrung gemacht, dass da eine schwarz gekleidete Frau in meine Gruppe kam und da war die ganze Gruppe verunsichert und dann stellt sich für mich die Frage, wie gehe ich damit um? Ich bin ja die Kursleiterin und habe so ein bisschen die Verantwortung für den Prozess und so weiter und muss aber auch Akzente setzten. Und sag ich der Frau jetzt gleich „Du nicht!" oder lasse ich gewähren?* —

Ein weiteres Feld ist die Reflexion der bisherigen Arbeit der **interkulturellen Tandems**, die ja als Qualitätsstandard der eigenen Arbeit gesehen werden. Doch in der Praxis zeigt sich, *„dass es nicht per se funktioniert, wenn wir jetzt Mitarbeiter/-innen mit und ohne Migrationshintergrund zusammenspannen. Oder um es dezidiert zu sagen, dass es dort natürlich Ungleichheiten gibt."*

Diese **Ungleichheiten** gilt es aufzudecken und zum Thema zu machen.

Typische Muster sind hier z. B.:
- Von Einrichtungen werden die deutschstämmigen Mitarbeiter/-innen als erste Ansprechpartner wahrgenommen, die Mitarbeiter/-innen mit Migrationshintergrund als Zuarbeiter.
- Sprache: *„Die Sprache ist natürlich nach wie vor im interkulturellen Bereich ein sehr sensibler Punkt: Was geschieht in Situationen, wo sprachlich sehr viel verhandelt wird? Wo Leute dabei sind, die sprachlich noch schwächer sind im deutschsprachigen Bereich, und wie können die sich dann noch Luft und Raum verschaffen, obwohl sie sich von der Sprache her eigentlich ausgeschlossen fühlen. Da wird natürlich sehr deutlich Ungleichheit sichtbar."*
- Tempo: *„Hier sind viele Mitarbeiter/-innen fachlich topfit, aber vom Tempo her, da brauchen sie Zeit und auch eine Lücke, wo sie einhaken können. Und dann sind die anderen oft schneller. Zack. So was fällt mir oft auf."*
- Zuschreibungen und Stereotypisierungen unter den Mitarbeitern und Mitarbeiterinnen des Elternseminars: *„Wie macht **ihr** das denn mit dem Fasten an Ramadan?"*

Um diese Ungleichheiten thematisieren zu können, finden zum einen angeleitete Reflexionstreffen der interkulturellen Tandems statt mit dem Ziel, inhaltliche Standards für die Tandemarbeit zu entwickeln. Dies geht nicht immer reibungslos oder ohne Verletzungen und Kränkungen:

— *Konflikte unter Tandems entstehen. Punkt. Und es hat auch für uns eine Zeit gebraucht, bis wir zu der Erkenntnis gelangt sind. Um diesen Qualitätsstandard qualitativ und nachhaltig weiterzuentwickeln, müssen wir uns den Konflikten stellen. (...) Welche Kompetenzen müssen die einen, welche Kompetenzen die anderen, also Angehörige der Mehrheitsgesellschaft, mitbringen. Welche Sensibilisierungen, welche Haltungen?* —

Zum anderen hat sich am Elternseminar eine **Mentoring AG** zur Weiterqualifizierung gegründet, die sich ausschließlich an Mitarbeiter/-innen mit Migrationshintergrund richtet.[157] Ein Empowermentansatz, um vor allem auch neue Mitarbeiter/-innen fachlich und persönlich zu stärken.

— *Persönliches Wachstum und fachliche Weiterqualifizierung zu verbinden und vor allem für junge Migranten hier drin - das ist eigentlich seit einem Jahr eine ganz gelingende Sache. Wo ganz viele Fachkräfte mit Migrationshintergrund auch noch reinwollen, aber man muss da jetzt fast einen Aufnahmestopp machen, weil sich das so herumspricht, dass das so wertschätzend und befruchtend ist, und eben diese Verbindung persönlich-fachlich ganz gut funktioniert.* —

Lernende Organisationen

Was lässt sich aus dem Beispiel des Elternseminars auf andere berufliche Kontexte übertragen? Was bedeutet dies für interkulturelle Öffnung, für notwendige Rahmenbedingungen und mögliche Lernprozesse?[158]

Eine zentrale Stärke des Elternseminars ist es, dass hier schon seit Jahren eine intensive Auseinandersetzung mit Interkulturalität und Diversität stattfindet – und dies nicht zuletzt auch durch die Auseinandersetzung und Begegnung von Fachkräften mit und ohne Migrationshintergrund. Insofern heißt „auf der strukturellen Ebene das Zauberwort **interkulturelle Personalentwicklung**". Und dies wäre zunächst auch eine der ersten Forderungen, die an andere Institutionen zu richten sind: Überall müssen Fachkräfte mit Migrationshintergrund verstärkt und selbstverständlich eingebunden werden.

Eine zweite Voraussetzung: Die Institution muss bereit sein, **sich selbst zum Reflexionsgegenstand** zu machen:[159] Das Hinterfragen eigener Strukturen, Verhaltensweisen, Zuschreibungen und Ausgrenzungsmuster ist unabdingbar.

---

157 Im kultursensiblen Dialog und im Zusammenwirken von Anerkennung und Zumutung wird bei den teilnehmenden Fachkräften ein Bewusstwerdungsprozess für die Arbeit als Gruppenleitung in der Elternbildung unterstützt. Was bin ich als Frau – Mutter – Elternbildnerin?

158 → Planungshilfen 3.9

159 → Grundsätze 1.13

— *Wir müssen uns selber angucken. Und das ist ja auch aus der Rassismusforschung und anderen Kontexten bekannt. Das Verhältnis „das Fremde und das Eigene". Und was hat das Fremde mit mir zu tun und was sehe ich dort, begehrlich oder abwehrend. Und das wissen wir in der Theorie, aber in der Praxis ist das oft ganz schwer.* —

Hierfür braucht es vertraute (geschützte) Räume, Gelegenheiten, Zeiten, in denen Austausch und Begegnung stattfinden können – unter Fachkräften, aber auch zwischen Fachkräften und Eltern. Solche Auseinandersetzungsprozesse lassen sich nicht auf plumpe Checklisten oder To-dos und Not-to-dos reduzieren, sondern verlangen ein offenes, nicht wertendes Sicheinlassen auf einen Prozess mit ungewissem Ausgang. Nur wenn diese Offenheit tatsächlich – und nicht nur vordergründig postuliert – vorhanden ist, entsteht ein Dialog jenseits von Positionierungen.

— *Es gilt, geschützte Räume zu eröffnen für Reflexion und Austausch, auch für Kontroversen, und Menschen eigentlich zu ermöglichen, **ihre** Begründungen und Hintergründe für ihre Wertrangordnungen herzustellen. Die grundlegenden Werte existieren überall, aber jeder Mensch macht für sich eine individuelle Rangfolge. Je nach biografischer Erfahrung, nach Weltanschauung, nach Beeinflussung von außen. Es muss einen Raum geben, das offenzulegen, am idealsten unter Eltern selber. Dass eine Relativierung von Werten in der Elterngruppe auf Augenhöhe stattfinden kann. Ohne dass der Kursleiter sagt: Hey, Leute, hört mal her, erstens ist das hier kein Wert und zweitens ist es der falsche. Und diese Gefahr ist laufend da, wenn ich höre, es gibt z. B. Projekte, die Wertekanons aufstellen. Da bin ich immer ganz skeptisch, weil man da schnell dabei ist, die Dominanzkultur durchsetzen zu wollen. Mit ihren christlich-westlich orientierten Werten.* —

Auf der **persönlichen Ebene** verlangt dies viel: die Bereitschaft, sich auf Begegnung einzulassen, zuzuhören, offen nachzufragen.

— *Sich persönlich immer wieder einzulassen, sich dafür auch Zeit zu nehmen und nicht nur zu funktionieren als Kollegen und Arbeitsaufträge zu erledigen, sondern sich wirklich persönlich einzulassen, den anderen kennenlernen zu wollen, von sich selbst persönlich auch etwas zu zeigen. Nicht nur das, wo ich jetzt gut drin bin, und alles Persönliche schließe ich gut drin ein und behalte es für mich. Das ist eine Facette.* —

Ein solcher Reflexionsprozess schlägt sich nieder in den **Haltungen**, die in einer Einrichtung und im Handeln von Mitarbeitern und Mitarbeiterinnen zum Ausdruck kommen. Eine wertschätzende, selbstreflexive Haltung erzeugt beim Gegenüber am ehesten das Gefühl: Du bist willkommen. Und dies ist eine zentrale Voraussetzung für Kooperation und gemeinsames Handeln.

— *Wenn ich jetzt gerade an den Kita-Bereich denke, da haben wir ja ganz oft die Frage, wie erreichen wir unsere Eltern mit Migrationshintergrund. Und da begegnen wir auch verschiedenen Haltungen z. B. bei den Leitungen. Die einen, die sich die Mühe machen, z. B. bei gemeinsam mit uns geplanten Elternabenden jeden einzelnen Elternteil, der in die Kita kommt, auch anzusprechen darauf. Jetzt nicht einfach nur einen anonymen Flyer austeilen – vielleicht auch in eine andere Sprache übersetzt –, sondern auch die persönliche Ebene mit einzubeziehen. Und dadurch eben dem Menschen mit Migrationshintergrund ganz besonders das Gefühl zu vermitteln, du bist in unserer Einrichtung willkommen. Wir möchten dich hier haben. Und diese wertschätzende Haltung zu signalisieren. Das ist für mich ein ganz bezeichnender Knackpunkt. Wenn wir uns mal in die andere Perspektive versetzen: Ich gehe in ein anderes Land, in dem ich vieles nicht kenne – wie fühle ich mich angezogen, irgendwohin zu gehen? Vielleicht gerade auch über eine entsprechende Haltung der anderen, die mir signalisiert, die wollen mich. Ich bin willkommen.* —

5.10 | EINE EINRICHTUNG MACHT SICH AUF DEN WEG ...[160]

Ein spannender Ansatz, um mit überschaubarem Mitteleinsatz die Kompetenzen einer Einrichtung und ihrer Mitarbeiter/-innen in der Arbeit mit Kindern und Familien mit Migrationshintergrund systematisch zu erweitern, ist das Fortbildungskonzept der Kinder- und Jugendhilfe Linzgau in Überlingen. Ungefähr alle zwei Jahre legt die Einrichtungsleitung ein Schwerpunktthema für interne Fortbildungen fest, in diesem Fall das Thema Migration mit dem Fokus auf die Arbeit mit den Eltern. Damit ist immer auch ein Organisations- und Qualitätsentwicklungsziel verbunden. Von den ca. 100 Mitarbeitern und Mitarbeiterinnen wurden 25 Personen für die Fortbildung ausgewählt. Alle Führungskräfte nahmen selbst an der Fortbildung teil. Es wurde darauf geachtet, dass Mitarbeiter/-innen aus allen Angebotsformen (Wohngruppen, Schule, etc.) vertreten waren. Zum Teil hat die Leitung Mitarbeiter/-innen vorgeschlagen, zum Teil haben die einzelnen Teams Vorschläge gemacht.

Die Fortbildung umfasste drei Fortbildungstage mit jeweils einigen Wochen Abstand. Die Einrichtung beschreibt schon alleine nach diesen drei Tagen wahrnehmbare Veränderungen im pädagogischen Alltag. Im Fortbildungskonzept von vornherein angelegt war darüber hinaus der von einem externen Berater begleitete Transfer der Erkenntnisse in die einzelnen Angebotsformen. In diesem Fall sah die Leitung den Bedarf, einige Mitarbeiter/-innen über die allgemeine Sensibilisierung hinaus in diesem Thema zu qualifizieren.

In Kooperation mit einer Brennpunktschule und dem Projekt „Bildungspartnerschaft“ wurde eine einjährige Weiterbildung (Januar 2007 bis April 2008) projektiert, an der sieben Mitarbeiter/-innen der Kinder- und Jugendhilfe Linzgau sowie noch weitere Interessierte aus anderen pädagogischen Einrichtungen vor Ort teilnahmen.

Damit sollten zum einen in den beteiligten Einrichtungen einige Mitarbeiter/-innen darauf vorbereitet werden, im Sinne von „Migrationsbeauftragten“ die Themen der interkulturellen Öffnung im Auge zu behalten. Zum andern wurden konkrete Prozesse der Qualitätsentwicklung angestoßen. Dafür wurden die sieben eigenen Linzgau-Mitarbeiter/-innen parallel zu der Weiterbildung als Projektgruppe mit der Umsetzung von Schritten der interkulturellen Öffnung, in diesem Fall vor allem in Richtung Elternarbeit, betraut.[161]

---

160 Wir danken vor allem der Bereichsleiterin Sybille Boerner für die Mitarbeit am Text, der Leiterin Evi Pfeiffer für ein Interview und der Mitarbeiterin Regina Müller für die Teilnahme am Workshop.

161 Die Weiterbildungskonzeption ist eine Weiterentwicklung der offen ausgeschriebenen berufsbegleitenden Weiterbildung „Pädagogisches Handeln in der Einwanderungsgesellschaft“. Veranstalter ist das Paritätische Jugendwerk Baden-Württemberg e.V. in Kooperation mit der Aktion Jugendschutz Baden-Württemberg, dem Kommunalverband für Jugend und Soziales Baden-Württemberg (KVJS) und der Akademie der Jugendarbeit Baden-Württemberg (ausführliche Ausschreibung unter www.pjw-bw.de).

Der Prozess begann mit einem zweitägigen Auftaktworkshop, danach fanden fünf weitere eintägige Workshops statt. Dabei waren Experten von außen zu den Themen „Sprachförderung", „Rollenverständnis in verschiedenen Kulturen" und „Islam" eingeladen. Daneben kamen Akteure der Integrationsarbeit aus der Region, wie Vertreter/-innen von Migrantenvereinen, der Repräsentant eines Moscheevereins, die Integrationsbeauftragte und andere in die Gruppe. Das Ziel war sowohl, diese Kontakte aufzubauen, als auch im Rahmen der Weiterbildung die Begegnungen reflektieren und auswerten zu können.[162]

Parallel dazu haben sich die beiden Projektgruppen mehrmals getroffen, zum Teil mit externer Beratung. Schließlich wurde eine gemeinsame Exkursion zu einer Schule in der Schweiz durchgeführt, die an dem Quims-Programm (www.quims.ch) des Kantons Zürich beteiligt war.

Der Auftrag für die **Praxisgruppe Elternarbeit** der Kinder- und Jugendhilfe Linzgau war zum einen, die interkulturelle Öffnung sichtbar zu machen. Dabei geht es nicht nur um die Sichtbarmachung von neuen, erst zu entwickelnden Veränderungen, sondern auch um die schon in der Einrichtung vorhandene Qualität. Damit verbunden war zum anderen der Auftrag, mit neuen Wegen die Eltern mit Migrationshintergrund besser zu erreichen.

Im Prozess wurden von der Gruppe mithilfe der externen Beratung Schlüsselprozesse identifiziert und einige konkrete Maßnahmen auf den Weg gebracht.

- Der offizielle **Einrichtungsflyer** ist mit einer Banderole mit Willkommensgruß in verschiedenen Sprachen versehen. Der Flyer ist nach wie vor in Deutsch geschrieben, ein übersetzter Flyer-Text kann bei Bedarf eingelegt werden. So soll der Eindruck vermieden werden, die Familien *„würden von vornherein als der deutschen Sprache unkundig gehalten, und gleichzeitig kann die Scham, ggf. nichts oder nicht alles zu verstehen, so vermieden werden"*. Außerdem besteht für die Eltern die Möglichkeit, mit einem eingelegten Beiblatt einen Sprachmittler für künftige Gespräche anzufordern.
- Der **Infoflyer**, mit dem das Jugendamt die Eltern das erste Mal auf die Einrichtung hinweist, ist sprachlich überarbeitet und in wichtige Migrationssprachen übersetzt. Auch weitere Dokumente, z. B. die Einverständniserklärungen, sind übersetzt und es zeigt sich, dass Eltern nun zum Teil viel schneller unterschreiben, Abläufe so auch beschleunigt werden und *„man weiß trotzdem, der Text wurde verstanden"*.

162 Aus diesen Erfahrungen heraus hat die Aktion Jugendschutz Baden-Württemberg in Kooperation mit dem Paritätischen Jugendwerk das Angebot „Interkulturell denken – lokal handeln" entwickelt, in dem die Idee einer lokalen Weiterbildung in der Kooperation verschiedener Netzwerkpartner konsequent weiterentwickelt wurde. Von Oktober 2008 bis Juli 2009 hat in Buchen (Odenwaldkreis) ein erster Pilotdurchgang stattgefunden. Das Angebot wird nun in anderen Städten fortgesetzt werden (Ausschreibung siehe Anhang).

- Ein Glossar mit wichtigen Begriffen der pädagogischen Arbeit ist erstellt und wird den Sorgeberechtigten aller neu aufgenommenen Kinder und Jugendlichen im stationären Bereich im Rahmen einer **„Elternmappe“** ausgehändigt. Da für alle Eltern das System Jugendhilfe fremd ist und die Fachsprache nicht verständlich, wird die Mappe unabhängig vom sprachlichen Hintergrund, ggf. zweisprachig, verteilt. Darin werden vor allem Zuständigkeiten geklärt, eine Bezugsperson namentlich genannt und in ihrer Funktion für die Familie beschrieben. Bei Gesprächen wie dem **Aufnahmegespräch** und dem **Anamnesegespräch** wird den Familien die Möglichkeit angeboten, eine Person des Vertrauens mitzubringen. Das Thema „Migrationshintergrund“ ist mithilfe eines Fragenkatalogs[163] in diese Gespräche routinemäßig implementiert. Dabei geht es vor allem um Fragen, die die Migrationsgründe betreffen, sowie um Fragen der bestehenden Netzwerkressourcen in der Region, landesweit, aber auch im Herkunftsland. Der zusätzliche Fragebogen ist im Rahmen des Qualitätsmanagements inzwischen in die Standards aufgenommen worden und wird im Rahmen der internen Schulungen auch neuen Mitarbeitern und Mitarbeiterinnen vorgestellt.
- Im Rahmen der **Öffentlichkeitsarbeit**, beispielsweise beim jährlichen Sommerfest, wird bewusst die Vielfältigkeit der Einrichtung präsentiert, dieses Jahr mit dem Thema Kinderrechte.
- Die **Elternabende** in den Wohngruppen und der Erziehungshilfeschule werden überprüft, ob sie in ihrer Form auch für Migranteneltern passen.

Ein Jahr nach Ende des Beratungsprozesses sind alle diese Punkte entweder bereits in der Erprobungsphase oder stehen kurz davor. Neue Themen kommen hinzu. Der Prozess ist noch „lebendig“.

Für den Kontext dieser Handreichung interessieren uns hier zwei Fragestellungen:

- Welche Strukturen waren hilfreich, um den Prozess am Leben zu halten?
- Wie kann gesichert werden, dass der Prozess sich immer wieder selbst infrage stellt, die Institution also eine interkulturell lernende Organisation wird?

Hilfreiche Strukturen für die Verstetigung

Entscheidend für die Verstetigung war in erster Linie die Institutionalisierung des Prozesses in Form einer **festen Gruppe** in der Verantwortung einer Führungskraft der Einrichtung. Die Praxisgruppe der Weiterbildung wurde nach Beendigung des Beratungsprozesses und der öffentlichen Präsentation der Ergebnisse in die Arbeitsgruppe Migration überführt. Sie trifft sich regelmäßig viermal im Jahr mit dem Auftrag, die eingeführten Veränderungen zu überprüfen und bei Bedarf neue Projekte anzustoßen. In der AG sind nahezu alle Arbeitsbereiche

163 Siehe djela-Handbuch S. 132

der Einrichtung vertreten. Die Termine der AG werden im Jahreskalender, dem zentralen Terminplaner der Einrichtung, eingestellt. Darüber bekommen alle Mitarbeiter/-innen mit,

— *dass noch was läuft und der Prozess weitergeht. Die Migrationsbeauftragten sind in der Einrichtung bekannt.* —

Zuständig und verantwortlich für die Gruppe ist eine Bereichsleiterin,[164] also eine Führungskraft auf der zweiten Ebene der Einrichtung. Die Einrichtungsleitung liest die Protokolle und kommt einmal jährlich zu der Sitzung dazu, um neue Projekte (z. B. Projekt Sprachförderung) zu beschließen.

Die Ansiedlung des Prozesses auf Leitungsebene hat verschiedene Vorteile:

- Das Thema wird für alle sichtbar „hoch gehängt", es wird deutlich, dass es nicht nur „nice to have", sondern ein für die Qualitätsentwicklung wesentlicher Prozess ist.
  Es gab auf Anregung der AG einen Leitungsbeschluss, dass in allen Einrichtungsteilen ein Kalender mit den Feiertagen verschiedener Religionen und Kulturen aufgehängt wird. Dadurch, dass diese Ankündigung von der Leitung kam, hatte sie ein ganz anderes Gewicht.
- Die Bereichsleiterin ist allen in der Einrichtung bekannt, auch den nicht direkt am Prozess beteiligten Einrichtungsteilen, bei ihr laufen alle Anfragen ein.
  Bei der Bereichsleiterin kam eine Anfrage an von der Leitung der Hauswirtschaft, die an den Fortbildungen nicht beteiligt, aber über den Prozess informiert war. Sie fragte um Unterstützung bei der Gestaltung der Zielvereinbarungsgespräche mit zwei Mitarbeiterinnen, mit denen die Kommunikation in Deutsch schwierig war. Mithilfe der AG konnte eine Lösung über Personen des Vertrauens als Sprachmittlerinnen gefunden werden.
- Die Leitung ist immer wieder in den Teamsitzungen der einzelnen Bereiche anwesend. Sie kann Mitarbeiter/-innen so bei der Einführung der neuen Abläufe, wie beispielsweise dem erweiterten Anamnesebogen, begleiten und bekommt auch die – guten – Erfahrungen damit direkt mit. Bei diesem „Monitoring" der Implementierung der verschiedenen Qualitätsentwicklungen bekommt sie auch Problemanzeigen mit und kann direkt reagieren.
  So konnte die Bereichsleiterin einmal eingreifen, als eine Wohngruppe, in der aufgrund des Personalwechsels keine Person mehr gearbeitet hat, die an den ersten Sensibilisierungsmaßnahmen beteiligt war, eine Stellungnahme mit abwertenden Äußerungen über Eltern eines Migrantenjugendlichen ans Jugendamt geschrieben hatte. In der Folge wurde dieser Gruppe eine Auseinandersetzung zu diesem Thema in Form eines Workshops angeboten.

---

164 ➔ Planungshilfen 3.9

- Auf neue konzeptionelle Herausforderungen für die Gesamteinrichtung konnte sehr schnell reagiert werden.
  Bei der erstmaligen Anfrage des Jugendamtes wegen einer Aufnahme unbegleiteter minderjähriger Flüchtlinge konnte schnell ein Konzept entwickelt werden, die entsprechenden verbandlichen Kontakte waren rasch hergestellt, eine Mitarbeiterin mit Erfahrung aus der Arbeit im Herkunftskontinent Afrika konnte eingestellt werden.
- Die Leitung kann das Thema Migration bei anderen Aufgaben mit Querschnittfunktion einbringen und so lebendig halten.
  Aktuell unternimmt die Bereichsleiterin etliche Aktivitäten zur Stärkung der Partizipation der Jugendlichen und Mitarbeiter/-innen. Aber auch ihre Zuständigkeit bei der Einführung neuer Mitarbeiter/-innen hilft ihr, die (Reflexions-)Themen in die verbindlichen Einführungsmodule einzubringen.

Die beschriebene klare Struktur ist besonders wichtig, wenn manches länger dauert als geplant. So wurde der Zeitraum von der redaktionellen Erstellung des Flyers bis zum Druck von Finanzierungsfragen, technischen Problemen und anderem verzögert. Dies ist bei vielen anderen Prozessen, die eher auf Mitarbeiterebene delegiert sind, der Punkt, an dem die Motivation nachlässt.

Andere **Grenzen des Prozesses** liegen außerhalb der Einrichtung. So gibt es Schwierigkeiten, ehrenamtliche qualifizierte Dolmetscher/-innen zu gewinnen, da im Bodenseekreis kein Dolmetscherpool besteht. Dies kann auch eine Einrichtung alleine nicht schultern.

Ein anderes Beispiel ist ein kinder- und jugendpsychiatrischer Fragebogen, den die Eltern ausfüllen müssen. Dieses wichtige Instrument ist sehr umfangreich und auch für deutsche Muttersprachler oft schwer verständlich. Für die Einrichtung ist es nicht leistbar, ihn zu übersetzen, zumal er geschützt ist. Auf Anfrage beim Anbieter hieß es nur, dass keine Übersetzungen vorgesehen seien.

Beide Beispiele verweisen auf die politische Ebene und damit auf die Handlungsebene der Einrichtungsleitung. Beim Dolmetscherpool geht es um die kommunalpolitische Durchsetzung, betreffend den Fragebogen könnte eine verbandspolitische oder trägerübergreifende Initiative Druck auf den Anbieter ausüben.

Sicherung der Selbstreflexivität

Als zweiter wichtiger Faktor des Gelingens wird von den Beteiligten die Teilnahme aller AG-Mitglieder an der **Weiterbildung** genannt. Darauf führen sie zurück, dass sie,

— *auch wenn das Thema im Alltag mal eher wegrutscht, immer dann, wenn sie zusammentreffen, alle sehr motiviert sind.* —

Außerdem ist die hohe Qualität der Auseinandersetzung mit dem Thema noch spürbar. So gab es vor einer Sitzung eine Anfrage zu einem speziellen Fall in einer Wohngruppe. Aufgrund vieler anderer Themen waren am Ende gerade noch zehn Minuten übrig, es reichte noch für ein kurzes Brainstorming. Die hier in der Kürze gesammelten Impulse halfen der Wohngruppe, den Kontakt zu den Eltern erfolgreich neu zu gestalten. Sehr positiv war dabei,

— *dass es mehrere Migrationsbeauftragte gibt, die meist Distanz zu den angefragten Fällen haben, sich gegenseitig korrigieren und eigene Einschränkungen kritisch reflektieren können. Als am nachhaltigsten nehme ich wahr, dass z. B. bei einem Aufnahmegespräch, aber auch sonst gut hingeschaut wird, ob Migration beim „Problem" eine Rolle spielt und wie diese hypothetisch aussehen könnte – immer mit der Offenheit, auch neue Hypothesen zu bilden!* —

Lebendig scheint also auch der selbstreflexive Grundgedanke der Weiterbildung zu sein. Ein zweiter wichtiger Diskussionsstrang in der Gruppe ist die Einsicht, dass viele Prozesse, die für die Migranten und Migrantinnen entwickelt wurden, auch für alle verallgemeinert werden. So soll die Frage der Netzwerkressourcen auf alle Familien übertragen werden.

Dass dieser Prozess so lebendig und selbstreflexiv weitergeht, hängt sicher auch wesentlich von den beteiligten Personen, allen voran von der verantwortlichen Bereichsleitung ab, die aufgrund ihrer Persönlichkeit in der Einrichtung anerkannt ist und so stark in das Thema eingetaucht ist, dass sie immer wieder auch neue Anregungen, Texte und Impulse von außen in den Prozess einbringt. Sie ist zudem in der Lage, eine

— *differenzierte Wahrnehmung der mehrschichtigen Bedeutung von Migrationshintergrund auch in Bereiche einzuführen, die bisher noch zu wenig am Prozess beteiligt waren.* —

ANHANG

ÜBERSICHT ÜBER DIE PRAXISREFLEXIONEN

Titel	Ort	Kontakt
1. Elternarbeit ist Alltagsarbeit	Ellwangen	DRK Kreisverband Aalen, Mobile Jugend- und Sozialarbeit Goldrain mobilegoldrain@t-online.de www.drk-aalen.de/Jugendarbeit/Mobile-Jugendsozialarbeit-Ellwangen.html
2. Zuhören und Erzählen Biografische Zugänge in der Elternbildung	Rastatt	Jugendamt der Stadt Rastatt Gemeinwesenarbeit Rheinau-Nord 76437 Rastatt Telefon 07222 157857
3. Elternbildung als Empowerment	Böblingen	Justinus-Kerner-Schule Breslauer Straße 6, 71034 Böblingen Telefon 07031 669-306 Sozialtherapeutischer Verein Holzgerlingen, Abteilung NIKA (Netzwerk Interkulturelle Arbeit) www.stv-holzgerlingen.de Telefon 07031 605 889
4. HIPPY: Elternbildung und Sprachförderung	Sindelfingen	Caritasverband der Diözese Rottenburg-Stuttgart e.V. Ammerstraße 3/1, 71065 Sindelfingen Telefon 07031 61168-20
5. Elternarbeit in der offenen Kinder- und Jugendarbeit?	Mössingen, Denkendorf, Stuttgart	Jugendhaus M, Mössingen, Telefon 07473 271782, jugendhausm@yahoo.de Jugendzentrum Focus, Denkendorf, Telefon 0711 3460609 Haus 49, Stuttgart, www.haus49.de, Telefon 0711 2571479

6. Ein Landkreis macht sich auf den Weg …	Calw	AG „Familie und Erziehung“ Landratsamt Calw, Gesundheitsförderung und Vorsorge Vogteistraße 42-46, 75365 Calw, Telefon 07051 160946
7. Methodenkoffer Elternbildung an Grundschulen	Backnang	Integrationsbeauftragte der Stadt Backnang Stiftshof 15, 71522 Backnang, Telefon 07191 894369 Kreisjugendring Rems-Murr e.V., Marktstr. 48, 71522 Backnang www.kjr01.de
8. Interkulturelle Öffnung einer Beratungsstelle	Pforzheim	Lilith e.V. Hohenzollernstraße 34, 75177 Pforzheim www.lilith-beratungsstelle.de
9. Das Werteprojekt im Elternseminar	Stuttgart	Elternseminar Stuttgart Telefon 0711 2167497 www.stuttgart.de/elternseminar
10. Eine Einrichtung macht sich auf den Weg ...	Überlingen	Linzgau Kinder- und Jugendheim, Überlingen Telefon 07551 9510-150 www.linzgau-kinder-jugendheim.de

PROJEKTE DER ELTERNARBEIT MIT MIGRANTEN UND MIGRANTINNEN

Projekt-Übersichten

Deutscher Bildungsserver, www.bildungsserver.de
Auf der Homepage des deutschen Bildungsservers finden sich auf der Themenseite „Elternarbeit im interkulturellen Kontext" zahlreiche Literaturhinweise und Praxisprojekte – insbesondere auch zum Handlungsfeld der Sprachförderung.

Gemeinnützige Elternstiftung Baden-Württemberg (2009, 2. Aufl.): Wie funktioniert die Schule? Handbuch zur Schulung von Eltern mit Migrationshintergrund zur Vorbereitung auf die Schule, Stuttgart.
Dieses Handbuch bietet konkrete Informationen, Materialien und Methoden zur Gestaltung von Elternbildungsveranstaltungen insbesondere zu Beginn der Grundschulzeit. Viele Fragen werden angesprochen: Was gilt es beim Schulanfang zu beachten? Wie gelingt Lernen? Wie funktioniert unser Schulsystem? etc.. Dieses Handbuch ist einerseits Grundlage für die von der Elternstiftung ausgebildeten Elternmentoren und Elternmentorinnen, kann aber auch von anderen Fachkräften variabel für die eigene Arbeit eingesetzt werden.
Zu beziehen über: Gemeinnützige Elternstiftung Baden-Württemberg,
Alexanderstraße 81, 70182 Stuttgart, www.elternstiftung.de, info@elternstiftung.de.

Justizministerium Baden-Württemberg, Stabsstelle Integrationsbeauftragter
Auf der Homepage des baden-württembergischen Integrationsbeauftragten findet sich unter dem Themenschwerpunkt „Erziehungspartnerschaften" ein Link zu einer Übersicht (Stand: Februar 2008) über 14 verschiedene Elternbildungsprojekte in Baden-Württemberg mit den entsprechenden Kontaktdaten.
www.jum.baden-wuerttemberg.de/servlet/PB/menu/1216997/index.html

LANDESSTIFTUNG Baden-Württemberg gGmbH (Hg.) (2006): Innovative Familienbildung. Modellprojekte in Baden-Württemberg, Aktionsprogramm Familie – Förderung der Familienbildung, Schriftenreihe Nr. 22, Stuttgart.
In dieser Dokumentation werden 21 verschiedene Praxisprojekte (mit den jeweiligen Kontaktdaten) der Eltern- und Familienbildung vorgestellt, die in den Jahren 2002 – 2005 von der Landesstiftung in Baden-Württemberg gefördert wurden. Es finden sich Anregungen zu bundesweit bekannten Programmen wie auch zu anderen innovativen Ansätzen, die sich ausdrücklich an Familien mit Migrationshintergrund wenden.
Zu beziehen über: Landesstiftung Baden-Württemberg,
Im Kaisermer 1, 70191 Stuttgart, www.landesstiftung-bw.de/publikationen

Tschöpe-Scheffler, Sigrid (Hg.) (2006): Konzepte der Elternbildung – eine kritische Übersicht, Opladen: Verlag Barbara Budrich (2. durchgesehene Auflage).
In diesem Sammelband werden die bundesweit bekanntesten Elternbildungsansätze und Programme (z.B. „Starke Eltern-Starke Kinder", STEP, Triple P, Kess, Eltern Stärken, Stadtteilmütter, FuN, etc.) anhand konkreter Standorte (mit den jeweiligen Kontaktdaten) vorgestellt und inhaltlich auf ihre Chancen und Grenzen hin diskutiert. Eine gute Grundlage für alle, die sich einen Überblick über dieses Handlungsfeld verschaffen wollen und Impulse für die Gestaltung ihrer eigenen Praxis suchen.

Ausgewählte aktuelle Projekte

Elternnetzwerk Nordrhein-Westfalen
Ein von der Landesregierung Nordrhein-Westfalen geförderter Zusammenschluss von mittlerweile über 50 Migrantenvereinen, die sich für die Verbesserung der Bildungssituation ihrer Kinder einsetzen.
www.elternnetzwerk.nrw.de

Landeszentrale für politische Bildung Baden-Württemberg, Module für Elternbildung
In einem aktuellen Projekt werden Module für Eltern mit Migrationshintergrund entwickelt, damit diese den Bildungsweg ihrer Kinder unterstützen können. Unterschiedliche Akteure und Akteurinnen der Bildungsarbeit sollen zu Kursleitern und Kursleiterinnen ausgebildet werden, um vor Ort Elternkurse mit dem entwickelten Material durchzuführen. Die Materialien sollen im Sommer 2010 zur Verfügung stehen.
www.lpb-bw.de

Nachhaltigkeitsstrategie des Landes Baden-Württemberg, Integration gemeinsam schaffen – für eine erfolgreiche Bildungspartnerschaft mit Eltern mit Migrationshintergrund
Ziel des Projekts ist die flächendeckende Verankerung einer aktiv gelebten Bildungspartnerschaft zwischen Eltern mit Migrationshintergrund und den Bildungseinrichtungen. Eltern mit Migrationshintergrund sollen über ihre Mitwirkungsmöglichkeiten informiert, für den Schulerfolg ihrer Kinder motiviert und zu entsprechendem Handeln qualifiziert werden. Bildungseinrichtungen sollen mit Handlungskonzepten zu geeigneten Herangehensweisen unterstützt werden.
www.jum.baden-wuerttemberg.de/servlet/is/41171

Projekt ELTERNTALK
Das Projekt ELTERNTALK läuft seit 2001 in Bayern und meint angeleitete Gesprächsrunden zu medienpädagogischen Themen, die von Eltern zuhause in ihren Privaträumen gestaltet werden. Eltern sind Experten ihres Erfahrungswissens – mit dieser Annahme ist ELTERNTALK in Bayern gestartet.

Mittlerweile gibt es Gesprächsrunden zu zahlreichen Medienthemen wie Fernsehen, Computer- und Konsolenspiele, Internet, Handy und zum weiten Feld Konsum. ELTERNTALK eröffnet Eltern Freiräume, das eigene Erziehungsverhalten wahrzunehmen, zu reflektieren und die dabei gewonnen Einsichten in Handeln umzusetzen.
Die Aktion Jugendschutz, Landesarbeitsstelle Bayern e.V. hat eine Wissenschaftliche Begleitstudie (2004) herausgegeben: „Was Eltern über den Elterntalk denken…“. Die Studie beschreibt die Sicht von Eltern, Chancen und Grenzen im Umgang mit Moderatoren und Moderatorinnen und benennt wichtige Rahmenbedingungen. Viele dieser Ergebnisse können auf andere Kontexte der Elternarbeit übertragen werden. Zu beziehen über: Aktion Jugendschutz, Landesarbeitsstelle Bayern e.V., Fasaneriestr. 17, 80636 München, info@aj-bayern.de.
www.elterntalk.net

Projekt FÖRMIG (Förderung von Kindern und Jugendlichen mit Migrationshintergrund)
Das Bemühen um den Aufbau einer durchgehenden Sprachförderung wird mit einer Verstärkung der Zusammenarbeit mit Eltern verbunden.
www.blk-foermig.uni-hamburg.de *oder* ***www.foermig-berlin.de***

Projekt „Zugewanderte Eltern in der Grundschule“
Das Projekt der Regionalen Arbeitsstelle zur Förderung von Kindern und Jugendlichen aus Zuwandererfamilien (RAA) sucht den Dialog zwischen Elternhaus und Schule und konzipiert entsprechende Elternveranstaltungen zu schulischen und erzieherischen Themen.
www.raa-bielefeld.de

QUIMS „Qualität in multikulturellen Schulen“
Ein pädagogisch durchdachtes Konzept, das im Kanton Zürich auch flächendeckend für Schulen mit besonderem Förderungsbedarf umgesetzt worden ist, ist das Projekt QUIMS. Im Bereich Elternarbeit setzen die Quims-Schulen auf Spielprogramme mit zehn kostenlosen und mehrsprachigen Elternabenden, in deren Rahmen Lernspiele gezeigt werden, die Eltern mit Kindern gemeinsam spielen können. Die Eltern fühlen sich mitgenommen und erweitern die eigene Sprachfähigkeit. Zur Umsetzung werden interkulturelle Vermittler und Vermittlerinnen an Schulen eingesetzt – für deren Tätigkeitsfeld wurden Richtlinien formuliert.
www.quims.ch

LITERATUR ZUR ELTERN(BILDUNGS)ARBEIT

Aktion Jugendschutz, Landesarbeitsstelle Bayern e.V. (Hg.) (2007): Türöffner und Stolpersteine. Elternarbeit mit türkischen Familien als Beitrag zur Gewaltprävention, München (2. Auflage).
An manchen Stellen ist die Sicht auf die türkeistämmigen Familien stark durch die „Kulturbrille" bestimmt, dennoch ist das Buch eine unterstützende Praxishilfe für die Gestaltung von Elternkontakten, angereichert mit konkreten Praxisbeschreibungen.
Zu beziehen über: Aktion Jugendschutz, Landesarbeitsstelle Bayern e.V.,
Fasaneriestr. 17, 80636 München, info@aj-bayern.de

Aktion Sühnezeichen Friedensdienste (Hg.) (2008): Stadtteilmütter auf den Spuren der Geschichte, Berlin.
Ein beeindruckendes Projekt: Türkeistämmige Stadtteilmütter aus Berlin-Neukölln beschäftigen sich mit der Geschichte des Holocausts. Die zweisprachige von den Müttern erarbeitete Dokumentation dieses Projektes ist zu beziehen über: asf@asf-ev.de

Bundesministerium für Familie, Senioren, Frauen und Jugend (2008): Wie erreicht Familienbildung und -beratung muslimische Familien? Eine Handreichung, Berlin.
Zu beziehen unter
www.bmfsfj.de/bmfsfj/generator/BMFSFJ/Service/Publikationen/publikationen.html

Deutsche Evangelische Arbeitsgemeinschaft für Erwachsenenbildung e.V. (DEAE) (2009): Zuwanderung als Herausforderung für Eltern- und Familienbildung annehmen. Überlegungen, Konzepte, Projekte zur Interkulturellen Öffnung, Forum Erwachsenenbildung 2/2009.
Dokumentation der Tagung „angekommen – angenommen? Von Integration und Familienbildung" am 21.7.2009 in Stuttgart, mit einer aktuellen Textsammlung zum Thema Interkulturelle Öffnung der Familienbildung mit Beiträgen von Veronika Fischer, Haci-Halil Uslucan, Michael Tunc, Andreas Foitzik. Die Dokumentation enthält viele Praxisbeispiele. Bezug: info@deae.de; 5,50 Euro zzgl. Porto.

Freund, Ulli/Riedel-Breitenstein, Dagmar (2007): „Interkulturelle Präventionsarbeit – Wo stehen wir heute?", in: Strohhalm e.V. Berlin (Hg.): Jedes Kind auf dieser Erde ist ein Wunder, Band 2 – Schutz vor sexuellem Missbrauch: Konzepte und Erfahrungen interkultureller Prävention, Köln.
Dieser Artikel war der inhaltliche Einstieg der Lilith-Mitarbeiterinnen in das Thema Interkulturelle Öffnung der Beratungsstelle (siehe Praxisreflexionen 5.8).
www.ejf-lazarus.de/fileadmin/user_upload/pics-einrichtungen/akademie-pdf/Freund_-_Riedelbreitenstein.pdf

Fürstenau, Sara / Gomolla, Mechthild (Hg.) (2009): Migration und schulischer Wandel: Elternbeteiligung, Wiesbaden, VS Verlag für Sozialwissenschaften.
Das Lehrbuch vermittelt einen Überblick über theoretisches Grundlagenwissen, Forschungsergebnisse sowie Strategien und Praxisbeispiele zum Thema Elternbeteiligung. Es beleuchtet die wichtigsten Herausforderungen der Zusammenarbeit zwischen Schule und Eltern im Kontext migrationsbedingter Heterogenität. Vorgestellt werden Praxisprojekte wie z. B. das Elternnetzwerk NRW, Familiy Literacy und das Projekt „Rucksack in der Grundschule", ein Projekt der Regionalen Arbeitsstelle zur Förderung von Kindern und Jugendlichen aus Zuwandererfamilien (Köln).

Koderisch, Andreas (1996): Interkulturelle Öffnung - aber wie? Familienbildung und Elternarbeit in der Einwanderungsgesellschaft, Bonn.
Dieses Buch ist ein Klassiker, der in den 90er Jahren einen Meilenstein setzte.

Lachauer, Ulla (2003): Ritas Leute. Eine deutsch-russische Familiengeschichte, Reinbek bei Hamburg: rowohlt.
Eine beeindruckende, fast wie ein Roman lesbare Dokumentation über eine Aussiedlerfamilie, ein Generationenbericht, der es vermeidet, in die „Kulturfalle" zu gehen. Die Migrationsgeschichte der Familie ist überaus gründlich recherchiert.

Memorandum über die Bildungssituation der Immigrantenkinder und -jugendlichen türkischer Herkunft in Baden-Württemberg, herausgegeben von der Föderation der Vereine türkischer Elternbeiräte in Württemberg e. V.; zweisprachig in deutsch und türkisch, kostenlos zu bestellen über info@foederation-wuerttemberg.de

Michalek, Ruth / Laros, Anna (2009): Multiplikatorenmodelle für die Arbeit mit Eltern mit Migrationshintergrund. Hrsg.: Bundesamt für Migration und Flüchtlinge, Freiburg.
Zu beziehen über:
www.integration-in-deutschland.de/cln_110/nn_282954/SharedDocs/Anlagen/DE/Integration/Publikationen/Integrationsprogramm/multiplikatorenmodelle.html

Ministerium für Generationen, Familie, Frauen und Integration des Landes Nordrhein-Westfalen (Hg.) (2008), Autorinnen: Fischer, Veronika / Stimm-Armingeon, Birgit, Praxisleitfaden Interkulturelle Öffnung der Familienbildung.
Eine praxisnahe Einführung mit vielen erprobten Beispielen von Elternförderprojekten und Anleitungen zur Öffnung des Regelangebots von Familienbildungsstätten.
Zu beziehen über: www.mgffi.nrw.de/publikationen

Mugler, Inge (2006): Frauen setzen sich in Bewegung. Gemeinwesenorientierte Elternbildung in der Einwanderungsgesellschaft. In: Migration und Soziale Arbeit Jg.28, H.3/4 Oktober 2006, S. 226 –232.
Interessanter Bericht über das ambitionierte Projekt MIKELE zur Förderung der Beteiligung der Eltern an Aktivitäten des Kindergartens und der Schule. Aufgrund einer ESF-Förderung konnten unter guten Ausgangsbedingungen vielfältige Angebote im Ludwigsburger Stadtteil Eglosheim initiiert werden.
Siehe dazu auch den abschließenden Evaluationsbericht von Ute Hennige u.a.(2004): www.emdw-diakonie.de/seiten/mikele.htm

Renz, Meral (2007): Sexualpädagogik in interkulturellen Gruppen. Infos, Methoden und Arbeitsblätter, Mülheim an der Ruhr: Verlag an der Ruhr.
Eine Annäherung an das Thema Sexualität aus interkultureller Sicht, die sich dem Thema behutsam zuwendet, Schamgrenzen nicht überschreitet und aufklärt, ohne Tabus zu verletzen – mit Übungen, Körper- und Sexualaufklärung, schematischen Abbildungen, diversen Quizfragen, sachlichen Informationen und ansprechenden Geschichten.

Schlösser, Elke (2004): Zusammenarbeit mit Eltern – interkulturell. Informationen und Methoden zur Kooperation mit deutschen und zugewanderten Eltern in Kindergarten, Grundschule und Familienbildung, Münster.

Sikcan, Serap / Dohrmann, Wolfgang (2006): Wörterbuch der Pädagogik Türkisch-Englisch-Deutsch. Ein Wörterbuch für die pädagogische Ausbildung und Praxis, Berlin: Dohrmann-Verlag.
Hilft insbesondere türkischsprachigen Pädagogen und Pädagoginnen, ihr berufsfeldbezogenes Fach-Türkisch weiter zu entwickeln.

Straßburger, Gaby / Bestmann, Stefan (2008): Praxishandbuch für sozialraumorientierte interkulturelle Arbeit, Bonn.
In diesem anschaulichen und sehr gut lesbaren Praxishandbuch wird erläutert, wie Angebote so gestaltet werden können, dass Migrantenfamilien sie als attraktiv und hilfreich erachten und gerne nutzen. Zentrale Prinzipien der sozialraumorientierten sozialen Arbeit werden an Praxisbeispielen erläutert:
Konsequente Orientierung an den Interessen der Familien
Aktivierende Arbeit und Förderung von Ressourcen
Konzentration auf die Ressourcen der Familien und der Stadtteilinfrastruktur
Eine überaus anregende und empfehlenswerte Lektüre für alle, die in der Kinder- und Jugendhilfe, in Schulen, im Quartiersmanagement, in der Stadtteilarbeit oder in Verbänden, Vereinen und Kommunen mit Familien arbeiten.

Zu beziehen über: Stiftung MITARBEIT, Bornheimer Straße 37, 53111 Bonn, www.mitarbeit.de, info@mitarbeit.de, Kosten: 10,00 Euro.
Ein Artikel der Autorin zum gleichen Thema findet sich unter: www.sozialraum.de/sozialraumorientierte-interkulturelle-arbeit.php

Schule ohne Rassismus – Schule mit Courage (Hg.) (2008): Themenheft „Jugendkulturen zwischen Islam und Islamismus. Lifestyle, Medien und Musik".
Die Broschüre informiert über die vielfältigen Jugendkulturen, die sich in Deutschland in den zurückliegenden Jahren entwickelt haben und sich ganz bewusst auf den Islam beziehen. Sie gewährt Einblicke in einen bunten Kosmos voller Widersprüche. Sie enthält auch eine gute Übersicht über die großen Migrantenorganisationen mit islamischem Hintergrund.
Das Themenheft kostet 3,00 Euro (10 Ex. á 2,50 Euro) zuzüglich Versandkosten in Höhe von 1,50 Euro je Themenheft / für 10 Themenhefte 8,00 Euro.
Bezugsadresse: schule@aktioncourage.org, Telefon 030 2145860

Thiessen, Barbara (2007): Muslimische Familien in Deutschland. Alltagserfahrungen, Konflikte, Ressourcen, München.
Zu beziehen über: Deutsches Jugendinstitut, Nockherstraße 2, 81541 München, www.dji.de

Treppte, Carmen (1999): Ein Kind ist wie ein Diamant, Hrsg.: Interkulturelle Elternarbeit, Arbeitskreis Neue Erziehung e.V., Poppstraße 10, 10967 Berlin.
Spannend zu lesende Gespräche mit türkischen und kurdischen Müttern in Deutschland über „erziehen" und „erzogen werden".

ANSÄTZE INTERKULTURELLER TRAININGS

Arbeitskreis Interkulturelles Lernen (Diakonisches Werk Württemberg/Andreas Foitzik) (2001): Trainings- und Methodenhandbuch. Bausteine zur interkulturellen Öffnung, Eigenverlag, Stuttgart.
Eine umfassende Methodensammlung für interkulturelle Trainings mit Fachpersonen aus den Bereichen der pädagogischen und sozialen Arbeitsfelder. Dazu ausführliche und gut lesbare Hintergrundtexte und viele Materialien. Zu beziehen über: Grieser.C@diakonie-wuerttemberg.de

Elverich, Gabi/Kalpaka, Annita / Reindelmeier, Karin (2006) (Hrsg.): Spurensicherung – Reflexion von Bildungsarbeit in der Einwanderungsgesellschaft, Frankfurt a.M.: IKO-Verlag.
Sehr empfehlenswert für alle, die sich kritisch mit den Fortbildungskonzepten zum Thema interkulturelle Kompetenz auseinandersetzen wollen. Die Autorinnen reflektieren die erwünschten und nicht intendierten Effekte der eigenen Praxis und anderer Konzepte und geben damit viele Anregungen für alle Multiplikatoren und Multiplikatorinnen.

EMDW – Evangelischer Migrationsdienst in Württemberg e.V. (2006): Wir machen uns auf den Weg – Fit für die Kita in der Einwanderungsgesellschaft. Eine Fortbildungsreihe, Redaktion: Gisela Wolf, Ulrike Thrien und Jana Mokali, Stuttgart.
Die Handreichung für Fachberater/-innen, Dozenten und Dozentinnen an Fachschulen für Sozialpädagogik, Fortbildner/-innen und Kita-Leiter/-innen enthält methodisch gut aufgearbeitete und praxisorientierte Fortbildungskonzepte für die Kindertagesstätten.
Zu beziehen über: mugler.i@diakonie-wuerttemberg.de

Handschuk, Sabine/Klave, Willy (2004): Interkulturelle Verständigung in der sozialen Arbeit, ein Erfahrungs-, Lern- und Übungsprogramm zum Erwerb interkultureller Kompetenz, Weinheim und München: Juventa.
Ein gut durchdachtes Trainingshandbuch für Fortbildungen mit Mitarbeitern und Mitarbeiterinnen in den Praxisfeldern der sozialen Arbeit. Neben Themen wie Kultur, Wahrnehmung, Umgang mit Zeit, Raum, Geschlechterrollen, Werten, Rassismus, Macht etc. werden auch institutionelle Komponenten ausführlich berücksichtigt.

AUSGEWÄHLTE LITERATUR ZUR MIGRATIONSPÄDAGOGIK

Hamburger, Franz (2009): Abschied von der interkulturellen Pädagogik: Plädoyer für einen Wandel sozialpädagogischer Konzepte, Weinheim: Juventa.
Die Neuerscheinung plädiert für einen Wandel sozialpädagogischer Konzepte. Das Gesellschaftsbild in Deutschland muss sich ändern, denn der Staat ist nicht mehr der des deutschen Volkes, sondern aller Menschen, die dauerhaft hier leben, so das Credo des Autors. Der erforderliche Perspektivwechsel hin zu Pluralität und Mehrsprachigkeit kommt aber nur langsam in Gang. Die Annahme, dass vor allem die großen kulturellen Unterschiede zwischen den Menschen Konflikte hervorrufen, ist zumindest teilweise überholt. Stattdessen sind Armut und fehlende Gleichberechtigung wichtige Faktoren, was viele Grundannahmen der interkulturellen Pädagogik in Frage stellt.

Mecheril, Paul (2004): Einführung in die Migrationspädagogik, Weinheim und Basel: Beltz.
Theoretisch anspruchsvoller gelungener Versuch einer Grundlegung der Migrationspädagogik. Themen: Geschichte der interkulturellen Pädagogik, Rassismus, Diskriminierung, Kritik interkultureller Kompetenz, der Anerkennungsdiskurs.

Mecheril, Paul / Quehl, Thomas (Hg.) (2006): Die Macht der Sprachen, Englische Perspektive auf die mehrsprachige Schule, Münster.

Melter, Claus und Mecheril, Paul (Hg.) (2009): Rassismuskritik, Band 1: Rassismustheorie und -forschung, Schwalbach: Wochenschauverlag.
Scharathow, Wiebke und Leiprecht, Rudolf (Hg.) (2009): Rassismuskritik, Band 2: Rassismuskritische Bildungsarbeit, Schwalbach: Wochenschauverlag.
Rassismuskritik im Sinne einer kritischen pädagogischen Praxis bedeutet die ständige theoriebezogene Reflexion von Strukturen, Diskursen und Dominanzverhältnissen sowie das Erarbeiten entsprechend widerständiger und sich verändernder Strategien und Handlungsalternativen. Die Beiträge in den beiden ambitionierten Sammelbänden beleuchten Möglichkeiten und Grenzen. Die beiden Bände sind als Standardwerke für eine kritische Pädagogik in der Migrationsgesellschaft zu sehen.

Melter, Claus (2006): Rassismuserfahrungen in der Jugendhilfe. Eine empirische Studie zu Kommunikationspraxen in der Sozialen Arbeit. Münster/New York/München/Berlin: Waxmann.

Riegel, Christine (2004): Im Kampf um Zugehörigkeit und Anerkennung, Orientierungen und Handlungsformen von jungen Migrantinnen. Eine sozio-biografische Untersuchung, Frankfurt a.M.: IKO-Verlag.

Schiffauer, Werner (2008): Parallelgesellschaften. Wie viel Wertekonsens braucht unsere Gesellschaft? Für eine kluge Politik der Differenz. Bielefeld: transcript.

Toprak, Ahmet (2005): Das schwache Geschlecht – die türkischen Männer, Zwangsheirat, häusliche Gewalt, Doppelmoral der Ehre. Freiburg: Lambertus.
Trotz des ärgerlichen Titels empfehlenswert zum Verständnis einer spezifischen Gruppe: In acht biographischen Interviews mit jungen zwangsverheirateten türkischen Migranten aus traditionellen Familien geht es unter anderem um die Bedeutung der Ehe in diesen türkischen Familien sowie um die Diskussion des Themas „Gewalt in türkischen Familien".

Links zum Thema Migration

▪ Aktion Courage	www.aktioncourage.org
▪ SOS-Rassismus	www.sos-rassismus-nrw.de
▪ Amnesty International	www.amnesty.de
▪ Antirassistisch-interkulturelles Informationszentrum (ARIC)	www.aric.de
▪ Bundesarbeitsgemeinschaft Evangelische Jugendsozialarbeit (BAG EJSA) e.V.	www.bagejsa.de
▪ DIM-Net.e.V. – Dokumentations- und Informationsnetzwerk FLUCHT und MIGRATION	www.dim-net.de
▪ DGB Bildungswerk	www.migration-online.de
▪ DOMiD – Dokumentationszentrum über die Geschichte der Migration in Deutschland	www.domit.de
▪ IDA e.V. – Informations- und Dokumentationszentrum für Antirassismusarbeit	www.idaev.de
▪ KAM Info Migration – Newsletter der Katholischen Arbeitsgemeinschaft Migration	www.kam-info-migration.de
▪ Informationsverbund Asyl (Amnesty International, Wohlfartsverbände, Pro Asyl u.a.)	www.asyl.net
▪ Interkultureller Rat in Deutschland	www.interkultureller-rat.de
▪ Kanak-Attak	www.kanak-attak.de
▪ Kein Mensch ist illegal	www.kmii-koeln.de
▪ Migration-Audio-Archiv: Erzählte Migrationsgeschichte	www.migration-audio-archiv.de
▪ Phoenix e.V. – für eine Kultur der Verständigung	www.phoenix-ev.org
▪ Pro Asyl	www.proasyl.de

Stand: Herbst 2009

DJELA-HANDBUCH: „VERGISS..., VERGISS NIE,...“

Jugendhilfe im Einwanderungsland - ein Handbuch
Ergebnisse aus dem Projekt djela (Diakonische Jugendhilfe im Einwanderungsland)

Autor: Andreas Foitzik, Redaktion: Ingrid Scholz

Für die Weiße, die wissen möchte, wie sie meine Freundin sein kann.
Erstens: Vergiss, dass ich schwarz bin. Zweitens: Vergiss nie, dass ich schwarz bin.

Dieser Anfang eines Gedichts der afroamerikanischen Dichterin Pat Parker zieht sich wie ein roter Faden durch das Handbuch. Dabei steht „schwarz" als Metapher für die von Diskriminierung und Benachteiligung bedrohten oder betroffenen „Anderen". Was bedeutet es, wenn ein Jugendlicher oder eine Jugendliche mit Migrationshintergrund einfordert, zu vergessen, dass sie/er Russe, Kopftuchträgerin, Albaner, Muslimin oder Flüchtling ist – und dies aber dennoch gleichzeitig immer mit im Blick zu haben? Aus dieser doppelten und widersprüchlichen Aufforderung ergaben sich die zentralen Reflexionsfragen für die Projektarbeit:

Wie können wir Jugendliche in ihrem – auch kulturellen – Anderssein anerkennen, ohne sie nur unter dieser Perspektive wahrzunehmen? Wie kann sich in unseren Einrichtungen die Realität der Einwanderungsgesellschaft angemessen widerspiegeln? Ist Interkulturelle Pädagogik eine Sonderpädagogik für eine bestimmte Problemgruppe oder geht es eher darum, „das Allgemeine besonders gut zu machen" – wie Prof. Franz Hamburger es nennt?

Das Handbuch enthält neben einführenden Texten und einem abschließenden Materialteil in seinem Hauptteil die Reflexion von Praxisbeispielen zur Interkulturellen Öffnung aus dem Projekt djela sowie aus weiteren Projekten des Autors zur Arbeit mit Kindern und Jugendlichen, zur Elternarbeit, zu Prozessen der Organisations- und Personalentwicklung sowie zur Bedeutung des Themas für regionale Planung und Vernetzung.

Das Handbuch ist eine Einladung zur kritischen Reflexion des eigenen Handelns im Sinne eines Nachdenkens über Bedingungen, Möglichkeiten und Grenzen, über gewollte und ungewollte Effekte und über die Unmöglichkeit einer einfachen Praxis im interkulturellen Kontext.

Bezug:
Diakonisches Werk Württemberg, Abteilung Kinder, Jugend und Familie,
Postfach 101151, 70010 Stuttgart, Telefon 0711 1656-228, reichel.a@diakonie-wuerttemberg.de
Preis: 10,00 Euro plus Versandkosten

INTERKULTURELL DENKEN – LOKAL HANDELN

Eine Weiterbildung auf dem Prüfstand kommunaler Anforderungen

Im Oktober 2008 startete die ajs das Pilotprojekt: „Interkulturell denken-lokal handeln", eine Weiterbildung in der Stadt Buchen (Neckar-Odenwald-Kreis) zum Thema Interkulturelle Kompetenz bzw. Migrationspädagogik. Voraus gegangen war eine kleine Erfolgsgeschichte: Seit 2006 veranstaltet ein breites Bündnis von Fortbildungs-Trägern in Baden-Württemberg die Weiterbildung „Pädagogisches Handeln in der Einwanderungsgesellschaft" (vgl. www.ajs-bw.de). Dabei geht es um die Ausbildung von Fachkräften für die angemessene Begleitung von Kindern und Jugendlichen mit Migrationshintergrund sowie deren Eltern in den verschiedenen pädagogischen Handlungsfeldern. Aufgrund der positiven Rückmeldungen wurde die Weiterbildung inzwischen vier Mal durchgeführt, mit insgesamt 80 Teilnehmern und Teilnehmerinnen.

Diese Weiterbildung wurde Ende des Jahres 2008 in einer landesweiten Ausschreibung Kommunen angeboten. Die Grundidee der lokalen Variante dieser Weiterbildung ist einfach: Die interkulturelle Öffnung eines Gemeinwesens ist ein zentraler Ansatzpunkt für jede Kommune, die sich der Herausforderung der multikulturellen Realität der Einwanderungsgesellschaft stellen will. Eine so große Aufgabe kann aber nur in enger Zusammenarbeit verschiedener Akteure und Akteurinnen gelingen. Der Gewinn eines gemeinsamen Lernprozesses in einer Weiterbildung besteht für die Kommune in der

- Qualifizierung der Fachkräfte und ausgewählter Ehrenamtlicher,
- Verbesserung der Arbeitszusammenhänge durch die Vernetzung wichtiger Akteure und Akteurinnen („Tätiges Netzwerk"),
- Nachhaltigkeit in den Kooperationen vor Ort,
- Vertiefung der Kooperation mit den Selbstorganisationen der Migranten und Migrantinnen vor Ort.

Verschiedene Schulen, der Allgemeine Soziale Dienst des Jugendamtes, das örtliche Jugendzentrum, ein Jugendberufshilfeträger, die Evangelische Kirche und nicht zuletzt der örtliche türkische Moscheeverein (DITIB) waren in der 19-köpfigen Weiterbildungsgruppe vertreten. In sechs Bausteinen und verschiedenen Praxisprojekten, die bereits während des Lernprozesses ihre Wirkung auf das Gemeinwesen entfalteten, wurden die Themen Kultur, Migrationshintergründe, Diskriminierung und Rassismus, Elternarbeit sowie geschlechtsspezifische Arbeitsansätze bearbeitet. Dabei wuchs die durchaus heterogene Gruppe immer mehr zusammen. Die Bereitschaft, miteinander zu lernen, aber auch miteinander etwas zu bewegen, war sehr groß.

Damit die Arbeitsgruppen, die sich für die Praxisprojekte gebildet hatten, die notwendige Rückendeckung und klare institutionelle Aufträge bekommen konnten, mussten die Führungskräfte aller beteiligten Einrichtungen einen Schulungstag besuchen.

Inzwischen sind das Abschlussmodul sowie die Ergebnispräsentation Geschichte, und seitens der Teilnehmer und Teilnehmerinnen über den Bürgermeister bis zum Landrat überwiegt die Einschätzung, dass die Weiterbildung ein Gewinn sowohl für die Teilnehmenden als auch für die Stadt war. Inwieweit die Situation in Buchen langfristig verändert wird, ist heute noch schwer abzusehen. Ein positiver Indikator aus Sicht der Teilnehmenden liegt darin, dass die Kooperationswege kürzer geworden sind. Genaueres soll eine Ergebnisevaluation zeigen.

Aufgrund der guten Erfahrungen in Buchen hat die Aktion Jugendschutz entschieden, die Weiterbildung erneut auszuschreiben, um weitere Erfahrungen mit diesem Konzept zu sammeln. Die Wahl fiel auf Pforzheim. Auch dieser Lernprozess wird evaluiert und die Ergebnisse werden veröffentlicht. Die vergleichende Auswertung beider Prozesse wird Erkenntnisse darüber liefern, ob dieses Modell landesweite Bedeutung bekommen und womöglich gewinnbringend sein kann, um z. B. die im Landesintegrationsplan formulierten Anliegen für Baden-Württemberg umzusetzen.

Die Durchführung dieser Weiterbildung kann die ajs auch anderen kommunalen Arbeitszusammenhängen in Baden-Württemberg anbieten. Das Konzept wird dabei den jeweiligen Erfordernissen angepasst. Bei Interesse gibt Lothar Wegner unter (0711) 23737-14 oder unter wegner@ajs-bw.de gerne Auskunft.

Lothar Wegner, Aktion Jugendschutz Baden-Württemberg,
Fachreferent für Gewaltprävention und Interkulturelle Kompetenz

AKTION JUGENDSCHUTZ

Landesarbeitsstelle
Baden-Württemberg

Jahnstraße 12
70597 Stuttgart
Telefon 07 11/2 37 37-0
Telefax 07 11/2 37 37-30
info@ajs-bw.de

Eine Frage der Haltung

2009, Faltblatt 8 Seiten,
0,50 Euro, Bestellnummer 2003

Das Jugendschutzgesetz

Tipps und Informationen für Eltern, Fachkräfte, Gewerbetreibende und Veranstalter

2008, 16 Seiten,
0,75 Euro, Bestellnummer 5001

Sich fetzen – aber richtig!

Bausteine für Elternabende zur Konfliktlösung und Gewaltprävention

Überarbeitete Neuauflage 2011, 215 Seiten,
12,00 Euro, Bestellnummer 407

Blick über den Tellerrand
Kinder- und Jugendschutz in Europa

Analysen, Materialien und Arbeitshilfen zum Jugendschutz

ajs-informationen 3/2010,
3,00 Euro, Bestellnummer 775

Es gelten die Preise auf unserer Internetseite.

www.ajs-bw.de